한국의 학생들이 초등학교 1학년 때 깨닫는 것이 있다. "정답은 문제집 뒤에 나와 있다"는 것이다. 한국에서는 정답이 정해진 것만 가르치고, 정답이 정해진 것만 질문한다. 이것은 한국만이 아니라 아시아 국가들의 전반적인 특성이다. 중국, 일본, 인도……. 모두 식민지 또는 권위주의 체제 하에서 근대교육이 이식된 나라들이다.

'정답이 정해진 질문'만 하는 것은 주인을 키우는 교육이 아니라 노예를 키우는 교육이다. 자신의 논리와 정서를 키우는 것이 아니라, 기존의 권위와 체계에 대한 순응능력을 키우는 것이다. 조선 시대만 해도, 과거시험은 제목을 주고 시를 짓게 하거나, 국가의 중대사를 제시하고 거기에 대하여 논하도록 하는 것이었다. 그런데 일제강점기 이후 100년 동안 우리는 정답을 빨리 찾는 훈련만 시키고 있다.

누구나 창의력과 4차 산업혁명을 이야기하지만, 교육을 이 굴레에서 해방시키는 방법을 정면으로 다루지 않았다. 교사와 학생에게 진정으로 권한을 주어야 한다는 저자의 지적에 전적으로 동의하며, 이 책이 거대한 전환의 시작이 되기를 기원한다.

이범 (교육평론가)

문제는 책상에서 해결되지 않는다. 현장에서 온몸으로 문제를 만나는 것에서 해결의 실마리가 시작된다. 복잡하게 뒤엉킨 현장은 골칫거리이지만 열린 태도와 뜨거운 가슴을 지닌 이에게는 기대하지 않은 깨달음을 준다. 기자들은 책상에서 충분히 기사를 쓸 수 있음에도 중요한 사건이라고 판단하면 무조건 현장으로 달려간다. 현장의 영감을 만날 수 있기 때문이다.

이혜정 교육과혁신연구소 소장은 2014년 펴낸 저서 『서울대에서는 누가 A+를 받는가』로 교육계와 대학의 교수방법에 일대 충격을 던졌다. 최상위 대학이라는 서울대에서 어떠한 교육과 학습이 이뤄지고 있는지에 대한 연구로 한국 교육의 부끄러운 실상을 명징하게 드러냈다. 최우등 서울대생들을 상대로 한 심층조사가 성실한 연구자에게 준 통찰이었다.

충격적으로 문제를 제기한 연구자는 해결 방법을 궁리하는 과제까지 떠안아야 했으리라. 『대한민국의 시험』은 전작의 문제 제기를 바탕으로 제시하는, 한국 입시 제도의 구체적 대안이다. 이 책은 교육현실의 모순에 눈감지 않는 데서 출발했다. 저자가 한국 교육의 모순적 상황에 접근하는 방법은 전작과 마찬가지로 생생하고 구체적이다. 인공지능 시대, 100세 넘게 살아갈 우리 아이들에게 어떠한 능력과 덕성을 교육이 제공해야 하는지에 관심 있는 사람들이 경청해야 할 이야기이다.

구본권 (한겨레 사람과디지털연구소 소장)

한국 학교의 시험은 학생의 창의력을 평가하지 않는다. 이 책이 지적하고 있듯이 미리 정해진 정답을 정확하게 입력했는지를 평가한다. 그러다 보니 교사의 말을 토씨까지 받아 적고 암기하는 학생이 높은 점수를 받는다. 학생들은 비판적 사고력을 키우는 '진정한 배움'의 기회를 갖지 못한다. 한국의 시험은 이 책이 지적하고 있듯이 '배움을 조용히 죽이는 킬러'인 셈이다.

이 책의 진정한 미덕은 문제 제기에 그치지 않고 대안까지 분명히 제시하고 있다는 점이다. 롤모델로 제시하고 있는 IB와 IGCSE는 정해진 교육과정, 교과서, 진도라는 게 없다고 한다. 깊은 사고력을 요구하는 주관식 문제를 낸다. 우리라고 이와 같은 시험 제도를 채택 못할 이유가 없다. 더구나 이 책이 밝히고 있듯이 앞으로 인공지능이 인간의 단순 노동을 대체하는 세상에서 비판적 창의적 사고력을 키우지 못한 한국 학생들은 인공지능에 백전백패할 것 같다. 자녀를 창의적 인재로 키우고 싶은 학부모나 교육 정책 담당자, 나아가 교육개혁을 생각하는 국가 지도자들이 이 책을 꼭 읽고 '교육백년지대계'를 생각했으면 한다.

김인수 (매일경제 논설위원)

교육학자 이혜정 박사의 글은 정곡을 찌른다. 그래서 교육 분야 베테랑 기자의 기사보다 아프다. 전작 『서울대에서는 누가 A+를 받는가』는 우리 대학 교육의 허상을 날카롭게 파헤쳤다. 이번 책은 우리 아이들을 옥죄는 대입시험의 폐해를 분석하고 대안을 내놓았다.

2017년 공정함을 상실한 이 사회에서 수능은 객관성과 공정성이란 미명으로 수명을 이어 왔다. 검색창에 학종(학생부종합전형)을 치면 연관 검색어로 '금수저'가 뜨는 상황에서 그나마 공정하다는 수능은 이제 물리쳐야 할 적이 맞는가. 책을 미리 읽어 본 독자의 한 사람으로서 처음에는 의문이 들었고, 그가 제시한 대안에 대해 반신반의했던 게 사실이다. 하지만 결국은 동감했다. 그리고 대안의 현실성에 대해서도 고개를 끄덕일 수 있었다. 물론 시험으로 대한민국 전부를 바꾸기는 어려울지 모른다. 그래도 그의 용기 있는 지적으로 변화는 이미 시작되었다고 본다. 4차 산업혁명의 파고가 몰려오고 있는 시점에서 수능이라는 과거로 회귀할 순 없다.

강홍준 (중앙일보 사회선임기자)

"어차피 여긴 '헬조선' 아닌가요?"

교육 관련된 이슈에 달린, 이른바 '베스트 댓글'들은 항상 비슷하다. 한국 교육 시스템에 대한 불신과 실망, 자학 일색이다. 우리 모두는 한국 교육 시스템을 몸으로 겪으면서 어떤 식으로든 '모종의 문제점'을 느낀 경험이 있는지도 모른다.

교육 다큐멘터리를 제작하면서 그 '문제점'의 원인이 무엇일까 고민했다. 그 강력한 집단 감정의 정체를 어떻게 하면 선명하게 드러낼 수 있을까. 어렴풋이 '시험'이라는 테마를 잡아 가고 있을 즈음, 이혜정 박사의 연구를 접하게 되었고, 다른 많은 사람들과 마찬가지로 나 역시 큰 충격을 받았다. 다큐멘터리의 방향이 그러한 충격을 시청자들에게 느끼게 하는 것으로 설정된 것도 그 때부터다.

충격은 단단한 것을 깨뜨리기 위함이다. 그리고 단단한 것이 깨진 자리에는 새로운 것이 채워져야 한다. 이혜정 박사의 신간 『대한민국의 시험』은 바로 그 '충격 이후의 새로운 것'에 대한 이야기이다. 과감한 제안처럼 보이는 것도 있지만 읽다 보면 '안 될 것도 없지 않나' 싶어지고, 더 읽다 보면 '이 방향이 맞겠다'는 납득을 하게 된다.

방송 이후 나에게 '그래서 어떻게 하라는 말인가요'라는 질문을 하는 사람들이 많았다. 늘 '그래서 거기에 대해 고민해 보자는 겁니다' 하는 식으로 빠져나가곤 했는데, 이제 그 대답에 만족하지 못하는 사람들에게 보여 줄 책이 생긴 것 같다.

그리고 이렇게 말할 것이다. 늘 그렇듯 어디에도 유일하게 절대적인 정답은 없다고. 다만 중요한 것은 더 나은 방향을 모색하려는 의지이며, 이 책은 그 과정에서 내디딘 중요한 한 걸음이라고.

장후영 (EBS 교육대기획 「시험」 피디)

하버드 대학의 에릭 마주르 교수는 시험을 바꾸는 것이 교육개혁의 핵심임을 강조하며, 시험이 바뀌지 않으면 시험은 서서히 학생들의 배움 자체를 죽일 수 있다고 경고한다. 저자도 마주르 교수처럼 대한민국의 교육을 바꾸는 근본으로 시험을 지목했다. 그리고 대한민국에서 시험을 바꾸는 데 있어 우려되는 문제인 채점의 공정성, 사교육 증가, 본고사 부활 등을 모두 고려한 대안을 제시한다.

대학수학능력시험이 1994년 처음 시행된 이후 23년이 지났다. 긴 시간 동안 대학수학능력시험은 대한민국 학생들에게 대학으로 가는 마지막 관문이자 인생에서 처음 맞이하는 가장 중요한 시험이라는 위상을 변함없이 유지해 오고 있다. 하지만 앞으로도 대학수학능력시험이 그와 같은 위상을 유지할 수 있을까? 만약 그렇다면 그것은 대한민국의 미래를 위한 최선의 선택일까? 이 책에는 이러한 물음에 대한 저자의 진지한 고민과 구체적인 해결 방안이 담겨 있다. 동료 교육학자로서 저자의 열정과 용기에 깊이 감사드린다.

서영진 (동국대 융복합교육센터 연구초빙교수)

학생들은 학교생활 안에서 이루어지는 의미 있는 학습, 활동, 만남 등을 통해 많은 변화와 발전을 경험하게 된다. 학생들이 학교생활을 통해 성취한 변화와 발전을 확인하는 대표적 방법은 시험이다. 그런데 지금까지 학교에서 수행되어 온 시험은 학생들의 변화와 발전 중에서 암기력을 근간으로 하는 단순한 지적 활동만을 측정한다. 이는 다시 학교생활에 영향을 주어 학교에서의 교육 활동을 지나치게 단순화한다. 그 결과 의미 있는 많은 교육활동을 무가치하게 만들고 학교 밖에서의 사교육에 정당성을 부여하는 악순환을 되풀이하고 있다.

학생들의 현실 가까이에서 우리 교육을 고민하고 연구해 온 이혜정 박사의 이 책은 우리나라 학교 교육 문제를 어떻게 해결해 나가야 할 것인가를 명쾌하게 제시해 주고 있다. 학교 교육의 성과로 나타나야 할 것이 무엇인가를 시험에 담아서 학교 교육의 몸통이 살아나도록 하는 방향을 절실하게 보여 주고 있다. 교육과 관계된 모든 이들의 일독을 권한다.

박하식 (충남삼성고 교장)

우리의 교육 현실에 대해 치열하게 고민했던 지난 시절의 열정을 이 책은 다시금 불러일으켜 주었다. '집어넣는 교육'으로서의 현실에 대한 냉철한 비판을 넘어서 '꺼내는 교육'으로서의 진지한 고민과 성찰이 시험 개혁이라는 실질적 방향과 맞닿아 있어 좋았고, 풍부한 실제 사례와 인터뷰 덕분에 깊이 공감할 수 있어 더 좋았기 때문이다. 특히 저자가 소개하고 있는 IB 시험은 '학습'이 배운 내용의 단순한 '확인'이 아니라 능동적, 비판적 사고력의 신장이어야 함을 강조하고 있다는 점에서 현직 교사로서 깊은 인상을 받기에 충분했다. 또한 암기했던 것을 쏟아 내는 시험에서, 시험에 대한 경험 그 자체가 다시금 성장과 학습의 훌륭한 계기가 될 수 있다는 점을 확인하며 IB 시험이 던져 주는 시사점이 우리의 교육 현실에 뿌리박혀 있는 '인'을 제거하는 시발점이 될 수 있으리라는 새로운 희망을 품을 수 있었다.

단숨에 책을 읽다 보면 자연스레 저자의 고민 틈으로 우리 교육에 대한 뜨거운 애정이 엿보인다. 그것이야말로 더 나은 세상을 꿈꾸는 우리의 바람이 바람에 그치지 않고 현실이 되기 위한 시작임을 느끼게 된다. 교육은 미래를 만들어 가는 밑알 그 자체이기 때문이다.

이병민 (세화여고 국어 교사)

대한민국의 시험

대한민국을 바꾸는 **교육 혁명의 시작**

대한민국의 시험

이혜정 지음

다산지식하우스

객관식 평가를 벗어나는 일은
교육 혁신의 첫 걸음이다

김도연 (포스텍 총장, 전 교육과학기술부 장관)

일전에 「EBS 다큐프라임 – 시험」 중 '서울대 A+의 조건' 편을 인상 깊게 시청했다. 서울대의 최고 우등생들조차 비판적이며 창의적인 사고력 증진에는 전혀 도움이 되지 않는 단편적 지식 수용에만 골몰하고 있는 사실을 밝힌 내용이었는데, 이는 본서의 저자인 이혜정 박사의 연구 결과를 바탕으로 한 것이었다. 그리고 이러한 일이 벌어지는 직접적 원인으로는 결국 수동적 학습을 하는 학생들에게 좋은 학점이 주어지는 평가 방식이 지적되었다. 서울대에서 30년 가까이 봉직했던 필자도 그 내용을 인정할 수밖에 없는 현실이 안타까웠다.

지금 세계는 4차 산업혁명이 진행 중이며, 인공지능, 로봇 등과 같은 새로운 기술의 개발로 인류의 삶에 큰 변화가 일어나고 있다. 현재 7세 이하의 어린이가 사회에 나가 직업을 선택할 때가 되면 이들 중

65퍼센트는 지금은 존재하지 않는, 새롭게 생겨난 직업을 갖게 된다는 예측도 있다. 그런데 아쉬운 것은, 이러한 핵심 기술 영역에서 현재의 대한민국은 앞서가는 분야가 없다는 점이다. 4차 산업혁명은 승자가 독식하는 양상이 될 것이기 때문에, 우리 기술 수준이 선진국의 70~80퍼센트라는 것은 실제로 아무 의미가 없다. 선진국의 기술을 열심히 모방하고 재빨리 추격하던 모델은 더 이상 유효하지 않다.

이렇게 엄청나게 빠른 속도로 바뀔 미래를 준비하기 위해 가장 중요한 일은 당연히 인재를 길러 내는 교육이다. 특히 변화를 주도할 수 있는 창의적 인재 양성이 관건 중의 관건인데, 이를 위해 우리 사회가 바꿔야 할 핵심적인 제도는 무엇일까? 그것은 인재를 키우는 과정에서 학생들을 격려하고 그들에게 성취감을 부여하는 데 불가피한 시험과 평가다. 이러한 시험과 평가를 통해 창의성이 길러지고 창의력 있는 인재가 선택될 수 있다면 우리 사회는 지금보다 훨씬 높은 경쟁력을 지닐 것이다. 그런 측면에서 대학수학능력시험을 포함한 평가 체계를 바꿔야 한다는 저자의 주장에 필자는 전적으로 동의한다.

주어진 다섯 개 항목 중 하나의 정답을 골라내고 이를 컴퓨터로 채점해 60여 만 명의 학생을 한 줄로 세우는 현행의 수능 제도는 창의력을 기르는 측면에서 최악이라고 필자는 오랫동안 비판해 왔다. 이런 평가가 계속된다면 교육과정을 아무리 잘 만들어도 우리는 창의적 인재를 길러 내기 어렵다. 창의성은 정답을 고르는 과정이 아니라 스스로 답을 만들어 내는 과정에서 길러지는 것이기 때문이다. 이 책에 제시된 국어, 역사, 과학, 외국어, 미술 등 다양한 과목에서의 살아 있는 평가 방법을 보면서 우리의 수능에 대해서는 아쉽다 못해 서글픈 마음까지 든다. 필자 역시 바칼로레아식 시험 방식에 대해 오랜 기간 공감해 왔다. 우리의 수능과 비교했을 때 어느 시험이 더 창의적인 인재를 양성할 수 있는지는 사실 누구나 쉽고 분명하게 알 수 있다.

사회적으로 일시적인 무리가 생기더라도 이제 객관식 문제에 의한 평가는 접어야 한다. 시대 변화에 부합하는 창의력 있는 인재를 키워 내기 위해, 그리고 개개인의 능력을 제대로 살피고 이를 키워 주기 위해서는 특히 대학 입학시험 평가를 개혁해야 한다.

여태껏 우리가 객관적 평가 방식에 매달리고 있는 것은 공정성에 대한 믿음이 약한 상황에서 평가 결과에 대한 사회적 수용에 더 무게를 두었기 때문일 것이다. 하지만 이제는 시험과 평가를 다양한 방법으로 시행하면서 주관적 평가도 개입되어야 한다. 이는 결코 공정성을 해치는 일이 아니다.

이러한 시도가 자리를 잡고 성과를 거두기 위해서는 10~20년이 걸릴 것으로 믿는다. 그러나 이를 위해 국민적 공감대를 형성하면서 변화를 도모하는 작업은 당장이 급한 일이다. 이러한 시점에 예리한 통찰로 정확히 문제를 진단하고 구체적인 대안까지 제시한 이 책이 출간되는 것은 매우 반갑고 다행스러운 일이다. 적어도 평가의 객관성 때문에 5지선다 방식을 유지해야 한다는 주장은 이 책과 더불어 사라지길 희망한다. 그리고 대한민국 인재 양성의 새로운 지평을 열기 위해 학부모, 교육자, 교육 관료 등 각계각층에서 시험과 평가 방식에 관해 활발한 논의가 촉발되길 기대한다.

시험에 든 시험

최재천 (이화여자대학교 석좌교수, 전 국립생태원장)

지난 2010년 나는 「대학문국(大學問國)」이라는 제목으로 TV 강연을 한 적이 있다. 지금도 교육에 관한 강연을 할 때에는 종종 같은 제목을 걸곤 한다. 언젠가는 같은 제목으로 책도 낼 생각이다. 우리나라 방방곡곡 어디든 곡괭이질 몇 번만 하면 시커먼 액체가 콸콸 뿜어 나오는가? 우리 조상님들께서 우리더러 먼 훗날 살기 힘들어지면 꺼내 쓰라고 전국의 산모퉁이마다 금괴 상자를 묻어 두셨다던가? 솔직히 우리는 이 좁은 땅덩어리에 지질히 가진 것도 없고 변변히 물려받은 것도 없다. 엎친 데 덮친 격으로 불과 약 반세기 전에는 세계 전쟁사에 가장 참혹했던 전쟁들 중의 하나로 기록된 한국전쟁을 겪으며 거의 완벽하게 쑥대밭이 됐던 나라가 바로 우리의 대한민국이다. 그랬던 나라가 불과 반세기 만에 세계 10위권 경제대국이 되었다. 아마 다른 모든 나라들은 우리가 그리되도록 비켜서서 열심히 응원만 했던 모양이다. 이 작은 '흙수저 나라'가 동족간의 전쟁으로 그나마 그 수저로 떠먹을 피죽마저 엎질러 버린 다음 세계적인 경제대국이 되는 동안 도대체 다른 나라들은 뭘 하고 있었을까 궁금하기 짝이 없다.

나는 여전히 우리나라가 세계 10위권 경제대국이라는 걸 믿지 못한다. 나를 비롯해 내 주변 사람들은 결코 그렇게 체감하고 있지 않기 때문이다. 경제학자들이 세운 그들만의 표준화된 경제지표에 따른 실속 없는 자위에 지나지 않는다는 느낌을 지울 수 없다. 그럼에도 불구하고 나는 이 기적 같은 일이 어떻게 벌어졌는지 그 원인에 대해서는 한 치의 의심도 없는 확신이 있다. 우리는 오로지 교육에 투자해서 여기까지 왔다. 우리 부모 세대가 허리띠 졸라매며 우리를 공부시킨 덕택에 이 기적을 이뤄 냈다. 가진 것 없고, 물려받은 것 없고, 그나마 가지고 있던 약간마저 전쟁으로 다 잃은 상태에서 우리는 오로지 머리에 투자해서 성공한 나라다. 나는 이 주제에 관한 한 세상 어느 누구와도 논쟁을 벌일 자신이 있다. 이 밖에 다른 요인이 있었으면 얘기해 보시라.

"그런데 말입니다~" 이랬던 우리 교육이 지금 오히려 나라를 말아먹고 있다. 그러한 현실을 너무도 생생하게 드러낸 책이 『서울대에서는 누가 A+를 받는가』이다. 저자인 이혜정 박사는 이 책으로 우리 교육계에 핵폭탄을 터뜨렸다. 나는 2015년 KBS 「명견만리」에서 '대학은 사라질 것인가'라는 주제로 이혜정 박사와 함께 강연했다. 『서울대에서는 누가 A+를 받는가』의 후속작이 바로 이 책 『대한민국의 시험』

이다. 전자가 고발이었다면 후자는 대응이다. 대한민국의 교육을 바꾸려면 우선 시험 제도를 바꿔야 한다는 것이다.

나는 지난 3년간 팔자에 없던 공직 생활을 마치고 막 연구실로 돌아왔다. 환경부 산하 신설기관인 국립생태원의 초대 원장으로 3년 하고도 달포 동안 정말 혼신의 힘을 다해 일했다. 개인적으로는 그저 큰 대오 없이 무사히 임기를 마친 것만 해도 더할 수 없는 행운이라고 생각하고 있는데 주변에서는 제법 성공한 경영인인 양 치켜세우는 바람에 적이 불편하다. 난생처음 해 본 국가기관장 일에 아쉬움이 없느냐는 물음에 그렇다고 답하면 그건 분명 거짓말일 것이다. 국립생태원의 초대 원장으로서 지난 세월을 돌이켜보며 가장 아쉬운 것은 단연 평가 제도를 개혁하지 못한 점이다. 인사 관리에 공정을 기한답시고 근무 실적, 직무 수행 능력 및 태도, 직무 관련 청렴도 따위를 정량적으로 평가하는 이른바 '근평' 제도를 뿌리 뽑거나 혁신적으로 바꾸지 못한 아쉬움이 이루 말할 수 없다.

이 땅의 많은 공무원과 기업의 직원들은 오로지 근평 점수를 잘 받기 위해 몸을 사릴 뿐 창조적인 일일랑 아예 시작조차 하기 어렵다. 최근 평가의 척도와 방식을 근본적으로 바꾸라는 얘기가 세계적인 경영학자들의 입에서 튀어나오기 시작했다. 내가 시도를 하지 않은 것은 아니지만 국가를 상대로 하는 개혁은 생각보다 몇 배 어려웠다.

시험이 달라져야 대한민국이 바뀐다는 저자의 지적은 문제의 핵심을 꿰뚫고 있다. 저자가 롤모델로 제안하는 IB와 IGCSE를 포함해 다양한 시험들을 진지하게 들여다볼 때가 되었다. 나는 우리나라의 대입시험을 보면 고르디우스의 매듭에 관한 일화가 생각난다. 기원 전 프리기아의 왕 고르디우스는 무척 아끼던 수레를 신에게 제물로 바치긴 했으나 못내 아쉬워 절대 풀 수 없는 매듭으로 묶어 놓았다. 이 매듭을 푸는 자가 아시아를 정복하리라는 그의 예언 때문에 수많은 사람이 매듭을 푸는 데 도전했으나 번번이 실패했다. 그러던 어느 날 페르시아를 정복하고 동진을 계속하던 알렉산더 대왕이 이 매듭 이야기를 듣고 찾아왔다. 그는 매듭을 풀려고 시도하지 않고 그냥 단칼에 잘라 냈다. 우리나라의 대입시험은 고르디우스의 매듭과도 같다. 섣불리 이 실 저 실 잡아당기다 이제 어디에서부터 손을 대야 할지 막막하게 뒤엉킨 실타래가 되었다. 저자는 우리 교육 실타래를 쥐고 있는 수능이라는 매듭을 과감히 잘라 내자고 제안하고 있다.

개인적으로 나는 선배 교수님들과 함께 성적을 내야 했던 소장 교수 시절 이후로 시험을 치르지 않고 성적을 내왔다. 그런 지가 벌써 10년이 훌쩍 넘었다. 큰 시험에서 두 번이나 낭패를 봤던 마음의 상처가 너무 깊어 시험에 무작정 앙심을 품은 면도 없지 않지만, 몇 달씩 배운 걸 기껏 한두 시간에 토해 내야 하는 무지몽매한 시험이라는 제도에서 합리성이란 도무지 찾을 수가 없었다. 무려 10년 동안이나 이른바 시험이라는 '객관적' 잣대를 빌리지 않고도 학생들로부터 불공정 항의를 듣지 않았다.

그러나 엄밀하게 말하면 시험이 전혀 없는 건 아니다. 성적을 내려면 어떤 형태로든 평가를 해야 하는데, 그 평가를 반드시 정량적으로 해야만 하는 것은 아니다. 노력하면 충분히 정성적인 평가가 가능하다. 이혜정 박사가 제안하는 것도 큰 틀에서 보면 다름 아닌 정성적인 시험이다. 이제 정말 진지하게 고민해야 할 때가 되었다.

내가 TV 강연을 했던 2010년은 우리가 을사늑약에 의해 나라의 주권을 강탈당한 지 꼭 100년이 되는 해였다. 「대학문국」 강연에서 나는 그 100년을 '건국 100년'이라고 정의했다. 빼앗긴 나라를 되찾아 다시 일으켜 세우느라 애쓴 한 세기라는 뜻이다. 비록 몇 안 되는 분단국 중 하나로 남아 있지만 이제 그 어느 나라가 우리더러 나라 꼴을 갖추지 못했다며 비난하겠는가? 우리는 당당하고 의젓한 국가를 세웠다. 그렇다면 2010~2110년은 어떻게 규정해야 할까? '제2의 건국 100년'? 건국은 한 번 했으면 되지 또 할 까닭은 없다. 그래서 나는 다음 100년을 '안국 100년'으로 명명했다. 나라를 세웠으면 태평성대를 이뤄야 하지 않겠는가? '건국 100년'과 '안국 100년'의 패러다임은 당연히 달라야 할 것이다. 그러나 한 가지 절대로 변하지 말아야 할 것이 있다. 갑자기 우리나라의 영토가 넓어지거나 대규모 유전이 발견되는 일이 일어날 게 아니라면 대한민국의 환경은 크게 달라질 게 없다. 우리나라는 여전히 그다지 가진 것도 없고 대단히 물려주고 물려받을 것도 없는 나라일 것이다. 그렇다면 우리에게 주어진 길은 변함없이 단 하나다. 우리나라는 그저 주야장천 교육에 매달리는 것밖에는 달리 방법이 없는 나라다. 교육이 우리를 흥하게 했는데 이제 어쩌면 교육이 우리를 망하게 할 것 같다. 시험이 대한민국을 바꿀 수 있다. 너무 늦기 전에 시험에 든 우리 시험을 구원해 내야 한다.

CONTENTS

독자분들께

이 책의 제목은 「대한민국의 시험」입니다. 현재의 시험을 비판하기도 하지만, 그보다도 새로운 시험을 교육 혁신의 출발점으로 제시하는 것이 이 책의 핵심입니다.

저는 답답한 우리 교육을 바꿀 열쇠가 바로 새로운 형식의 시험에 있음을 확신하고 지난 몇 년 동안 학부모들에게, 교육 관계자들에게, 언론인들에게 저의 생각을 이야기해 왔습니다. 그때마다 많은 사람들이 공감을 표하면서도 "필요한 것이긴 한데… 지금 우리나라에서는 시기상조 아닐까요?"라고 반응했습니다. 저는 이렇게 말하는 분들에게 경부고속도로를 예로 들곤 합니다.

1960년대 경부고속도로가 건설될 때 정치권, 언론, 학계를 막론하고 반대가 극심했습니다. 고속도로를 언젠가는 건설하긴 해야겠지만

군이 꼭 지금 건설해야 하느냐는 것이 반대의 이유였습니다. 아직 나라 안에 자동차 수가 얼마 되지 않으니 고속도로는 자가용을 소유한 일부 부유층의 전유물이 될 것이다, 더구나 지금은 주택난, 식량난 등 다른 문제가 훨씬 더 시급하니 고속도로 건설에 천문학적 재정을 쏟을 여유가 없다는 목소리가 컸습니다. 한마디로 시기상조라는 것이었지요.

하지만 지금은 어떻습니까. 경부고속도로는 한강의 기적을 이룬 1등 공신 중의 하나로 평가받고 있습니다. 시기상조라던 반대가 무색하게도 말입니다.

교육에서도 마찬가지입니다. '스스로 생각하는 힘을 기르는 시험'을 이야기하면 궁극적으로 가야 할 길이라는 것에는 대부분 동의합니다. 다만 이런저런 이유로 지금은 현실적으로 시기상조라고 주저합니다. 하지만 시기상조라 하기에는 우리 교육 현실이 너무도 심각하지 않습니까. 교육은 제 기능을 하기는커녕 출산율을 낮추는 역효과만 내고 있고, 학생들과 학부모들의 고통은 극에 달한 상태입니다.

오히려 지금이야말로 적기라고 저는 생각합니다. 변화의 토대는 이미 마련되어 있습니다. 학급당 학생 수가 현격히 줄어서 비판적·창의적 수업이 가능한 수준이 되었고, 대입에서 수시전형이 차지하는 비율이 80퍼센트에 육박할 만큼 정성평가가 확대되었으며, 4차 산업혁명의 쓰나미가 덮쳐 왔습니다. 이러한 상황에서 새로운 시험은 정체의 늪에 빠져 있는 대한민국을 새롭게 도약시킬 경부고속도로가 될 것입니다.

이 글을 읽고 계시는 독자분들은 우리 교육이 가진 문제점들을 절감하고 계실 것이라 생각합니다. 저는 독자분들께서 이 책을 읽고 새로운 시험이 필요하다는 사실에 동감하시게 되기를 희망합니다. 그래서 독자분들께서 본격적으로 책을 읽어 나가기에 앞서 몇 가지 꼭 말씀드리고 싶은 것이 있습니다.

첫째, 이 책이 말하는 새로운 시험이란 '스스로 생각하는 힘'을 키우는 시험입니다. 그러한 시험이 어떠한 형태인지 조금 더 명확하게 전달하기 위해 이 책은 국제적으로 시행되고 있는 다른 시험들을 예시로 제시합니다. 하지만 이것은 어디까지나 예시일 뿐, 무조건 이대로만 따라 해야 한다는 뜻은 아닙니다. '스스로 생각하는 힘'을 키운다는 목표를 성공적으로 수행하고 있는 또 다른 시험들을 얼마든지 참고할 수 있을 것입니다. 또한 새로운 시험을 우리 현실에 적용하는 방법도 여러 가지를 생각해 볼 수 있습니다. 국가가 한국형 모델을 직접 개발할 수도 있고 일본처럼 국제적으로 공인받은 시험을 그대로 도입할 수도 있을 것입니다.

둘째, 스스로 생각하는 힘을 키우는 시험은 우리나라에서 시행되고 있는 시험과 양립할 수 있는 성질의 것이 결코 아닙니다. 새로운 시험을 기존의 시험에 부분적으로 도입하는 것, 예컨대 수능이나 내신의 30퍼센트를 의무적으로 논술형 문제로 하는 것은 교육의 방향이 전혀 다른 두 시험을 억지로 이어붙이고 있는 격입니다. 새로운 시험이 서울에서 부산으로 가는 것이라면 기존의 시험은 서울에서 신의 주로 가는 것인 셈입니다. 이렇게 방향이 정반대인 시험을 병행하면 학생들에게 이중고를 떠안기는 결과를 낳게 됩니다.

셋째, 스스로 생각하는 힘을 키우는 시험은 지금의 우리 교사들이 충분히 다룰 수 있습니다. 새로운 시험을 도입한다 해서 수업에서 다루는 내용이 전혀 달라지는 것이 아닙니다. 학생들에게 지식을 집어넣는 것으로 끝내느냐, 그 지식을 활용해 학생들로부터 새로운 생각을 끄집어내느냐 하는 차이일 뿐입니다. 실제로 이러한 시험은 교육 개혁을 시도하고 있는 몇몇 혁신학교나 대안학교에서 이미 시작하고 있습니다. 일선 학교에서도 교육 개혁에 의지를 가진 교사들이 생각하는 힘을 키우는 수업활동들을 시도해 왔습니다. 새로운 시험을 도입하면 교사들이 초기에는 다소 혼란을 겪을 수 있겠지만 연수와 지원을 통해 얼마 지나지 않아 익숙해질 것입니다. 더구나 새로운 시험은 필연적으로 교사의 교육권을 보장하는 국가교과과정을 요하기 때문에 교사에게 새로운 날개를 달아 줄 것입니다.

이러한 사항들에 대해서는 이 책의 본문에 조금 더 자세하게 나와 있습니다. 이 책은 총 4부로 구성돼 있습니다.

1부 「지금 대한민국 교육은?」에서는 우리 교육이 처해 있는 현실을 이야기합니다. 저출산, 취업난 등 우리나라의 미래를 위협하는 구조적 문제들이 교육과 어떻게 연관되어 있는지 들여다보고, 수업 방식, 교과서, 교사 등 다양한 부분에서 구체적으로 어떤 문제점이 있는지 분석할 것입니다.

2부 「시험이 바뀌면 모든 것이 바뀐다」에서는 우리 교육을 바꿀 방법으로 완전히 새로운 시험을 제안합니다. 교육에서 시험이 얼마나 중요한 역할을 하는지 설명하고, 현재의 시험 방식이 어떤 이유로 실패하고 있는지 따져 볼 것입니다. 그런 다음, 대안이 될 수 있는 새로운 시험 모델을 주요 과목별로 소개할 것입니다.

3부 「새로운 시험을 향한 질문들」은 이 새로운 시험 모델에 대해 제기되는 질문이나 비판에 대해 답합니다. 특히 이미 시험 혁명이 시작된 일본의 사례를 살펴보고, 가장 예민한 문제라 할 수 있는 채점의 공정성에 대해 논할 것입니다.

4부 「앞으로 대한민국 교육은?」에서는 4차 산업혁명, 교육부, PISA 순위 등 추가로 생각해야 할 지점들을 다룹니다.

거듭 강조하건대, 새로운 시험은 정체의 늪에 빠져 있는 대한민국을 새롭게 도약시킬 경부고속도로가 될 것입니다. 오늘날 경부고속도로를 일부 부유층만이 아니라 모든 국민이 사용하고 있듯, 새로운 시험도 엘리트만이 아니라 모든 국민에게 새로운 프레임이 되어 줄 것입니다. 교육 개혁의 적기인 지금을 우리가 놓치지 않기를 바랍니다. 이 책을 통해 우리 교육이 나아가야 할 구체적인 방향에 대한 공감대가 형성되고 이를 현장에 적용하기 위한 많은 정책적 논의가 촉발되기를 바랍니다. 그리하여 개혁의 적기를 놓쳐 뒤늦게 탄식했던 역사의 우가 반복되지 않기를 간절히 바랍니다.

대한민국 공교육을 탈출하는
교육학자의 아이들

■ 부모들의 목소리
"어떻게든 학교에 적응시키고 싶었는데……"

한동안의 미국 생활을 접고 한국에 들어와 『서울대에서는 누가 A+를 받는가』의 막바지 작업에 한창이었을 때의 일이다. 나는 교육학과에서 같이 동문수학했던 선후배들을 오랜만에 만났다. 모두들 교육학자인 데다가 아이를 키우고 있는 부모인지라 가장 큰 화두는 단연 자녀 교육이었다. 누가 교육학자 아니랄까 봐 저마다 이론은 차고 넘치도록 알지만, 이런 우리에게도 대한민국에서의 자녀 교육은 난제 중 난제였다.

그런데 이야기를 나누다 깨달은 사실. 내가 만난 선후배 교육학자들 중 상당수가 아이를 한국의 일반 학교가 아닌 다른 학교에 보내고 있었다. 그 이유를 물으니 하나같이 이렇게 대답했다.

"어쩔 수 없이 탈출한 거지."

나는 좀 더 자세한 사연이 궁금해졌다. 그래서 한국 교육 '탈출'을 택한 교육학자 부모들과 그 아이들을 따로 만나 이야기를 듣기 시작했다.

여기서 한국 교육 탈출이란 한국 공교육 시스템에서 일반적 유형의 초·중·고교를 벗어난 것을 의미한다. 몇 년 동안 일시적으로 벗어난 것은 포함시키지 않았다. 유학, 홈스쿨링, 국제학교는 당연히 탈출로 간주했고, 그 외에 대안학교, 농촌형 자율고, 자율형 공립고 등은 법적으로는 한국 공교육에 속하기는 해도 실질적으로는 전형적인 한국 공교육 시스템과 차별화되므로 역시 탈출로 보았다.

아이를 한국 공교육 시스템에서 탈출시킨 교육학자 부모들의 공통점은, 부모가 먼저 나서서 주도한 것이 아니라는 사실이었다. 탈출이라는 선택은 전적으로 아이의 결정이었다.

이 부모들은 대체로 한국 공교육 시스템에서 성공을 거둔 사람들이다. 그래서 비록 학교에 문제가 있더라도 참고 견디며 학생의 본분을 다해야 한다는 생각을 가지고 있었다. 한국 공교육 시스템을 벗어났다가 아이가 혼자만 뒤쳐지는 것은 아닌지, 이러다 대학을 못 가는 것은 아닌지, 혹시 인생 전체를 망치는 것은 아닌지…… 온갖 고민으로 교육학자 부모들은 밤잠을 설쳤다. 그럼에도 결국 선택을 해야 했다. 아이들이 도저히 견디지 못했기 때문에 어쩔 수 없이.

"어떻게든 애가 한국 공교육에 적응하도록 애를 썼어요. 설득하려고 엄청 노력했죠. 그런데도 애가 힘들어하니 어떡하겠어요. 공부 자체를 하기 싫다는 게 아니라 한국 학교를 더 이상 가지 않겠다는 뜻이 너무 완강했어요. 아이의 선택을 존중했다기보다 정말 할 수가 없이 아이 뜻에 따른 거예요."_동재 (국제학교로 탈출) 어머니

"우리 애가 고집을 꺾으려고 하지 않았어요. 고통스럽게 중학교를 겨우겨우 다니더니 고등학교는 절대 한국의 일반고로 가지 않겠다고 버티더라고요. 이러다 큰일 나겠다 싶을 정도였어요. 그래서 다른 곳을 찾은 거예요."_상규 (대안학교로 탈출) 어머니

"애한테 한 번도 성적으로 압박을 주지 않았어요. 그런데도 어느 날부터인가 학교 가기를 너무 싫어하더라고요. 공부를 강요하지는 않으려고 했지만 그렇다고 해도 기존 공교육을 벗어난다는 건 생각해 보지 않았기 때문에 당황스러웠어요. 하지만 아이가 그렇게 싫어하니 별 수 있나요."_채희 (농촌형 자율고로 탈출) 아버지

교육학자라는 말은 그럴싸하지만, 사실 경제적으로 보면 이들은 모두 대한민국의 평범한 중산층이다. 그렇기에 한국 교육 탈출을 결정하면서 학비에 대한 걱정도 컸다. 우리나라에서 초등학교와 중학교

는 의무교육이라 학비가 거의 없고, 고등학교 학비는 중산층 정도면 충분히 감당할 수 있는 수준이다. 반면, 공교육을 떠나 다른 교육 시스템을 택한다는 것은 곧 큰 경제적 부담이 되기도 한다.

경제적 부담까지도 감수할 만큼, 또는 비용이 덜 드는 대안을 찾아 헤맬 만큼 이들에게 한국 교육 탈출은 절실했던 셈이다.

"애를 국제학교에 보내느라고 저희는 전세금을 뺐어요. 애한테 엄마 아빠가 힘들게 벌어서 너 이 학교에 보내는 거 알고 있냐고 했더니, 학교 친구들 중에 자기랑 비슷한 경우가 꽤 많대요. 저도 이렇게 버는 돈 몽땅 쏟아 부으면서 국제학교에 보내고 싶지 않아요. 하지만 그래도 애가 한국 학교에서 거의 죽어 갈 때보다는 낫다 싶은 거죠."_동재 (국제학교로 탈출) 어머니

"정말 고민이 많았어요. 국제학교나 외국인학교도 생각해 봤지만 그 등록금을 저희는 감당할 수 없었으니까요. 그래서 선택한 게 미국의 홈스쿨링 시스템이에요. 온라인이나 우편으로 교재랑 학습 안내서가 오고 집에서 혼자 공부하는 거라 학비 부담이 크지 않거든요."_석철 (홈스쿨링으로 탈출) 아버지

"애를 농촌형 자율고에 보낸 건 학비 때문이기도 해요. 수업료가 일반 공립학교와 같거든요. 둘째 아이는 지금 일반 고등학교 1학년인데 유학을 가고 싶어 해요. 하지만 부모 입장에서는 비용 부담

도 있고 하니 웬만하면 한국 학교에서 잘 지냈으면 좋겠다고 타이
르고 있죠."_채희 (농촌형 자율고로 탈출) 아버지

■ 아이들의 목소리
"왜 시험 문제에서 답이 하나뿐이죠?" ■

왜 반드시 한국 교육을 탈출해야 했는지, 당사자인 아이들은 뭐라
고 이야기할까.

부모의 유학으로 외국에서 몇 년 동안 학교를 다닌 서연이는 당시
글쓰기 영재로 선발되기도 했다. 하지만 한국으로 돌아와 중학생이
된 서연이는 첫 시험부터 난관에 부딪혔다. 그것도 영어 시험에서였
다. 두 아이가 지나가다 부딪혔을 때 한 아이가 'Oh, I am so sorry'
라고 하자 다른 아이가 어떻게 답했을지 쓰는 주관식 문제. 서연이가
쓴 답은 'It's OK. Never mind'였다. 그런데 정답은 'Don't be sorry.
I'm fine'이었고 서연이의 답은 오답 처리되었다. 이의를 제기했지만
받아들여지지 않았다. 배점이 큰 주관식 문제였던 터라 이 오답 때문
에 서연이의 영어 성적은 1등급 아래로 밀려났다.

"영어 글쓰기에 자신 있어서 적성을 살리려면 외고에 가는 게
좋겠다고 생각하고 있었거든요. 그런데 이런 종류의 시험이라면
도저히 학교가 요구하는 정답만을 맞힐 수가 없겠더라고요. 이곳

에서는 잘할 자신이 없었어요."_서연 (국제학교로 탈출)

민지는 중학교에 입학한 지 몇 달 만에 더는 못 다니겠다고 반기를
들었다. 부모는 민지를 달래 분위기가 덜 억압적이라는 다른 중학교
로 전학시켰다. 하지만 그곳에서도 민지는 적응하지 못했고, 결국 자
신의 뜻대로 자퇴를 선택했다. 동재는 일반 중학교에 입학했다가 한
학기 만에 국제중학교로 옮겼다. 중학교를 졸업한 후에는 남들이 선
호하는 명문 자사고에 진학했지만 또다시 한 학기 만에 국제학교로
옮겼다. 민지와 동재가 가장 견딜 수 없었던 것은 수업 시간에 사실상
질문이 허용되지 않는다는 점이었다.

"이해가 안 되면 질문하는 게 맞잖아요. 근데 제가 질문을 하면
선생님이나 애들이나 다들 이상하게 봤어요. 몰라도 아는 척 그냥
가만히 있는 수업이 무슨 의미예요? 저는 왜 공부를 해야 하는지
스스로 납득이 돼야 하는데, 의미 없이 교실에 앉아 있으려니까 못
견디겠더라고요."_민지 (검정고시로 탈출)

"선생님들은 '진도 나가야 하니까 쓸데없는 질문 하지 마라' 하
셨어요. '넌 너무 생각이 많다. 생각을 하지 말고 공부를 해라' 하
는 말도 들었어요. 배움이라는 건 뭔가 생각할 줄 알아야 하는 거
잖아요. 근데 학교에 있으면 생각 안 하는 바보가 된 기분이었어
요. 자사고는 다를까 했지만 똑같던데요."_동재 (국제학교로 탈출)

교육학자의 아이들 중 상당수가 부모의 유학으로 인해 영미권 학교를 다닌 경험이 있다. 혹자는 이런 경험 때문에 한국 학교에서 힘들어한 것이라 지적할지도 모르겠다. 그것도 일정 부분은 맞는 지적이다. 하지만 그렇다고 해서 이 아이들이 경험한 한국 학교의 문제점이 별것 아닌 것이라 치부할 수는 없다. 더구나 내가 만난 아이들 중에는 전형적인 '대치동 키드'도 있었다.

현주와 석철이는 대치동 학원가의 세례를 받으며 자랐다. 학교 성적도 상위권이었다. 한국 교육 시스템에서 매우 유리한 위치에 있었다고 해도 과언이 아닐 것이다. 하지만 현주와 석철이도 결국 탈출을 택했다. 오히려 죽 대치동에서 살았기에 한국 학교 시스템을 더 예리하게 비판했다.

"평가 방법이 도저히 적응이 안 됐어요. 고작 1점 차이로 100등이 왔다 갔다 해요. 그 차이가 진정한 실력 차이일까요? 아니잖아요. 실수와 운이 더 크게 작용한다고요. 그 1점의 변별력을 만들기 위해 시험을 얼마나 세밀하고 쪼잔하게 내는지 몰라요. 그런 시험을 위한 공부를 계속하기 싫었어요."_현주 (대안학교로 탈출)

"몇 년씩 선행학습을 하는 것도 회의감이 들었고, 사소한 내용까지 달달 외워야 하는 것도 공허했어요. 너무 비슷한 답을 두 개 이상 넣어 놓고 우리가 실수하나 안 하나 감시하는 시험도 싫었고요. 수행평가는 또 어떻고요. 혼자 하면 절대로 좋은 점수 안 나와요.

부모님이나 학원 선생님이 대신 해 줘도 문제가 안 되고 오히려 더 좋은 점수를 받아요. 이 교육 체제에서는 내가 발목이 잡힐 수밖에 없구나 생각했어요."_석철 (홈스쿨링으로 탈출)

내가 인터뷰한 아이들이 하나같이 지적한 것은 학교 수업이 너무도 획일적이고 억압적이라는 것, 그리고 평가 기준이 너무도 일률적이고 단편적이라는 것이었다. 아이들은 다양하면서도 깊은 공부를 하고 싶어 했지만 학교에서는 이런 공부를 할 기회가 없었을 뿐 아니라, 혼자서 한다 하더라도 쓸데없는 공부를 한다고 핀잔받기 일쑤였다. 교과서에 적힌 해석과 정해진 정답이 납득이 가지 않더라도 외워야만 했다. 아이들은 답답해하고 괴로워했지만 학교는 아이들의 고민을 개인의 책임으로 돌렸다.

이 아이들이 한국 교육을 탈출한 후 선택한 것은 대안학교, 국제학교, 검정고시, 홈스쿨링 등 다양했다. 어떤 선택을 했든 아이들은 한국 학교보다 만족해하고 있었다. 이전과 비교했을 때 가장 두드러진 차이점은 자기주도력이 커졌다는 것이라 했다. 한국 교육 시스템으로 돌아가겠다는 아이는 한 명도 없었다.

"여기서는 학생들에게 끊임없이 '너의 생각은 무엇이냐'를 묻거든요. 그래서 여기서는 제가 살아 있는 걸 느끼게 돼요. 하지만 매번 선생님의 일방적인 강의만 듣던 애들은 이런 수업이 오히려 곤혹스럽대요."_채희 (농촌형 자율고로 탈출)

"지금 이 학교에서는 혼자 가만히 있을 수가 없어요. 계속 스스로 생각하고 에세이를 쓰고 창의적으로 뭔가 만들어 내야 해요. 전에는 다 각자 개인적으로 공부했는데, 이 학교에서는 계속 친구들이랑 팀작업을 하다 보니까 그 과정에서 논리적인 언어구사력도 확 늘더라고요." _동재 (국제학교로 탈출)

"이 학교는 학생들의 회의가 되게 많아요. 대의원회의, 통합기행회의, 연극회의……. 물론 결론 없이 끝내는 경우도 많지만 다양한 의견들을 주고받는 것 자체가 의미 있다고 생각해요. 시야가 넓어지니까요." _현주 (대안학교로 탈출)

"정해진 룰에 따라 공부하지 않아도 되니까 좋죠. 제가 알고 싶은 것에 대해 더 집중해서 공부할 수 있어요. 한 가지를 끝까지 파고 들어도 되는 게 제일 좋아요." _민지 (검정고시로 탈출)

■ 여전히 고통받고 있는 수많은 아이들을 위해　　■

교육 전문가라 할 수 있는 교육학자들의 자녀들이 정작 한국 교육을 탈출했다는 사실. 물론 우리나라 모든 교육학자의 자녀들이 이렇다고 일반화하려는 것은 아니다. 그러나 상당수가 탈출을 선택했다는 사실은 우리 교육 시스템의 실패를 단적으로 보여 준다.

■ 고등학교 교실 안에서 공부하고 있는 학생들. 우리 교육 시스템 안에서 아이들과 학부모들은 고통받고 있다. 이제는 바뀌어야 한다.

나와 인터뷰를 마치며 학부모들은 하나같이 "우리 교육, 과연 바꿀 수 있을까요?"라고 걱정 어린 표정을 지었다. 교육학자인 이들마저 회의감을 느낄 정도로 대한민국 교육은 곪을 대로 곪아 있다.

그나마 이 아이들은 탈출할 수 있는 여건이라도 되니까 탈출한 것이다. 하지만 이렇게 다른 선택지조차 가지지 못한 수많은 아이들은 어쩌란 말인가.

여전히 대다수 아이들과 학부모들은 탈출은 꿈도 꾸지 못한 채 학교 안에서 고통받고 있다. 아니, 어쩌면 그런 식의 교육에 너무 익숙해져 고통조차 느끼지 못하는 상태인지도 모른다. 대안이 있다는 것을 알지 못하기 때문에 일찌감치 포기하고 순응한 상태인지도 모른다. 그것이 더 암담한 상황이다.

교육은 곧 미래다. 그런데 우리 교육이 이런 상태라면 대한민국이라는 배가 제대로 나아갈 수 있을까. 절박한 마음으로, 나는 우리 교육이 어떤 방향으로 바뀌어야 하는지, 그리고 어떻게 해야 가장 빠른 시간 안에 가장 효과적으로 바뀔 수 있는지 고민했다. 이 책은 그 고민의 결과로 나온 것이다.

이제 더는 변화를 미룰 수 없다. 바꾸겠다는 의지만 있다면 교육은 단 몇 년의 짧은 시간에도 얼마든지 바뀔 수 있다. 그리고 그 변화의 핵심에는 시험이 있다. 이 책은 시험을 통해 우리 교육이 어떻게 바뀔 수 있는지 보여 줄 것이다.

1부

지금
대한민국
교육은?

아이를 당신의 학습 스타일에 가두지 마라.
아이는 당신과 다른 시대에 태어났다.

라빈드라나드 타고르

01 아이를 안 낳는 이유?
교육비가 무서워서!

■ 2100년 대한민국 인구는 반 토막 ■

나와 절친한 후배의 이야기다. 그녀는 서울 소재 명문대 교수인 남편과의 사이에 딸 하나를 둔 평범한 주부다. 남들이 보기에는 여유로운 중산층이지만 그녀는 고개를 젓는다.

"아유, 말도 마요. 둘째도 포기한 마당에 무슨 여유예요."

이 후배는 스스로 유별나지 않은 엄마라고 믿었다. 아이에게 값비싼 장난감을 사 주어 본 적도 없고, 영어 유치원이다 뭐다 하며 부산을 떠는 주변 엄마들 말에 귀 기울여 본 적도 없었다. 하지만 딸아이가 초등학교에 들어가자 어느새 학원이며 과외를 챙기느라 정신없어진 자신을 발견했다.

끝도 없이 들어가는 사교육비는 남편의 교수 월급으로도 도저히 감당이 안 되는 수준이다. 그렇다고 사교육에서 손을 놓자니 아이가 학교에서 혼자만 뒤처질까 봐 두렵다. 아이 옷은 중저가로 입혀도 교육만큼은 타협하고 싶지 않다. 그게 부모 된 책임이자 의무라고 생각한다. 그러니 지금 이 상황은 최소한 아이가 대학에 들어갈 때까지 계속될 것이 분명하다.

아이 하나 키우는 것도 이렇게 버거운데 둘째라니. 친정과 시댁에서는 둘째를 낳아야 하지 않느냐고 성화지만 후배 부부는 이제 마음을 깨끗이 접었다.

이 이야기를 전해 들은 또 다른 후배가 말했다.

"그래도 그 집은 하나라도 낳았지, 제 남동생 부부는 아예 낳기 싫다네요. 키우기 부담스럽다는 거예요. 둘 다 대기업에 다니면서."

이 부부는 30대 초반. 주위에서는 당연히 아이를 가질 것이라 여겼다. 하지만 정작 이들은 결혼 전에도 이미 아이를 키우는 데 회의적이었고 결혼 후에는 그런 생각이 더더욱 강해졌다고 한다. 요즘 한국 사회에서 아이를 키운다는 건 너무 힘든 일이라 감당할 자신이 없다는 것이 이들이 내세우는 이유다.

이 부부에 대한 주변 사람들의 반응은 둘로 나뉜다고 한다. "너희같이 경제적으로 여유 있는 부부가 아이를 감당할 수 없다는 게 말이 되느냐"라는 부모 세대의 반응, 그리고 "맞다, 너무 힘들다. 이해할 수 있는 결정이다"라는 또래 세대의 반응.

■ 대한민국의 합계출산율은 1.1~1.2명대로 뚝 떨어졌다. 아이가 줄어드니 교실은 점점 비어 가고 있다.

사람들이 아이를 낳지 않고 있다. 2015년 대한민국의 합계출산율, 그러니까 여성 한 명이 평생 동안 낳을 것으로 예상되는 평균 자녀 수는 고작 1.24명에 머물렀다. 그나마 2014년 1.2명대로 회복한 것인데 지금 추세대로라면 곧 다시 1.1명대로 추락할 가능성이 높다. 한 학급에 70명에 육박하는 학생들이 바글거렸던 30여 년 전에 비해 학급당 학생 수가 절반으로 떨어졌다.

한국보건사회연구원은 현재 약 5000만 명인 우리나라 인구가 2026년 5165만 명으로 정점에 도달한 후 하향 곡선을 그리기 시작해 2050년에는 4632만 명으로 줄어들고 2100년에는 2222만 명으로 거의 반 토막이 날 것이라 전망했다. 가히 세계적인 수준의 인구 감소 속도다. 추락하는 대한민국 인구에는 날개가 없다.

인구는 한 나라의 사회·경제 구조에 결정적인 영향을 미친다. 인구가 절반으로 쪼그라든다는 것은 곧 현재 우리나라의 사회·경제를 지탱하고 있는 틀 자체가 흔들린다는 것을 의미한다. 2050~2100년은 먼 미래가 아니다. 지금의 어린이·청소년 세대가 맞닥뜨릴 현실이다.

■ 자녀 교육, 비용이 너무 많이 드는 미션　　　　　　　　　■

대체 왜 이렇게들 아이를 낳지 않을까? 첫손으로 꼽히는 이유는 경제적 부담이다. 한마디로 양육비가 많이 든다는 것인데, 양육비 중에서도 단연 가장 비중이 큰 것은 교육비다. 우리나라 가정의 교육비

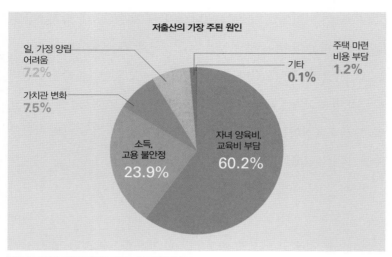

저출산의 가장 주된 원인

일, 가정 양립
어려움
7.2%

가치관 변화
7.5%

소득,
고용 불안정
23.9%

자녀 양육비,
교육비 부담
60.2%

기타
0.1%

주택 마련
비용 부담
1.2%

「저출산고령화에 대한 국민인식조사보고서」 보건복지부 2011.

지출은 OECD 국가들과 비교해도 무척 높은 수준으로, 핀란드와 비교하면 15배나 더 많고 우리와 교육 시스템이 비슷한 일본보다도 3배 더 많다.

교육비 지출이란 곧 사교육비 지출이다. 태어나고 얼마 후부터 아이들은 '조기교육'이라는 명목으로 사교육에 휩쓸린다. 이런저런 교육이론을 내세우는 조기영재교육, 한글부터 중국어까지 온갖 과목을 망라하는 방문학습지, 한 달 원비가 한 학기 대학 등록금 수준인 영어 유치원에 이르기까지 갖가지 사교육이 초보 부모들을 공략한다.

초등학교에 입학하면, 원어민 강사가 있는 영어 학원과 경시대회 준비를 위한 수학 선행학습이 필수인 양 달려든다. 한때 아파트 단지 상가에 으레 있었던 피아노 학원, 미술 학원이 이제는 영어 학원, 수

■ 영어 조기교육을 받고 있는 아이
들. 저출산 국가 대한민국의 이면에
는 지나친 교육비 부담이 있다.

학 학원으로 대체되었다. 예전에는 동네 친구들끼리 모여 스스로 했
던 축구나 야구 같은 놀이마저 스포츠센터나 체육 과외라는 이름의
사교육으로 흡수되었다.

특목고와 전국단위 자사고로 인해 실질적으로 명문고 입시가 부활
했다. 아이들은 대학 입시 이전에 고등학교 입시부터 통과해야 한다.
그런데 중학교에 입학하고서 전문학원을 찾아 상담해 보면 이미 늦었
다는 선고를 받는다. 타의 추종을 불허할 만큼 탁월한 스펙을 갖추어
야 특목고나 전국단위 자사고에 입학할 수 있는데, 그러려면 늦어도
초등학교 4학년 때 시작했어야 한다는 것이다.

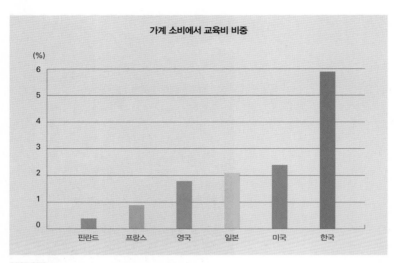

가계 소비에서 교육비 비중

OECD 2013.

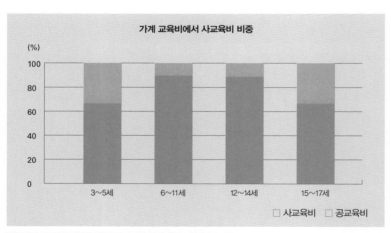

가계 교육비에서 사교육비 비중

□ 사교육비   □ 공교육비

「한국인의 자녀양육 책임한계와 양육비 지출 실태」한국보건사회연구원 2010.

수능에만 의존하지 않고 다양한 기준을 통해 학생들을 선발하겠다는 취지로 도입된 학생부종합전형. 하지만 학생부종합전형을 준비하는 데도 역시나 사교육이 필수다. 전형 자체가 워낙 복잡하고 준비할 것도 많다 보니 학생부 초안을 잡아 주는 컨설팅부터 독서, 봉사, 대외활동, 글쓰기 등 비교과활동을 관리해 주는 학원까지 사교육의 종류가 폭발적으로 늘어났다.

더구나 엄마들에게 교육비 부담은 단순히 경제적 부담에 머물지 않는다. 우리 사회에서 자녀 교육은 엄마의 임무로 여겨지는데, 여기서 엄마의 임무란 돈에 더하여 시간과 정성을 의미한다. 엄마는 아이의 학교생활도 챙기고 사교육 정보도 알아내야 한다. 입시설명회며 학원설명회에도 발품을 팔아야 하고 엄마들 모임에서도 인맥을 다져야 한다. 오죽하면 자녀를 명문대에 보내기 위한 필수 조건이 할아버지의 재력, 엄마의 정보력, 아빠의 무관심이라는 우스갯소리가 한때 시중에 떠돌았을까.

엄마들 앞에 놓인 선택지는 두 가지뿐이다. 워킹맘으로서 경제력을 놓지 않는 대신 시간과 정성을 대체할 추가 비용을 들일 것이냐, 경단녀(경력 단절 여성)가 되어 시간과 정성을 선택하는 대신 경제력을 포기할 것이냐. 물론 아무리 돈을 쓴다 해도 시간과 정성을 완벽히 대체할 수는 없으며, 시간과 정성을 충분히 들인다 해도 아이가 그만큼 성과를 낸다고 보장할 수는 없다. 이러나저러나 엄마들은 자녀 교육에서 좌절을 겪으며 아이에게 끊임없이 미안하게 되는 구조 속에 사로잡혀 있다.

이 모든 것은 공교육이 마땅히 해야 할 일들을 부모에게 떠넘긴 결과다. 공교육이 제대로 돌아가고 있다면, 아이는 학교생활만 충실히 해도 좋은 성적을 거두고, 부모는 아이를 학교에만 보내도 안심이 된다. 하지만 현실은 그렇지 않으니 부모는 막막하고 불안하다. 그래서 사교육에 추가 비용을 들이고 엄마도 아이와 함께 숨 가쁘게 전력질주를 하는 것이다.

무책임한 공교육이 대한민국에서 아이 키우는 일을 엄청난 고난으로 만들어 버렸다. 많은 사람이 첫째 아이 교육에 치여 둘째 아이를 포기하고 있다. 그리고 점점 더 많은 사람이 아이를 낳기도 전에 현실에 미리 질려 아예 출산 포기를 선언하고 있다.

■ 둘째 아이를 낳으면 월 10만 원을 드립니다　　■

그런데도 정부는 알량한 돈 몇 푼으로 저출산 문제를 해결하려 한다. 10여 년 전, 둘째 아이를 낳은 내게 동사무소에서 연락이 왔다. 출산장려금으로 월 10만 원이 한동안 지급되니 받아 가라는 것이었다. 동사무소에 가 보니 나와 비슷한 입장인 엄마들 몇 명이 앉아 있었다. 차례를 기다리는 동안 우리는 이구동성으로 정부를 한심해했다.

"준다니까 받긴 하겠는데, 이런다고 정말 출산이 장려되겠어요?"

"그러게 말이에요. 사람 놀리는 것도 아니고 참."

"어쩜 이렇게 멍청한 발상을 했나 모르겠어요."

한 명의 자녀가 대학을 졸업할 때까지 들어가는 총 양육비가 3억 896만 4000원이라고 한다. 그사이 출산장려금이 조금 오르긴 했겠지만 어차피 이 어마어마한 양육비에 비하면 '언 발에 오줌 누기'에 불과할 것이다. 아무런 효과도 없는 생색내기용 정책일 뿐이다.

정부는 돈을 쥐어 주어서 출산율을 끌어올리겠다는 생각은 아예 하지 않는 편이 낫다. 저출산 문제는 그렇게 간단히 해결될 수 있는 성질의 것이 아니다. 다행히 최근 들어서는 보육 시설 확충, 노동 시간 단축, 남성의 양육 참여 등 보다 근본적인 차원의 접근이 조금씩 논의되고 있다. 하지만 교육학자인 나의 눈에는 여전히 아쉽다.

앞에서 보았듯이, 출산율을 낮추는 결정적 원인 중 하나는 교육 시스템이다. 제 역할을 제대로 하지 못하고 있는 공교육이 주범이다. 저출산 문제를 해결하기 위해서는 필연적으로 교육 시스템을 먼저 건드려야 한다.

문제의 원인도, 문제의 답도 모두 교육에 있다. 우리 사회의 미래, 우리 모두의 미래는 지금 교육에 달려 있다.

02 4차 산업혁명 시대, 교육의 가성비는?

■ 명문대를 나와도 백수 ■

서울대에서 나의 강의를 들었던 제자 한 명을 제법 오랜만에 만났다. 5년 전 그는 상당히 우수한 학점이 적힌 성적표를 쥐고 졸업했다. 졸업 후 지금까지 100여 개가 넘는 기업에 입사 지원서를 넣었고 면접도 제법 보았다. 하지만 결국 취업에 실패했다. 현재 그는 과외 교사로 일하고 있다. 정식 직업이라기보다는, 부모님께 생활비를 받아 쓰는 신세를 면하기 위한 아르바이트 수준이다. 부모님에게도 면목이 없다. 명절 때는 이런저런 핑계를 대며 고향집에 가지 않는다. 지금도 답답하지만 미래를 생각하면 대체 무엇을 해야 할지 몰라 그저 막막하기만 하다.

그나마 위로가 되는 사실은 비슷한 처지인 대학 친구들이 꽤 된다는 것이다. 친구들 중 절반은 원하던 직업을 가지지 못해 힘들어한다. 그와 비슷하게 학벌을 팔아 어영부영 사교육계에 발 담그고 있는 친구들도 있고, 고시를 준비한다는 허울 좋은 명목으로 기약 없는 공부에 매달리고 있는 친구들도 있다. 어찌어찌 취업에 성공한 친구들이라고 딱히 행복한 것도 아니다. 기대했던 것과 너무 다른 직장 생활에 적응하지 못해 무기력해하거나, 한창 나이에 밀려나 회사를 떠나는 상사들을 보며 앞날을 불안해한다.

그는 축 처진 어깨를 하고 내게 푸념했다.

"선생님, 저 괜히 열심히 공부했나 봐요. 이렇게 되려고 서울대 간 게 아닌데……."

가성비라는 말이 있다. '가격 대비 성능비'의 준말이다. 가성비가 높은 물건은 가격에 비해 효용이 뛰어난 것이고, 가성비가 낮은 물건은 가격에 비해 효용이 실망스러운 것이다.

교육의 가성비는 어떨까? 한번 따져 보자. 교육을 상품, 학생을 소비자로 놓고 계산해 보자는 얘기다.

학생들이 초·중·고교에서 긴 시간을 쏟아 가며 교육을 받는 가장 큰 이유는 조금이라도 더 평판 좋은 대학에 들어가기 위해서다. 그렇다고 대학 자체가 궁극적인 목표는 아니다. 사회에 진출해 자신이 원하는 일을 하는 것이 진짜 목표다. 그 목표를 이루는 데 대학이 뒷받침되기를 바라는 것이다. 그런데 대학 졸업 후 마주하는 현실은 사상

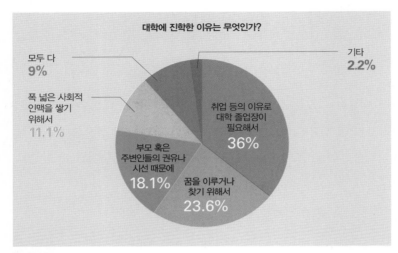

대학에 진학한 이유는 무엇인가?

모두 다
9%

기타
2.2%

폭 넓은 사회적
인맥을 쌓기
위해서
11.1%

취업 등의 이유로
대학 졸업장이
필요해서
36%

부모 혹은
주변인들의 권유나
시선 때문에
18.1%

꿈을 이루거나
찾기 위해서
23.6%

인크루트 2016.

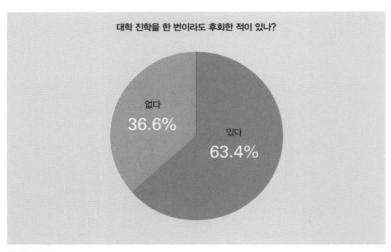

대학 진학을 한 번이라도 후회한 적이 있나?

없다
36.6%

있다
63.4%

인크루트 2016.

최악의 청년 취업난이다. 대한민국 최고 명문대라는 서울대를 나와도 취업이 어렵다는 마당이니 다른 대학들은 어떻겠는가.

학생들은 기껏 힘들게 교육을 받건만 그 결과는 기대에 한참 못 미친다. 학생들에게 교육은 가성비 최악의 상품이다.

2015년 9월 서울대에서 「일자리 전쟁 시대의 대학 교육」이라는 제목의 심포지엄이 열렸다. 서울대마저도 청년 실업 문제에서 결코 자유롭지 못한 현실을 보여 주는 심포지엄이었다. 그만큼 분위기는 사뭇 무거웠다.

이 자리에는 교육부 취업창업교육자원과 소속의 공무원이 토론회 패널로 참석했다.

"저희도 이 문제의 심각성을 인지하고 있습니다. 그래서 취업을 잘 시키는 대학에 정부 지원금을 더 많이 주는 정책을 시행하고 있는데, 이 정책은……."

그는 정부가 많은 노력을 기울이고 있음을 어필하려 애썼다. 그의 말을 들으며 나는 10여 년 전 둘째 아이 출산 지원금 10만 원을 받아 가라고 연락해 온 동사무소가 떠올랐다. 여전히 정부는 근본적 처방은 외면한 채 돈 몇 푼으로 해결할 수 있다는 공상에 빠져 있는 것은 아닌지 안타까웠다.

청년 실업을 해결하기 위한 방안으로 대기업과 중소기업의 격차 해소, 공공기관 신규 채용 확대, 청년 수당 지급 등이 논의되고 있다. 하지만 교육학자로서 나는 저출산의 근본적 해결책이 교육 시스템에 있다고 보았듯이, 청년 실업의 해결책 역시 교육 시스템에 있다고 생각한다.

　대학 졸업생들은 취업을 못해서 아우성인 이 와중에 정작 기업들은 쓸 만한 인재가 없다고 하소연이다. 대졸 고학력자는 차고 넘치는데, 기업들은 뛰어난 스펙을 보고 뽑았는데도 일을 믿고 맡길 수가 없다고 불만들이다. 왜 이런 불일치가 생겨나는 것일까? 학생들은 기업이 원하는 인재가 되기 위해 열심히 교육을 받지만 알고 보면 엉뚱한 능력만 쌓고 있는 것은 아닐까?

■ 철 지난 능력을 키우고 있는 교육 ■

　나의 전작 『서울대에서는 누가 A+를 받는가』는 서울대에서 4.0 이상의 최고 학점을 받은 학생들에 대한 심층 조사를 토대로 쓰였다. 애초에 이 심층 조사는 서울대 최우등생들의 공부법은 다른 학생들에 비해 무엇이 어떻게 다를까 하는 호기심에서 출발했다. 그런데 이들을 인터뷰하면 할수록 나는 당혹감에 휩싸였다.

　"강의 시간에 교수님께서 말씀하시는 걸 죽어라 받아 적어요. 무조건 전부 다 필기해요."

　"교수님이 농담으로 말씀하시는 것도 적고요, 가끔씩 흘러가는 말로 하시는 것들도 꼭 적어요."

　"창의력이 뛰어난 애들은 학점이 안 좋던데요. 교수님 말씀을 수용하는 게 약해서 그런가 봐요."

강의 내용을 고스란히 숙지하고 암기하는 것이 A+를 받는 공부 비결이라고 입을 모으는 서울대 최우등생들. 서울대는 '세계를 선도하는 창의적 지식 공동체'를 교육 목표로 내세우고 있으면서 실제로는 수용적 학습에 능한 학생들에게 높은 학점을 안겨 주고 있었다.

교수들만 탓할 일은 아니다. 나는 서울대 교수학습개발센터에서 일하는 동안 많은 서울대 교수들을 만났다. 수용적 학습이 뭐가 문제냐고 태연히 반문하는 교수들도 있었지만, 창의적 비판적 분위기의 강의를 하고 싶어 하는 교수들도 많았다. 그런 교수들일수록 나를 붙잡고 고충을 털어놓았다.

"강의를 좀 새로운 방식으로 하고 싶어도 그러면 오히려 학생들이 싫어해요. 토론을 시키면 어색해하고, 독창적인 과제를 내라고 하면 너무 난감하다고 하소연한다니까요. 저 교수 강의는 까다롭다고 소문이 나서 학생들이 피해요."

사실 학생들 입장에서는 지금까지 했던 대로 하는 것뿐이다. 대학에 입학하기 전까지 최소한 초·중·고 12년 동안 수용적 학습에 익숙해지도록 훈련받았으니까 말이다. 더구나 이 교육 시스템에 잘 적응한 학생일수록 더 좋은 대학에 진학한다. 이미 성과를 낸 경험이 있는 익숙한 방법을 대학에서도 지속하는 것은 당연한 선택이다.

지난 9월 제주대에서 열린 「2016 제주교육 국제 심포지엄」. 기조 강연을 맡은 사람은 전 OECD 교육국장인 바바라 이싱거(Barbara Ischinger) 박사였다. 이싱거 박사는 가르치기 수월한 단순한 능력들은 머지않아 자동화·디지털화되거나 개도국으로 이전될 것이라 전망하

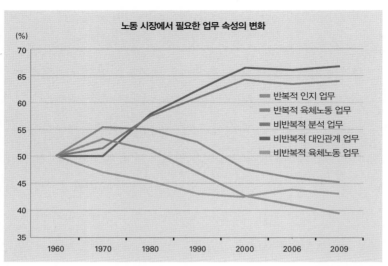

노동 시장에서 필요한 업무 속성의 변화

범례:
- 반복적 인지 업무
- 반복적 육체노동 업무
- 비반복적 분석 업무
- 비반복적 대인관계 업무
- 비반복적 육체노동 업무

Autor. D. H., Price. B. (2003) The Changing Task Composition of the US Labor Market: An Update of Autor, Levy, and Murnane. MIT Working Paper.

며, 따라서 우리에게 필요한 능력에 대한 개념을 재정립해야 한다고 강조했다. 이싱거 박사가 강연에서 제시한 두 개의 그래프를 여기 소개한다.

첫 번째 그래프는 미국 노동 시장에서 요구되는 여러 업무의 비중이 어떻게 변화되어 왔는지 보여 준다. 이 그래프에서는 업무의 종류를 이렇게 나누고 있다.

반복적 업무
― 규정에 따라 수행 가능, 영역이 명확히 정의되어 제한적
- 반복적 인지 업무 (예시: 회계, 데이터 입력)
- 반복적 육체노동 업무 (예시: 공장 조립라인의 생산, 모니터링 작업)

비반복적 업무

— 문제 해결력과 고도의 소통력을 지녀야 수행 가능

- 비반복적 분석 업무 (예시: 엔지니어링, 과학 기술 응용)
- 비반복적 대인관계 업무 (예시: 전문적인 관리, 감독, 협상, 제휴)
- 비반복적 육체노동 업무 (예시: 식사 준비, 호텔 방 청소)

반복적 육체노동 업무는 제조업 발전기인 1970년대에는 많이 요구되었지만 그 이후로 필요성이 점차 떨어졌고, 비반복적 육체노동 업무 역시 과거에 비해 덜 요구되고 있다. 이와 대조적으로 비반복적 분석 업무와 비반복적 대인관계 업무는 점점 더 많이 요구되며, 특히 비반복적 대인관계 업무는 팀워크, 커뮤니케이션, 협업이 절대적으로 요구되는 오늘날 가장 필요한 업무로 확고히 자리 잡았다.

특히 유념해서 보아야 할 부분은 반복적 인지 업무를 나타내는 녹색 선이다. 오름세였던 것이 1970년대에 툭 꺾이며 하향세로 돌입하더니 2000년대 들어 비반복적 육체노동 업무보다도 아래로 떨어졌다. 아무리 시스템이 자동화되고 기계가 발달해도 사람의 손으로 직접 제공하는 서비스 영역은 수요가 꾸준히 남아 있지만, 정해진 매뉴얼을 충실하게 따르면 되는 정신노동은 인공지능에 대체되거나 개도국으로 이동되기 때문에 결국 가장 불필요한 업무로 전락한 것이다.

두 번째 그래프를 보자. 각 직업군에 속하는 인원이 어떻게 변화되어 왔는지 보여 주는 그래프다. 여기서는 문제 해결 능력의 수준에 따라 세 단계로 직업군을 나누고 있다.

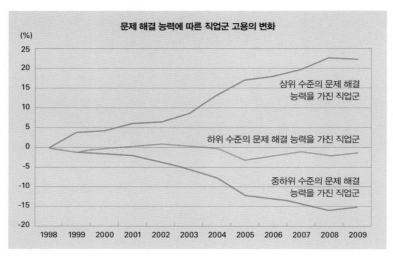

문제 해결 능력에 따른 직업군 고용의 변화

상위 수준의 문제 해결
능력을 가진 직업군

하위 수준의 문제 해결 능력을 가진 직업군

중하위 수준의 문제 해결
능력을 가진 직업군

Babara Ischinger (2016). A Vision for 21st Century Education. Keynote Presentation at International Symposium on Education, Jeju, Korea.

- **상위 수준의 문제 해결 능력을 가진 직업군**

  창의적 비판적 사고력을 발휘하는 정신노동

- **하위 수준의 문제 해결 능력을 가진 직업군**

  단순하지만 세심함이 필요한 육체노동

- **중하위 수준의 문제 해결 능력을 가진 직업군**

  매뉴얼대로 따르면 충분한 정신노동

상위 수준의 문제 해결 능력을 가진 직업군은 인원이 급격히 증가했다. 오늘날 가장 많은 고용을 창출하고 있는 것이 이 직업군이다. 하위 수준의 문제 해결 능력을 가진 직업군은 인원이 큰 변화가 없다. 앞으로도 한동안 비슷한 수준을 유지할 것으로 예상할 수 있다.

그에 비해 중하위 수준의 문제 해결 능력을 가진 직업군은 어떤가. 인원이 지속적으로 줄어들었다. 그만큼 고용력이 낮아졌다는 의미다. 이 결과 역시 앞에서 본 그래프와 같은 맥락이다.

오늘날 가장 쓸모없는 기술이 되어 버린 반복적 인지 기술. 취업에 가장 불리한 능력이 되어 버린 중하위 수준의 문제 해결 능력. 지식과 정보에 대한 수용적 학습에 몰두하고 있는 우리나라 학생들이 이를 통해 기르고 있는 것이 바로 반복적 인지 기술 그리고 중하위 수준의 문제 해결 능력이다.

학생들은 사회가 더 이상 요구하지 않는 능력을 치열하게 갈고 닦는 헛수고를 하고 있는 셈이다. 그러니 취업이 되지 않을 수밖에.

이싱거 박사는 이러한 변화에 따라 지금 시대에 반드시 필요한 핵심 능력을 네 가지로 정리했다.

- **국제적 트렌드와 과제에 대한 지식과 관심**
- **개방성과 유연성**
- **자존감과 회복탄력성**
- **커뮤니케이션과 대인관계 관리**

"국가는 이 능력들의 중요성을 신속히 인식하고 국민이 이를 갖추도록 적극적인 교육을 실시해야 합니다. 21세기에는 그런 국가만이 발전할 수 있습니다."

이싱거 박사가 거듭 강조한 이 말은 우리에게 많은 시사점을 준다.

■ 구글이 만든 자율주행 자동차. 인공지능을 기반으로 하는 4차 산업혁명의 물결이 거세지고 있다.

과거 우리나라가 제조업을 기반으로 경제 발전을 이루던 시기에는 선진국을 따라 하기만 해도 충분했다. 굳이 독창적인 것을 개발하지 않아도 되었다. 그 당시 학생들은 수용적 학습을 열심히 해서 반복적 인지 기술과 중하위 수준의 문제 해결 능력만 갖추면 얼마든지 좋은 일자리를 구할 수 있었다. 교육의 가성비는 무척 만족스러웠다.

이제 시대가 달라졌다. 하루가 다르게 새로운 정보가 쏟아져 나오고 비즈니스 환경이 한 치 앞을 가늠할 수 없을 정도로 급변하는 시대다. 인공지능, 로봇 기술, 생명과학이 주도하는 4차 산업혁명이 대격변을 예고하고 있다. 하지만 지금의 교육으로는 학생들이 미래를 준비하도록 뒷받침해 줄 수 없다. 수용적 학습을 통해 얻은 능력만 가지고서는 취업하기 쉽지 않고, 운 좋게 취업했더라도 조직에서 성과를 내기 힘들다.

그런데도 우리 교육은 제자리걸음만 하고 있다. 가성비가 갈수록 떨어지는 것을 지켜보고만 있다.

■ 자기 집을 짓지 못하는 연구자들 ■

「일자리 전쟁 시대의 대학 교육」 심포지엄에서는 이런 주장도 나왔다. 기업이 필요로 하는 교육은 기업 자체에서 해야 하며, 대학은 학문의 상아탑이지 직업교육을 하는 곳이 아니라는 주장이었다.

주장 자체는 나름 일리 있다. 그런데 나는 묻고 싶었다. 우리 교육 시스템이 취업은 보장해 주지 못해도 학자 양성만큼은 제대로 하고 있을까?

"선배님, 연구 주제 있으면 좀 주세요. 저 자료 조사나 통계 분석은 잘해요."

서울대에 있을 때 종종 들었던 말이다. 이 말을 하는 사람들은 박사 학위를 마친 후배들이었다.

연구자들은 박사 학위를 딴 후에도 늘 연구 실적에 시달린다. 강단에서 자리를 구하기 위해, 승진을 하기 위해, 더 나은 곳으로 이직하기 위해서는 늘 연구 실적이 평가 기준이 되기 때문이다. 여기서 연구 실적이란 곧 연구자의 이름이 올라간 논문이 저명한 학술지에 얼마나 많이 게재되었는가를 가리킨다.

연구는 대체로 다음과 같은 과정을 거쳐 이루어진다.

① 연구 주제 선정 → ② 선행 연구 분석 → ③ 연구 절차 설계
→ ④ 연구(조사, 실험) 수행 → ⑤ 결과 분석 → ⑥ 해석, 논의, 결론

많은 연구자가 '① 연구 주제 선정'과 '⑥ 해석, 논의, 결론', 이 두 과정을 가장 힘들어한다. 반면, ②~⑤에 해당하는 과정은 자신 있어 하고, 또 실제로도 잘한다. 일반적으로 단독 연구보다는 공동 연구가 많은데, 그 안에서 공동 연구자들의 역할은 서로 다르다. "연구 주제 좀 주세요"라는 말은 이미 ①이 정해진 연구에서 ②~⑤를 맡겨 달라는 뜻이다. 스스로 연구 주제를 정하지는 못하겠는데 논문에 이름은 올려야겠고, 그래서 궁여지책으로 연구 주제를 정한 다른 연구자들을 찾아다니며 끼워 달라고 부탁하는 것이다. 물론 연구의 결론을 내리는 ⑥도 이들의 몫은 아니다.

언론에서는 새로운 기사거리를 발굴하는 것이 실력 있는 기자의 지표다. 예술에서는 새로운 컨셉의 작품을 만드는 것이 실력 있는 예술가의 지표다. 기업에서는 새로운 사업 아이템을 찾아내는 것이 실력 있는 경영인의 지표다. 이것들은 모두 '① 연구 주제 선정'과 같은 영역이다.

취재 사실을 나열하는 데 그치지 않고 사회적 함의를 짚어 내야 진정한 저널리즘으로 독자들에게 인정받는다. 이미 완성된 예술 작품이

해석과 평론을 통해 대중에게 널리 인정받는다. 획기적인 사업 아이템이라도 현실과 제대로 접목해야 소비자들에게 인정받는다. 이것들은 모두 '⑥ 해석, 논의, 결론'과 같은 영역이다.

분야를 막론하고 핵심이 되는 영역은 ①과 ⑥이다. 비판적 창의적 사고력이 가장 요구되는 부분이다. ①과 ⑥을 잘하는 나라가 선진국이고 퍼스트 무버(first mover)다. 나머지 ②~⑤를 잘하는 나라는 개발도상국이고 패스트 팔로워(fast follower)다.

연구 분야에서도 마찬가지다. 조금 거칠게 표현하자면, 연구에서도 ①과 ⑥ 이외의 나머지는 용역을 줘도 될 만큼 머리보다는 손발의 영역에 가깝다. 서울대에서조차 연구자들이 ①과 ⑥에는 약하고 ②~⑤에는 강하다는 사실이 무엇을 의미하겠는가. 지적으로 종속되어 있는 것이다.

이상한 일이다. 이들은 이미 박사인데, 대체 그 박사 학위 논문은 어떻게 썼을까?

답은 '지도교수 해바라기' 구조에 있다. 박사 과정 학생들은 선배들에게 흔히 이런 충고를 듣는다.

"잘 쓰려고 하지 마. 지도교수님에게 잘 맞추는 게 가장 중요해."

박사 학위 논문 주제를 정할 때는 본인의 관심사보다 지도교수의 관심사를 따라야 한다. 연구를 진행하는 동안에는 내내 지도교수의 관점을 살펴야 한다. 연구 결과에 대한 해석은 지도교수가 허용하는 범위에서 이루어져야 한다. 그리하여 논문은 지도교수의 연구에 보탬이 되는 방향으로 완성된다. 발표된 논문에는 지도교수의 이름이 공

■ 학위 수여식에 앉아 있는 미래의 연구자들. 이들 중 상당수가 연구자로서 자신의 세계를 구축하는 데 실패하게 된다.

동저자로 올라가 있다.

　실제로 내 주변의 대다수 박사들은 박사 학위 논문의 주제를 스스로 잡지 않았다. 대신 지도 교수가 준 주제로 논문을 썼다. 심지어 자신의 연구 주제를 고집하는 학생에게 논문 지도를 거부하는 지도교수도 드물지 않았다.

　박사 학위를 취득하는 과정에서 학생 스스로 자신의 콘텐츠를 발굴하는 훈련을 할 기회는 없는 셈이다. 그 기회는 학부 때도 없었고 초·중·고교 때도 없었다. 이 훈련이 전혀 되어 있지 않으니 어엿한 박사로서 독자적으로 활동해야 하는 때가 되어서도 여전히 연구 주제 하나 발굴하지 못하고 다른 연구자들을 기웃거리게 된다.

　그럼 교수들은 다를까?

　우리나라 교수들 중 압도적 대다수는 미국 등 선진국의 대학에서 공부한 유학파다. 그곳에서 그들은 지도교수의 연구를 돕고 지도교수의 연구에 참여해 박사 학위를 받는다. 귀국 후 대학에 자리를 잡고 나서도 여전히 독자적 연구를 수행하기보다는 미국에서 하던 연구를 확장해서 연구비를 딴다. 안식년(연구년)이 되면 자신이 유학했던 그 대학으로 간다. 그리고 그때 그 지도교수의 연구에 또다시 참여해 지도교수의 논문에 공동저자로 이름을 올린다. 국내 학회의 조직위에서 활동하게 되면 자신의 지도교수를 거액을 주고 초빙함으로써 보은하기도 한다. 지도교수의 저서를 국내에 번역해 소개하기도 한다.

　역시나 자신만의 콘텐츠라고는 없다. 교수가 되어서도 여전히 '지도교수 해바라기' 구조다. 학생이 교수에게 종속되어 있듯, 교수는 선진국의 다른 교수에게 종속되어 있다. 그러면서 조금도 부끄러워하지 않는다.

김대식 서울대 물리학과 교수는 『공부논쟁』에서 우리나라 연구자들의 현실을 이집트 피라미드에 빗댄다. 거대한 피라미드를 건설할 때 동원된 수만 명의 노예들은 집에 가서 가족들에게 "저 피라미드 내가 지었어"라고 자랑했을 것이다. 물론 그들은 성실하게 돌을 쌓았다. 하지만 그중 어떤 노예도 그 피라미드를 기획하지 않았다. 그저 시키는 대로 일했을 뿐이다. 그래서 피라미드는 노예가 아니라 파라오의 작품으로 역사에 기록되어 있다.

김대식 교수는 우리나라의 많은 연구자가 선진국의 지도교수가 짓는 피라미드의 돌 한 조각을 성실하게 나르면서 지도교수를 더 위대하게 만드는 데 일조할 뿐 평생 자신의 피라미드는 짓지 못하는 것은 교육 시스템에 그 원인이 있다고 비판한다.

시험 잘 보는 학생은 남들이 주는 문제를 푸는 데까지는 해낼 수 있어요. 그러나 새로운 발견 혹은 발명을 하거나 새로운 이론을 만든다는 것은 전혀 다른 차원의 이야기입니다. 우리나라는 지금까지 시험 잘 치는 사람들에게만 과학을 맡겼어요. 그 결과로 새로운 이론, 새로운 발견 하나를 만들어 내지 못했어요. 단 하나의 초가집도 짓지 못했어요. 지금이라도 거대한 전환을 만들어 내지 못하면 계속 망하는 거예요.

『공부논쟁』 창비 2014.

우리나라 입시제도 아래에서 공부를 잘한 사람들은 좀 심하게 말하자면 머리가 나쁜 사람들이에요. 창의적이지 못하고 체제 순응적일수록 좋은 성적을 거둬요. 예외가 없지 않겠지만 대체로 그래요. 머리가 나쁜데 공부를 너무 열심히 하다 보니 일찍 번아웃돼요. 그런데 그런 사람들이 좋은 학벌을 갖춘 해외유학파라는 이유로 교수가 됩니다. 그러고는 누구나 100% 다 받는 정년보장을 받을 때까지만 연구하는 시늉을 해요. 어차피 머리가 굳어서 새로운 발견을 해낼 수도 없습니다. 그냥 시늉만 하다가 정년을 보장받으면 바로 나가떨어지는 거예요.

『공부논쟁』 창비 2014.

비평준화 시대에 경기고 수석졸업, 대입예비고사 전국수석, 서울대 수석입학·졸업을 기록한 전설 같은 존재인 임지순 포항공대 석좌교수. 우리 교육 시스템에서 정점을 찍은 그마저도 자신의 한계를 고백하며 우리 교육의 문제를 지적한 바 있다.

유학 갔을 때 미국 친구들이 정말 독창적인 생각을 해내는 것을 보고 놀랐어요. 내가 부족하다는 것을 느꼈죠.

《동아일보》 2002.9.8.

외국 학생 중에 정말 천재적인, 정말 독창적인 학생을 우리나라 학생들이 이 교육으로는 따라가기 거의 불가능하다는 것을 느꼈거든요. 원래 재능이 있더라도 커 가면서 그것이 죽게 되는 (것 같습니다).

MBC「뉴스데스크」2008.10.11.

자기 집을 짓지 못하는, 피라미드는커녕 초가집조차 버거운 연구자들. 남들보다 더 오랫동안 교육받은 만큼, 이들에게 교육의 가성비는 취업준비생이나 직장인보다도 더 실망스러울 수밖에 없다. 대학은 학문의 상아탑이라는 주장이 무색하다.

취업의 길이든 학문의 길이든 도통 도움이 되지 않는 우리 교육. 그렇게 교육의 가성비는 자꾸만 떨어지고 있다.

03 배움이 실종된 수업

■ **수업 듣기와 TV 보기는 동급?** ■

"엄마, 학교에서 학부모 참관수업 한대요!"

둘째 아이가 중학교에 입학했다. 1학년 내내 자유학기란다. 자유학기제는 최근 교육부의 핵심 정책으로, 중간·기말고사를 보지 않고 대신 진로탐색 활동, 동아리 활동, 예술·체육 활동에 주력하는 것이다. 시험 부담 없이 꿈과 끼를 찾으라는 취지다. 원래 한 학기만 대상으로 하던 것이 서울에서는 '2016 서울형 자유학기제' 실시에 따라 두 학기(집중학기+탐색·연계학기)로 늘어났다.

생소한 제도라서 궁금해 하고 있었는데 마침 둘째 아이 학교에서 학부모들을 초청해 참관수업을 한다길래 방문해 보기로 했다. 시험으로부터 자유로운 교사와 아이들의 수업은 어떤 모습일지 교육학자 엄마로서 내심 기대가 되었다.

첫 번째 시간은 도덕 수업. 선생님이 학생들에게 "예절이 뭐지?"라고 질문했다. 학생들이 이런저런 답을 내놓았지만 선생님은 계속 다른 답을 유도했다. 원하는 답이 나오지 않자 선생님은 "저번에 선생님이 얘기했던 거 뭐였지? 예절은 뭐 더하기 뭐다?"라고 유도했다. 그제야 생각난 듯 몇몇 학생이 "정신 더하기 형식!"이라고 외쳤다. 선생님은 고개를 끄덕이고 학생들에게 "예절은 정신 더하기 형식"이란 말을 복창시켰다.

두 번째 시간은 기술 수업. 선생님이 "오늘은 발명과 창의적 활동의 필요성을 배울 거예요"라고 안내했다. 칠판 앞에 스크린이 내려가고 파워포인트 화면이 떴다. 발명과 창의적 활동의 필요성이 세 가지로 정리되어 있었다. 학생들은 선생님의 지시에 따라 그 세 가지 항목을 큰 소리로 읽었다. 선생님은 학생들이 다 암기한 것을 확인한 후 다음 화면으로 넘어갔다. 스크린에 새로운 화면이 뜰 때마다 학생들의 복창은 반복되었다.

세 번째 시간은 국어 수업. 둘째 아이가 이 학교 최고 인기 선생님의 수업이라고 귀띔해 준 수업이었다. 듣던 대로 선생님은 마치 인터넷 스타강사 같은 달변가였다. 학생들도 이전 수업들보다 더 집중하는 분위기였다. 수업 내용은 모의고사 문제풀이였다. 선생님이 나누어 준 프린트물에는 단답형 주관식 문제가 빼곡했다. 선생님은 거침없이 문제를 풀어 나갔고, 학생들은 선생님이 알려 주는

■ 교육부의 자유학기제 홈페이지. 자유학기제의 수업은 과연 얼마나 다를까?

답을 정신없이 받아 적었다. 선생님의 우렁찬 목소리가 교실 안에 울려 퍼지는 가운데 학생들의 손은 일사분란하게 움직였다.

집에 돌아와서 둘째 아이에게 물었다.

"오늘 배운 거 다 이해했어?"

"그냥 뭐 대충……."

"그래? 예절이 뭐야?"

"정신 더하기 형식!"

"그게 무슨 의미인데?"

"의미? 어, 그건……."

"예의는 뭔지 알아?"

"그건 모르는데요. 예절은 배웠는데 예의는 안 배웠어요."

"창의적 활동은 왜 필요해? 기술 시간에 다뤘잖아."

"어, 답이 세 가지였는데…… 뭐였더라…… 어…….."

"기억 안 나도 네가 생각하는 다른 답이라도 한번 말해 봐. 창의적 활동은 다양하잖아."

"수업 시간에 배우지 않은 걸 어떻게 생각해 내요?"

"그럼 국어 문제에 나온 문학 작품들 중에서 제일 좋았던 게 뭐야?"

"글쎄, 딱히……."

학교의 임무는 학생들을 가르치는 것이다. 교사는 학생들을 가르치는 전문가다. 우리는 그 가르침의 결과로 학생들이 배움을 얻을 것이라 믿는다.

그런데 과연 실제로 학생들은 배움을 얻고 있을까?

『서울대에서는 누가 A+를 받는가』를 펴낸 후, 강연이나 방송을 통해 만난 사람들로부터 가장 많이 받은 질문 중 하나가 이것이었다.

"그 그래프 진짜예요?"

많은 사람들이 궁금해한 그 그래프를 이 책에 다시 한 번 소개한다. MIT 미디어랩에서 했던 실험의 결과를 담은 그래프다. 내가 이 그래프를 처음 본 것은 미시간대에서 열린 에릭 마주르(Eric Mazur) 하버드대 교수의 강연에서였다.

MIT 미디어랩은 한 대학생에게 검사 장치를 붙이고 일주일 동안 교감신경계가 언제 얼마나 활성화되는지 기록했다. 교감신경계가 활성화된다는 것은 각성, 집중, 흥분, 긴장 등이 증가된 상태를 의미하고, 반대로 불활성화된다는 것은 각성이 거의 없는 상태, 좀 과하게

학생의 일과 패턴에 따른 교감신경계 변화

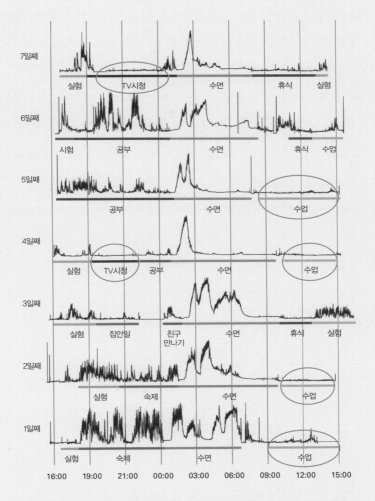

Poh, M.Z., Swenson, N.C., Picard, R.W. (2010). "A Wearable Sensor for Unobtrusive, Long-term Assessment of Electrodermal Activity", IEEE Transactions on Biomedical Engineering, 57(5), 1243-1252.

표현하면 멍하니 있는 상태를 의미한다.

이 그래프를 들여다보면, 학생이 실험을 하거나 숙제를 하거나 공부를 할 때는 교감신경계가 활성화되는 것을 알 수 있다. 잠을 잘 때 교감신경계가 활성화되기도 하는데 이는 잠을 이루지 못하고 뒤척이는 경우이거나 꿈을 꾸는 경우다.

이와 대조적으로, 학생이 TV를 볼 때는 교감신경계가 불활성화된다. TV가 엄청난 분량의 시청각적 자극을 주는 것 같지만 실제로 우리 교감신경은 자극을 거의 받지 않는다는 사실을 보여 준다. 그러니 TV는 바보상자라 불릴 만하다.

그런데 교감신경계가 불활성화되는 경우가 또 하나 있다. 다름 아닌, 학생이 수업을 받을 때. TV를 볼 때와 비슷한 정도로 교감신경계가 불활성화된다. 수업을 받고 있는 학생들이 잠을 잘 때보다도 더 멍한 상태에 빠져 있다니! 집중하고 긴장한 상태이기는커녕 TV를 볼 때처럼 각성이 거의 없는 상태로 교실에 앉아 있는 것이다.

마주르 교수는 그 원인으로 수업 방식을 꼽았다.

"이 실험에서 학생이 받은 수업은 교수가 지식을 일방적으로 전달하는 방식의 수업이었습니다. 이런 방식의 수업에서는 학생들이 제대로 배우지 못합니다."

누군가는 의문을 제기할 수도 있을 것이다. 그 수업의 교수가 설명을 잘 못해서 학생이 도저히 집중할 수 없었던 것은 아닐까? 유창하게 잘 설명하는 교수의 수업이라면 그래프의 선이 요동치지 않았을까?

이를 예상했다는 듯 마주르 교수는 또 하나의 실험 결과를 보여 주었다. 아이오와 주립대 심리학과의 샤나 카펜터(Shana K. Carpenter) 교수의 연구팀이 실시한 실험이었다. 학생들을 두 집단으로 나누어 각각 다른 영상을 보여 주었는데, 하나는 교수가 자신 있는 태도로 학생들과 눈을 맞추며 유창하게 말하는 수업 영상이었고, 다른 하나는 교수가 소극적 태도로 책에 코를 박은 채 어수룩하게 말하는 수업 영상이었다. 수업의 내용 자체는 동일했다.

영상을 다 본 학생들에게 자신이 수업 내용을 어느 정도나 기억하리라 예상하는지 물었다. 유창한 수업 영상을 본 학생들이 예상한 정도는 어수룩한 수업 영상을 본 학생들이 예상한 정도보다 약 두 배 더 높았다.

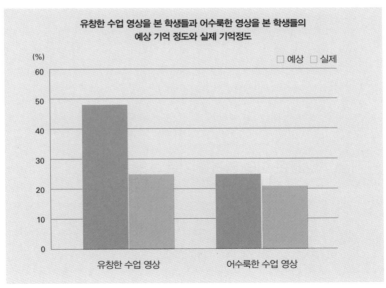

Carpenter, S. K., Wilford, M. M., Kornell, N., & Mullaney, K. M. (2013). Appearances can be deceiving: instructor fluency increases perceptions of learning without increasing actual learning. Psychonomic bulletin & review, 20(6), 1350-1356.

그런데 막상 시험을 치러 보니 뜻밖의 결과가 나왔다. 실제로 두 집단이 수업 내용을 기억하는 정도는 큰 차이가 없었다. 유창한 수업이든 어수룩한 수업이든 학생들이 그 내용을 이해하고 기억하는 정도는 엇비슷하게 낮았다.

지식을 일방적으로 전달하는 방식의 수업, 학생들이 교사가 말하는 내용을 수동적으로 받아들이는 수업이라면, 그 교사가 말을 잘하는지 못하는지는 별로 중요하지 않다. 이러나저러나 어차피 학생들의 학습 효과는 낮으므로. 문제는 일방적 수업 그 자체이지 교사의 말솜씨가 아닌 것이다.

마주르 교수의 강연을 듣던 사람들은 두 실험 결과에 적잖이 놀라워했다. 청중의 반응을 보며 마주르 교수는 빙긋 미소를 지었다. 그 미소는 마치 이렇게 묻는 듯했다.

"자, 여러분, 이래도 지식을 일방적으로 전달하는 수업을 계속하시겠습니까?"

▪ 지금, 학생들은 어떤 능력을 기르고 있는가? ▪

마주르 교수가 보여 준 두 번째 실험에서 짚고 넘어가야 할 점이 한 가지 더 있다. 두 집단에게 각각 다른 수업 영상을 보여 준 후 교수에 대한 만족도를 평가했을 때, 유창한 수업 영상을 본 학생들은 어수룩한 수업 영상을 본 학생들보다 훨씬 더 높은 점수를 주었다. 결과적

■ 과거 약장수의 쇼. 우리는 약장수를 평가하듯 교원평가를 하고 있는 것은 아닐까?

으로 두 집단의 시험 결과는 비슷하게 낮았는데도 말이다.

요즘 중·고등학교에서는 교원평가가 이루어지고 있다. 교사가 학생, 학부모, 동료 교사로부터 평가를 받는 제도다. 교사의 능력을 향상시켜 수업의 질을 높이기 위해 도입되었다.

취지는 좋다. 하지만 효과는 의문이다. 어차피 현재의 일방적 수업을 고수한다면 교원평가의 결과는 뻔하다. 말을 청산유수로 잘하고 설명을 재미있게 잘하는 교사가 높은 점수를 받기 마련이다. 학생들은 그런 교사에게 많이 배웠다고 생각하겠지만, 앞의 실험에서 보았듯이 그것은 막연한 가정일 뿐이다.

1970년대만 하더라도 동네마다 약장수가 돌아다녔다. "이 약으로 말씀드릴 것 같으면……"으로 시작되는 약장수의 말은 청산유수로 이어졌다. 악기 연주나 차력쇼 같은 볼거리도 곁들여졌다. 동네 사람들은 너 나 할 것 없이 모여들었다. 재미있으니까. 정작 약장수가 만병통치약이라 우기는 저 약이 진짜인지 따지는 것은 뒷전이었다.

우리가 교사의 말솜씨를 기준으로 수업의 질을 평가한다면, 약장수의 재주를 기준으로 약의 효험을 평가하는 것과 무엇이 다른가. 재주 좋은 약장수가 가짜 약을 팔아도 사람들에게 환영받는 것처럼, 말솜씨 좋은 교사가 단순히 지식을 주입하는 데 그쳐도 교원평가 결과는 좋게 나오게 된다.

의도한 대로 수업의 질을 높이기 위해서는 교원평가에서 '학생들이 배움을 얻었는가', '학생들이 어떤 능력을 길렀는가'를 따져 보아야 한다. 그런데 현재의 교원평가는 이것을 놓치고 있다.

앞 장 「4차 산업혁명 시대, 교육의 가성비는?」에서 이야기했듯이, 이싱거 박사는 지금 이 시대에 필요한 능력으로 국제적 트렌드와 과제에 대한 지식과 관심, 개방성과 유연성, 자존감과 회복탄력성, 커뮤니케이션과 대인관계 관리를 꼽았다. 이 능력들에서 기본이 되는 것은 '스스로 생각하는 힘'이다.

일방적 수업에서는 학생들이 스스로 생각하는 힘을 기르지 못한다. 머릿속에 남는 것은 단순한 지식들과 주입된 논리들뿐이다. 이것은 이싱거 박사의 지적대로 시대에 뒤떨어진 '반복적 인지 기술'과 '중하위 수준의 문제 해결 능력'에 불과하다.

자유학기제 학부모 참관수업이라는 이름으로 자랑스레 공개하는 수업마저 그렇게 일방적 수업에 머물러 있으니 평소 수업은 어떨지

■ 교사의 설명을 듣고 있는 학생들. 교실에서 배움의 주인공은 아이러니하게도 학생이 아니라 교사다.

뻔하다. 아무리 눈을 씻고 보아도 학생들이 스스로 생각하는 힘을 키울 수 있는 기회는 보이지 않는다.

그렇다면 수업에서 배움을 얻는 사람은 전혀 없단 말인가. 그건 아니다. 배움을 얻는 사람이 있긴 하다. 바로 교사다.

나 자신이 그랬다. 처음 대학 강사가 되어 학생들을 가르치기 시작했을 때, 그동안 공부했던 내용들이 머릿속에서 명료하게 정리되는 것을 느꼈다. 강의 중에 막히는 부분을 고민하다 보면 새로운 아이디어들이 떠오르곤 했다. 많은 초임 교수들이 나와 비슷한 경험을 이야기한다.

이것은 '꺼내는 교육'과 '집어넣는 교육'의 차이 때문이다. '집어넣는 교육'이 정답이라는 '결과'를 가르치는 교육이라면 '꺼내는 교육'은 정답에 이르는 '과정'을 가르치는 교육이다.

교사는 수업에서 가르칠 내용을 미리 준비하고, 수업에 들어가서는 자신이 아는 내용을 자신의 언어로 설명한다. 그 과정에서 자신의 생각을 되짚고 재조직한다. 이것이야말로 '꺼내는 교육'의 대표적 방법이다. 그래서 가장 좋은 공부법은 남을 가르치는 것이라는 말도 있는 것이다.

물론 교사에게도 배움은 필수적이다. 하지만 스스로에게는 '꺼내는 교육'을 하면서 정작 학생들에게는 '집어넣는 교육'만 하고 있다면 이 얼마나 아이러니한 일인가.

학생들의 배움은 교실에서 실종되었다. 배움을 학생들에게 돌려주기 위한 고민을 시작해야 할 때다.

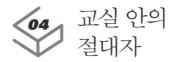

교실 안의
절대자

■ 폭스 박사의 특별한 강연　■

　　정신과 의사들과 심리학자들이 모여 있는 강의실에 한 사람이 걸어 들어온다. 알버트 아인슈타인 약대를 졸업한 이 분야의 권위자, 폭스 박사다. 그는 '의료인 교육에서 수학적 게임 이론을 어떻게 활용할 것인가'라는 제목의 강연을 시작한다. 수학적 게임 이론이라는 것은 참석자들에게 다소 생소한 주제이지만, 폭스 박사는 단호하면서도 친절한 말투, 자신감 있는 태도, 점잖은 외모로 참석자들을 사로잡는다. 질문들에도 명쾌하게 답한다. 강연은 30여 분 동안 진행된다. 참석자들은 폭스 박사의 강연에 매우 만족스러워하며 많은 것을 배웠다고 입을 모은다.

그런데 진실은 이렇다. 폭스 박사는 가짜이고, 강연 내용도 전부 가짜다.

이 강연은 1973년 미국의 심리학자 도널드 나프툴린(Donald H. Naftulin)이 했던 실험이다. 나프툴린은 한 무명 배우를 전문가처럼 꾸미고 미리 준비한 강연 원고를 외우게 했다. 이 원고는 엉터리 지식을 짜깁기한 내용이었다. 아무리 생소한 주제라 하지만 의심을 품고 따져 보면 강연 내용이 앞뒤가 안 맞고 공허하다는 사실을 쉽게 알아챌 수 있었다. 그런데도 참석자들은 아무도 눈치채지 못했다.

남부럽지 않게 가방끈이 긴 참석자들이 어쩌다 깜빡 속았을까? 폭

■ 폭스 박사의 강연 장면. 석박사 이상의 학력을 가진 참석자들이 이 엉터리 강연에 만족감을 표했다.

스 박사의 권위를 믿었기 때문이다. 그 믿음의 근거가 된 것은 권위자 같은 외양과 말투와 행동이었다. 정작 그가 강연한 내용은 영향을 끼치지 못했다.

권위를 가진 것으로 보이는 사람의 말을 아무 의심 없이 무조건 신뢰하고 동조하는 것. 이러한 현상을 '폭스 박사 효과(Dr. Fox Effect)'라고 한다.

폭스 박사 효과는 우리 교실들에서도 매일매일 일어난다. 교사가 가르치는 내용이 엉터리라는 것이 아니라, 그만큼 학생들이 교사의 권위에 절대적으로 따른다는 뜻이다.

요즘 교사의 권위가 땅에 떨어졌다는데 무슨 소리냐고 반문하는 사람들도 있을 것이다. 물론 스승의 그림자도 밟지 않았다는 과거에 비하면 교사의 권위가 낮아졌다. 최근 젊은 교사들 중에는 권위를 내세우지 않고 친구 같은 선생님이 되고 싶다고 말하는 교사도 많다.

하지만 적어도 수업에서 교사는 여전히 절대적 권위자다. 교사가 가르치는 것만이 정답으로 인정되기 때문이다. 학생들은 교사가 전달하는 내용을 무조건 믿고 받아들여야 한다. 자신만의 의견을 내거나 비판적으로 생각해 볼 여유 따위는 없다.

『서울대에서는 누가 A+를 받는가』에도 기술했듯이, 나는 서울대 최우등생들을 대상으로 여러 조사를 실시했다. 그중 가장 큰 안타까움을 느낀 결과가 있다. "교수님과 자신의 의견이 다를 때, 혹은 교수님보다 더 좋은 아이디어가 있을 때, 그것을 시험이나 과제에 쓰는가?"라는 질문에 서울대 최우등생 46명 중 41명이나 "아니오"라고 답

■ 강의를 듣고 있는 서울대 학생들. 내가 만난 서울대 최우등생들은 교수의 강의 내용이 무조건 옳다고 받아들이고 있었다.

했다는 것이다. A+를 받기 위한 전략적 선택이기도 했지만 더욱 근본적인 이유는 교수의 말이 무조건 옳다는 믿음이었다.

"교수님이 저보다 경험도 많고 연구도 많이 하셨잖아요. 교수님 의견이 더 타당한 게 당연하다고 봐요."

"전 교수님 말씀을 그냥 수용해요. 제가 뭔가 대단한 발견을 새로할 수 있는 것도 아니니까."

"제 의견이 교수님 생각이나 관점하고 다르다면 제 의견이 틀린 거겠죠."

학교에서 배운 것들은 다 옳은 것이고 꼭 알아야 하는 것이라는 믿음, 수업 내용을 잘 숙지하는 것이 곧 잘 배우는 것이라는 믿음, 그러므로 내 생각을 내세우면 안 된다는 믿음. 학생들은 이 믿음이 틀릴 수 있다는 가능성은 떠올리지 못하고 있다. 폭스 박사를 무작정 믿었던 사람들처럼.

그런데도 교사, 학생, 학부모, 그 누구도 이러한 문제점을 자각하지 못하고 있다. 오히려 어떻게 하면 수용적 학습을 더 효과적으로 할 수 있을까 골몰하고 있다.

몇 년 전부터 토크콘서트라는 것이 유행이다. 좀 더 규모가 크고 대중화된 강연이다. 이때 '토크'는 강연자와 사회자 사이에서 이루어지거나 아예 강연자의 전유물이다. 질의응답 시간을 따로 가지기도 하지만 대다수 관객은 끝까지 그냥 관객으로만 남는다. 애초에 토크콘서트에 온 목적이 강연자의 말을 수용하는 것이기 때문이다.

《이코노미스트》전 서울 특파원인 다니엘 튜더(Daniel Tudor)의 눈에는 이 광경이 매우 생소했나 보다. 그의 칼럼 「한국인은 왜 토크콘서트에 열광할까」의 일부를 여기에 인용한다.

> 토크콘서트는 한국적인 현상이다. 내 친구들의 본국에서는 토크콘서트가 한국만큼 인기가 없다. 내 고향인 영국의 경우에도 "저명 비즈니스 분야 작가인 아무개 씨의 리더십 강연을 듣고 왔어"라고 말하는 친구를 본 기억이 없다.
>
> (······)
>
> 한국에는 왜 이런 '전문가 컬트(cult)'가 자리 잡고 있는 걸까. 내 생각에는 권위에 대한 존중과 관련 있다. 특히 한국에 강한 경

향이다. 상투적으로 표현한다면, 따지면 안 되는 '정답'이 있다고 가르치는 교육 체제의 산물이기도 하다. 그런 교육 체제에서 해답이란, 내가 스스로 해 보는 탐구와 발견의 산물이 아니다.

《중앙일보》 2014.11.8.

토크콘서트는 전형적인 '집어넣는 교육'이다. 초·중·고교를 거치는 동안 교사가 일방적으로 전달하는 정답을 무조건적으로 받아들이는 데 익숙해진 학생들은, 대학에 가서도 계속 교수의 강의 내용만을 정답으로 간주하고, 성인이 되어서는 토크콘서트에 가서 정답을 얻기를 갈구하고 있다.

■ 토론이 없는 토론수업　　　　　　　　　　　　　　■

'집어넣는 교육'에서 학생들은 주로 듣고만 있다. 하지만 '꺼내는 교육'에서는 학생들이 적극적으로 말을 한다. 토크콘서트의 관객으로 앉아 있는 법을 배우는 대신 스스로 '토크'하는 법, 자신의 생각을 꺼내 말하는 법을 배운다. 그래서 '꺼내는 교육'에서 없어서는 안 되는 것이 토론수업이다.

둘째 아이가 두 번째 자유학기를 맞았다. 학교에서 온 안내문에서 '주입식 수업 대신 자유로운 토론수업을 늘렸습니다'라는 문구가 눈에 띄었다. 토론수업이 얼마나 늘었느냐고 물어보니 둘째 아이는 고개를 갸우뚱했다.

"토론수업? 한 번도 한 적 없는데……."

이게 무슨 말인가. 학교에서 거짓말이라도 한 것인가. 둘째 아이에게 자세히 캐물어 한참 이야기를 듣고 나서야 이해되었다. 둘째 아이는 공부하는 엄마를 따라 미국에 가서 학교를 다닌 적이 있다. 미국 학교에는 토론수업이 많았다. 어떤 이슈에 대해 각자 논리와 근거를 가지고 찬반 토론을 벌였다. 그런데 지금 학교에서 한 토론수업은 단순한 모둠활동으로, '우리 지역 문화재에 대해 알아보자' 하는 식의 주제에 대해 한마디씩 돌아가며 말하는 방식이었다. 둘째 아이에게는 그것이 전혀 토론수업으로 보이지 않았던 것이다.

뒤늦게 자신이 '소위' 토론수업을 했다는 사실을 알게 된 둘째 아이는 깜짝 놀라 되물었다.

"아! 그게 토론수업이었던 거예요?"

학생들이 말을 하는 수업이라고 해서 무조건 토론수업이 되는 것은 아니다. '○○에 대해 알아보자'라는 주제는 이미 정리된 내용을 조사하면 충분하다. 반론할 거리가 딱히 없는 주제를 정하는 것은 토론 수업의 첫 단추부터 잘못 꿰는 것이나 마찬가지다.

교사들은 토론수업의 필요성을 인정하면서도, 학생들이 토론수업에 도통 호응하지 않는다고 고충을 토로한다. 하지만 토론수업에 익숙하지 않은 학생들에게 토론에 적합하지도 않은 주제를 던져 놓고는 "자, 이제 네 의견을 말해 봐라" 하니 서투를 수밖에 없다. 자신의 의견이라 할 만한 것 자체가 떠오르지 않기 때문이다. 머릿속이 하얘지는 것이다.

학생들이 집단적으로 어떤 역량이 부족하다면 그것은 학생들 탓이 아니라 교육의 문제다. 토론수업에서 학생들이 토론을 하지 않는다면 수업 자체가 학생들이 토론할 수 없도록 운영되고 있지 않은지 점검하고 수업을 재구성해야 한다. 학생들이 토론에 능숙해지도록 하는 것이 곧 토론수업의 역할이 아닌가. 학생들이 토론에 서툴다고 일방적 수업으로 되돌아간다면 '꺼내는 교육'은 영영 불가능할 것이다. 교실에서 교사는 무슨 이야기를 해도 학생들에게 진리로 받아들여지는 폭스 박사이기 때문이다.

교사들이 말하는 또 다른 고충은, 토론수업을 하면 시간이 많이 걸려서 제한된 시간 안에 수업 내용을 다 소화할 수 없다는 것이다. 교사가 설명해 주면 금방 끝날 텐데 괜히 시간 낭비하는 것 같다고 난감해한다.

이는 토론수업의 목적을 오해한 것이다. 지식 전달이 목적일 때는 말 그대로 '집어넣는 교육'이 더 효율적이다. 그냥 일방적인 강의식 수업을 하면 된다는 말이다. 나 역시 그렇게 하라고 권고할 것이다. 하지만 토론수업은 지식 전달이 아니라 스스로 생각하는 힘을 키우는 것이 목적이다. 이런 목적이라면 오히려 일방적인 강의식 수업이 시간 낭비가 된다. '집어넣는 교육'으로는 100년을 해도 스스로 생각하는 힘이 길러지기 어렵다. 반드시 '꺼내는 교육'을 해야 한다.

여기 한 유소년 축구선수가 있다. 장차 프로 무대에서 인정받는 것이 목표다. 그래서 박지성 선수가 공을 차는 영상을 매일매일 반복해

■ '대한민국 행복교육 박람회' 안의 자유학기제 수업콘서트관에서 열린 토론수업. 꺼내는 교육을
하기 위해서는 토론수업이 꼭 필요하다.

서 본다. 그러면서 정작 스스로 몸을 움직여 공을 차는 연습은 하지 않는다. 아직 축구를 잘하지 못하니까 직접 뛰기보다는 박지성 선수의 영상을 보는 것이 당연하지 않느냐고 말한다.

이것이 지금 우리 학생들의 모습이다. 유소년 축구선수에게 지금 당장 연습을 시켜야 하듯, 학생들에게 지금 당장 말을 시켜야 한다. 토론을 통해 자신의 생각을 꺼내는 교육을 해야 한다.

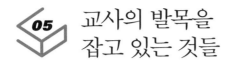

05 교사의 발목을 잡고 있는 것들

■ **도무지 끝이 없는 공문, 또 공문** ■

"맨날 공문 처리하다가 시간이 다 가요. 가정통신문 개수를 보고 하라, 학부모연수 참여자 수를 보고하라, 걸어 다니는 학생들 수와 버스·지하철 타고 다니는 학생들 수를 보고하라, 학교폭력·아동안전 관련 교사연수에서 몇 명이 어떤 프로그램을 연간 몇 시간씩 이수했는지 보고하라……. 끝이 없어요."

"국정감사 때가 되면 더 심해져요. 지난 몇 년치의 통계 자료를 조사해서 내라고 하면 그거 하느라 주말도 반납해야 돼요."

"처리 기간이라도 좀 여유 있으면 그나마 나을 텐데 그렇지도 않거든요. '내일까지 제출하라' 하는 식으로 갑자기 올 때도 많아요."

"어느 교사가 쓴 책을 보니까 1년 동안 학교가 받는 공문, 학교에서 보내는 공문을 합하면 1만 건 이상이라고 하더라고요. 어휴, 1만 건 이상인 정도가 아니라, 1만 건이 훨씬 넘어요."

"시골에 있는 작은 학교가 더 힘든 게 뭐냐면, 교사가 50명 있는 학교나 10명 있는 학교나 공문 받는 개수는 동일하거든요. 그러니까 교사 한 사람이 처리해야 할 양이 그만큼 많아지게 되죠."

"아무래도 수업 준비가 밀릴 수밖에 없어요. 수업 중에도 머릿속에는 공문이 들어 있을 때도 있고요."

내가 만난 교사들이 쏟아 낸 하소연들이다. 듣다가 나까지 가슴이 꽉 막힌 듯 답답함을 느꼈다.

앞에서 나는 교사를 '교실 안의 절대자'라고 표현했다. 정작 교사들은 억울할 것 같다. 이렇게 잡무에 시달리는 절대자가 세상에 어디 있느냐고 말이다.

잡무에서도 가장 큰 부분을 차지하고 있는 것이 공문이다. 학교 현장이 얼마나 공문에 시달리고 있는지 지적한 신문 기사들의 헤드카피를 모아 보았다.

- 교사들은 잡무에 지쳐 있다. 각종 보고서 대폭 줄여야
- 스승의 길 오늘의 실상 – 잡무에 허리가 휜다. 공문서 더미에 눈 코 뜰 새 없어
- 불필요한 공문서 홍수, 교사 본연 업무 큰 차질

- 공문에 치인 공교육
- 서울시의회 자료 제출 요구 봇물, 교사들 "학생 지도 어떻게 하라고…"

모두 한 군데 신문사(동아일보)의 기사다. 이 신문사가 유난히 공문 문제에 관심이 많은 것일까? 그게 아니라, 첫 번째 기사는 1973년, 두 번째 기사는 1985년, 세 번째 기사는 1994년, 네 번째 기사는 2009년, 다섯 번째 기사는 2015년의 것이다. 수십 년 역사를 가진 웬만한 주요 일간지에는 이런 기사가 잊을 만하면 또 실린다고 보면 된다.

작년 4월 경북교육청은 매주 수요일을 '전 학교 공문 없는 날'로 지정한다고 발표했다. 문화체육관광부가 매달 마지막 수요일을 '문화가 있는 날'로 지정해 주요 문화 시설을 무료나 할인 가격으로 이용할 수 있게 한 정책을 벤치마킹한 모양이다. 하지만 '문화가 있는 날'이 평소 일에 치여 문화 활동이 버거운 국민들의 현실을 역설적으로 드러내듯, '전 학교 공문 없는 날'도 마찬가지일 뿐이다.

교사의 존재 이유는 학생들을 가르치는 것이다. 정작 공문 때문에 학생들을 가르치는 본업을 뒷전으로 미루는 일이 허다하다. 때로는 학생들에게 자율학습을 시키고 공문을 처리하기까지 한다. 학생들이 공문에 밀려 2순위가 된 꼴이다. 이렇다 보니 일과 시간 중에는 수업 준비를 할 여력이 없다. 퇴근 후나 주말에 밀린 수업 준비를 하다 보면 교사들은 결국 과부하가 걸린다. 요즘 유행하는 말마따나 '내가 이러려고 교사가 되었나' 하는 자괴감이 들고 학생들에게도 미안한 심정이다.

진학 지도에도 소홀해진다. 학생부종합전형에서는 생활기록부가 중요하다. 원칙적으로 교사는 모든 학생들의 생활기록부를 꼼꼼하게 써 주어야 하지만, 그랬다가는 시간이 너무 많이 걸려서 감당이 안 된다. 1등급만 써라, 30퍼센트까지 써라, 하는 식의 학교 내부 지침에 따라 일부 학생들만 작성해 주는 경우도 있고, 그냥 복사해서 붙이는 수준으로 짜깁기하는 경우도 있고, 두세 줄로 때우는 경우도 있다. 물론 이 와중에도 하나하나 꼼꼼하게 작성하는 교사들도 있는데, 대신 개인 시간을 거의 포기하다시피 하는 희생을 치러야 한다.

「2016 제주교육 국제 심포지엄」에 핀란드 국가교육위원회 교육자문위원인 안네 라사카(Anne Raasakka)가 참석했다. 그녀에게 한 청중이 "한국 교사들은 행정적인 잡무를 처리하느라고 너무 바쁜데 핀란드에서는 어떻게 하나요?"라고 질문했다. 그런데 라사카 위원은 맥락이 전혀 다른 엉뚱한 대답을 했다. 통역사가 청중의 질문을 다시 전해 주었다. 하지만 이번에도 동문서답이 나왔다. 이런 상황이 벌어진 것은 라사카 위원이 교사가 행정적인 잡무를 처리하느라 바쁘다는 것 자체를 이해하지 못했기 때문이었다.

심포지엄이 끝난 후 좀 더 자세히 확인해 보았다. 핀란드의 한 학교가 처리하는 공문의 양은 1년에 다섯 건 미만. 공문이 1만 건이 넘는 학교의 교사와 다섯 건도 채 안 되는 학교의 교사는 서로 얼마나 다른 일을 하고 있는 것인가.

2016년 조정래 작가는 교육 문제를 다룬 소설 『풀꽃도 꽃이다』를

■ 교사영상제작단 '삘짓'(www.teachersmovie.com)이 제작한 동영상 「수업 시간에 걸려 온 전화」와 「다시 해」. 수업을 위해 칠판에 띄운 모니터 화면에 자꾸 공문을 요청하는 메시지가 뜨고, 학생들에게 자습을 시키고 공문을 작성했으나 지금 당장 수정해야 한다는 전화를 받는다. 견디다 못 한 교사들은 "뭣이 중한디!"를 외친다.

퍼냈다. 그가 서울시교육청 초청강연을 할 때 강연에 참석한 500여 명의 교사들이 이 대목에서 일제히 박수를 쳤다고 한다.

소설 쓰느라 교사들과 대화해 보니 하루에 18~19개의 공문이 내려온다고 하더군요. 선생님들이 교수법과 교재를 연구하고, 잘 가르쳐야 하고, 아이들을 다독여야 하는데 그 시간을 서류 처리에 다 뺏기고 있어요. 수많은 교육 당국이 잡무로 교사들을 일반행정 공무원으로 만들어 버렸어요.

《연합뉴스》 2016.9.28.

학교 행정실에는 교육행정직 공무원들이 있다. 2012년부터는 교무행정지원사가 추가로 배치되었다. 교무행정지원사는 교사들의 행정 업무를 덜어 주기 위해 생겨난 제도다. 하지만 교사들이 여전히 공문에 허덕이고 있는 것을 보면 그 인원이 턱없이 모자라다는 사실을 알 수 있다. 더구나 교무행정지원사는 급여도 낮은 데다 비정규직이라 처우 개선이 또 다른 과제가 되고 있다.

제주도에는 세 개의 국제학교가 있다. 2016년을 기준으로 이 학교들의 교사 대비 행정직원 비율은 평균 1.66 대 1이다. 즉, 행정직원 한 명이 교사 한두 명을 지원해 주고 있다는 계산이 나온다. 제주도 교육청에 도내 공립학교들의 교사 대비 행정직원 비율을 문의했더니 7 대 1이라는 답변이 돌아왔다. 아무리 국제학교라는 특수한 성격을 감안한다 해도 차이가 너무 크다. 지역에 따라 조금씩 다르겠지만, 대도시

학교들의 교사 대비 행정직원 비율은 제주도와 비슷하거나 그보다 조금 더 열악한 수준이다.

서울시 교육청은 '교원업무 정상화'라는 이름으로 공문 감축과 행정직원 확충을 추진하고 있다. 다른 교육청들도 비슷비슷한 정책들을 내놓았다.

물론 꼭 필요한 방안들이다. 그런데 좀 더 근본적으로 짚어 보아야 할 점이 있다. '대체 공문은 왜 많을까?' 하는 질문이다.

공문들은 대부분 교육부나 교육청이 일선 학교들을 관리·감독하려는 것이 목적이다. 때에 따라 국회나 시·도의회까지 여기에 가세한다. 쏟아지는 공문들에는 교사가 교육의 주체가 아니라 통제의 대상으로 취급받는 현실이 담겨 있다.

■ 교사에게는 교육권이 없다   ■

'교육의 질은 교사의 질을 넘을 수가 없다'는 말이 있다.

미국에서는 부실한 공교육이 고질적인 사회 문제다. 그 원인 중 하나로 꼽히는 것이 교사의 질이다.

미국 대학에는 사범대가 아닌 단과대 학생들이 지원할 수 있는 교원 양성 프로그램이 있다. 우리나라의 교직이수 과정과 비슷한 제도다. 그런데 『무엇이 이 나라 학생들을 똑똑하게 만드는가』의 저자 아만다 리플리(Amanda Ripley)에 의하면, 경쟁률이 높은 명문대학에는 이 프로그램이 있는 경우가 5퍼센트도 안 되는 반면, 원서만 넣으면 입학할 수 있는 낮은 급의 대학에는 이 프로그램이 매우 많다. 우리나라에서는 학점이 높아야 교직이수 과정에 지원할 수 있지만, 미국에서는 평균 학점이 4.0 만점에 2.5 이상이고 기본 영어 과목에서 C 이상이기만 하면 지원할 수 있다. 대학입학 자격시험(SAT)에서 평균 이하의 점수를 받고도 교사가 된 사람이 360만 명이나 된다.

심지어 담당 과목을 꼭 전공할 필요도 없다. 미국 고등학교 수학 교사의 절반은 수학을 주전공으로 하지 않았고, 3분의 1은 수학을 부전공으로조차 하지 않았다.

교육 선진국에서는 다르다. 핀란드에서는 모든 초·중·고 교사들이 석사 학위를 소지하고 있다. 교대나 사범대 학생들은 일종의 교생 실습이라 할 수 있는 수업 훈련을 강도 높게 받는다. 캐나다에서는 대학을 졸업하고 곧바로 교사가 되는 경우가 거의 없다. 대부분 기본적으로 1년의 인턴 과정에 더하여 석사 과정을 거친다.

교사의 질을 따지자면 우리나라도 뒤지지 않는다. 개별적 차이야 있을 수 있겠지만 전반적으로 우리 교사들의 능력은 무척 우수하다. 전국 교대와 웬만한 대학 사범대의 입학 커트라인은 상당히 높은 수준이다. 교원 임용 고사는 '고시' 수준이 된 지 오래라 몇 년씩 도전하는 경우가 허다하다.

'교육의 질은 교사의 질을 넘을 수가 없다'는 말에 담긴 함의는 좋은 교사가 좋은 교육의 전제 조건이라는 뜻이다. 그런데 왜 우리는 좋은 교사들을 양성하고서도 좋은 교육을 하지 못하고 있을까? 무엇이

■ 헬싱키 대학 소속의 교사 훈련원. 일종의 석사 과정으로, 핀란드에서 교사가 되기 위해서는 반드시 석사 과정을 거쳐야 한다.

어긋난 것일까?

내가 만난 한 교사는 이런 말로 무력감을 토로했다.

"교사가 맘대로 할 수 있는 게 하나도 없어요. 500원짜리 지우개 하나를 사더라도 담당자, 교무부장, 행정실장, 교감, 교장까지 5단계 결재를 받아야 해요."

지우개조차 마음대로 못 사는 교사가 수업에 대한 권한을 가지고 있을 리 만무하다. 우리나라는 '국가교육과정'이라는 이름으로 교사가 무엇을 어떻게 가르쳐야 하는지 세세하게 규정해 놓고 있다.

정부가 교사들을 배제하고 일방적으로 만든 국가교육과정은 학교에서 절대적 힘을 발휘한다. 전국의 학교에 동일한 교육과정이 적용되고, 그에 따라 교사들은 같은 진도에 맞추어 학생들을 가르친다. 누구나 수업 내용과 진도를 알 수 있기 때문에 학교 앞 문방구에는 그때 그때 필요한 수업 준비물이 알아서 척척 구비된다. 교사 재량으로 선택할 수 있는 활동과제나 모둠수업도 실제로는 다 엇비슷하다.

핀란드와 캐나다에도 국가교육과정은 있다. 하지만 학교가 길러야 할 핵심 역량에 대한 거시적인 가이드라인만 제시할 뿐, 수업 내용과 방식은 교사에게 결정권을 준다. 어떤 내용으로 어떻게 시험을 치를지 정하는 것도 교사의 몫이다. 국가교육과정을 짤 때도 교사들이 직접 참여해 현장의 목소리를 반영한다. 교사가 통제의 대상이 아니라 교육의 주체로 존중받고 관리·감독은 지극히 최소한으로 이루어지므로 당연히 교사들이 공문 더미에 시달릴 일도 없다.

핀란드와 캐나다가 교사에게 높은 수준을 요구하는 것은 바로 이 때문이다. 교사에게 주어진 권한을 제대로 발휘해 학생들을 가르치기 위해서는 교사 자신의 질이 뛰어나야 하지 않겠는가.

교사에게 교육권을 보장해 주면 창의적 수업이 가능해진다. 나의 큰아이는 캐나다에서 초등학교를 다닌 적이 있는데, 한번은 과학 수업에서 '인간의 신체가 외부 자연 현상에 영향받는 사례들'이라는 제목으로 프로젝트를 하게 되었다. 한 학기에 걸쳐 학생들은 각자 연구 주제를 잡고, 실험을 설계하고, 직접 실험을 수행하고, 실험 결과를 해석하고, 마지막으로 교실 앞에서 발표하는 과정을 진행했다.

큰아이는 '강한 비트의 음악이 심장 박동 수에 영향을 미치는가'라는 주제를 잡았다. 음악 소리가 점점 커짐에 따라 심장 박동 수가 어떻게 변하는지, 익숙한 장르의 음악인지 생소한 장르의 음악인지가 심장 박동 수에 영향을 미치는지 실험했다. 그리고 마치 전문 학술 대회에서 박사들이 하는 것처럼 연구의 모든 과정을 커다란 종이에 요약해 친구들 앞에서 프레젠테이션하고 토론을 나누었다.

큰아이뿐 아니라 다른 학생들도 이 모든 과정을 성공적으로 해냈다. 교사는 각 단계에서 도움을 주거나 조언을 건네는 역할을 했을 뿐, 프로젝트의 주인공은 어디까지나 학생들이었다. 하지만 학생들이 마음껏 활동할 수 있었던 것은 애초에 그렇게 수업을 설계한 교사 덕분이었다. 교사가 창의적 수업을 운영할 수 있는 교육 시스템. 바로 이것이 우리나라보다 인구가 훨씬 적은 캐나다(3500만)가 스무 명이 넘는 노벨상 수상자를 배출한 원동력일 것이다.

그럼 교사의 질이 낮은 미국은 국가교육과정을 통해 교사들을 통제하고 있을까? 그렇지 않다. 미국 역시 국가교육과정은 거시적인 가이드라인을 제시하는 수준이고 교사에게 상당한 결정권을 보장하고 있다. 그러나 워낙 교원 양성 과정 자체가 질적으로 문제가 있다 보니, 낮은 교사의 질만큼 수업의 질도 떨어지는 결과를 낳은 것이다.

우리나라는 그 반대인 모양새다. 교사에게 높은 수준을 요구하면서 정작 교사를 교육의 주체로 인정하지 않는다. 교사의 역할은 국가교육과정에 맞추어 진도를 나가는 것으로 한정된다.

진도를 맞추려면 시간 낭비가 있어서는 안 된다. 질문은 오로지 단답형 답변이 가능한 것만 허용된다. 사고력과 상상력을 요구하는 질문들은 "진도 나가야 되니까 쓸데없는 질문은 하지 마라" 하는 말에 묻혀 버리고 만다.

■ 교사영상제작단 '뻘짓'(www.teachersmovie.com)이 제작한 동영상 「학급교육과정을 짜 볼까」.
한 초임 교사가 3일 안에 학급교육과정을 완성하느라 야근을 한다. 그에게 '붙여넣기'를 지시한
부장교사는 "교사가 마음대로 할 수 있는 게 있나요. 전부 교육청에서 짜 주고. 교사가 할 수 있
는 건 손바닥만큼이나 되나" 하고 자조한다.

국가교육과정은 교사들에게 또 하나의 잡무까지 떠안긴다. 해마다 2~3월이면 학교는 국가교육과정에 맞추어 '학교교육과정'을 작성하느라 분주해진다. 각 학년 부장교사들은 '학교교육과정'에 맞추어 '학년 교육과정'을 작성해 제출해야 한다. 학년교육과정이 완성되면 그 다음에는 담임교사들이 '학급교육과정'을 작성할 차례다.

어차피 국가교육과정이라는 테두리 안에 제한되어 있어 일선 교사들이 자율적으로 무언가를 변경하거나 추가할 수 있는 여지는 거의 없다. 문서 양식마저 이미 정해져 있어 조금이라도 틀어지면 안 된다. 교사들은 야근을 하며 복사하기, 붙여넣기를 반복한다. 그냥 막노동에 가깝다.

이렇게 완성된 문서는 한 번도 사용되지 않고 그저 얌전히 교사의 책장 안에 처박혀 있는 신세가 된다. 그리고 1년 후, 똑같은 소동이 다시 시작된다.

꽉 막힌 국가교육과정과 넘치는 행정 잡무에 단단히 발목 잡힌 교사들. 교사들의 역량은 기회를 얻지 못한 채 낭비되고 있다. 교사에게 교육권을 주지 않는 한, 그 어떤 개혁 방안도 공염불에 그칠 것이다.

06 국정교과서 논쟁에 감추어진 프레임

■ 국정교과서는 '악'이고 검인정교과서는 '선'?

국제학교를 다니게 된 한 아이가 겪은 일을 전해 들었다. 아이는 학기 중간에 들어간 터라 금세 방학을 맞았다. 평소 약했던 역사 과목을 미리 준비해 놓을 생각에 아이는 역사 선생님에게 다음 학기 수업 내용이 무엇인지 물었다. 그러자 역사 선생님이 되물었다.

"네가 배우고 싶은 건 뭐니?"

"글쎄요. 음…… 러시아 혁명이 재밌을 것 같긴 해요."

진지하게 답한 것은 아니었다. 어디선가 읽고 재미있다고 생각했던 러시아 혁명이 문득 떠올라서 말한 것이었다. 아이는 의아했다. 어차피 교과서에 따라 정해진 수업 내용이 있을 텐데 학생이 무엇을 배우고 싶은지가 무슨 상관일까? 방학이 지나고 새 학기 역사 시간. 가장 먼저 다루게 된 내용은 놀랍게도 러시아 혁명이었다.

내게 이 이야기를 들려준 사람은 다름 아닌 아이의 엄마였다. 그녀는 나를 붙잡고 하소연했다.

"학교가 좀 이상한 것 같아요. 체계적인 교육과정이 없나 봐요. 수업 내용을 애들한테 물어보고 결정하다니, 이건 너무 허술하잖아요!"

역사교과서 국정화를 둘러싼 논쟁이 시끄럽다. 애초에 정부는 교육계와 역사학계의 반발에도 아랑곳하지 않고 국정교과서를 강행해 나갔다. 그런데 사상 초유의 국정 농단 스캔들과 탄핵 사태를 거치며 그 동력이 상당히 약화되었다. 국정교과서의 운명은 흐지부지 끝날 것으로 보인다. 결국 검인정교과서로 가게 될 것이다.

이 논쟁을 지켜보며 나는 영 불편했다. 국정교과서에 대한 비판의 결론이 '그러니까 검인정교과서가 정상이고 상식이다'로 모아지곤 했기 때문이다. 마치 국정교과서는 '악', 검인정교과서는 '선'으로 취급되는 분위기였다.

분명히 말해 두는데, 나는 국정교과서에 반대한다. 북한을 비롯해 캄보디아, 방글라데시 등 주로 몇몇 저개발 국가들에서 국정교과서 제도를 시행하고 있다는 사실만 보아도 국정교과서가 얼마나 시대착오적인 발상인지는 자명하다.

하지만 그렇다고 해서 검인정교과서가 해결책일까?

학생 입장에서 보자. 학생에게는 교과서를 선택할 자유가 없다. 국

■ 새 학기를 앞두고 서점에 진열된 교과서들. 시중에는 다양한 검인정교과서가 나와 있지만 그 내용은 서로 비슷하다.

정교과서라면 말할 것도 없고, 검인정교과서라 해도 어차피 학교가 선택한 하나의 교과서로 배운다. 학생은 그 하나의 교과서 속 내용을 무조건 숙지해야 한다.

교사 입장에서 보자. 교사에게는 교과서를 선택할 자유가 있긴 하다. 하지만 교사마다 자신이 마음에 드는 교과서를 알아서 정하는 것이 아니라, 학교 전체가 과목당 한 종류의 교과서로 통일해야 하므로 그 자유는 제한적이다.

그런데 학생도 교사도 교과서 선택권을 넓히고 싶다는 욕구를 딱히 느끼지 않는다. 어차피 검인정교과서는 이 출판사 것이나 저 출판사 것이나 대동소이하기 때문일 것이다.

교과서 출판사 입장에서 보자. 검인정 교과서는 말 그대로 교육부 장관의 검정이나 인정을 받은 교과서. 심사를 통과하기 위해 지켜야 할 기본 중의 기본은 국가교육과정을 충실히 따르는 것이다.

앞 장 「교사의 발목을 잡고 있는 것들」에서 이야기했던 국가교육 과정이 여기서 또 등장한다. 이 국가교육과정이라는 것이 어찌나 시 시콜콜 세세하게 짜여 있는지, 집필진은 각 항목이 요구하는 내용을 적절하게 집어넣기만 하면 된다. 항목을 수정하거나 새로운 항목을 만들 자유는 거의 없다.

김창엽 서울대 보건대학원 교수가 보건 과목 교과서 집필에 참여 했던 경험을 쓴 칼럼 「'자유발행제' 교과서를 허하라」에 그 광경이 생 생히 묘사되어 있다.

참여를 처음 부탁받았을 때 했던 각오가 생생하지만, 금방 좌절 한 것도 잊지 못한다. 일이 어그러진 것을 깨달은 것은 준비 모임 첫날. 저자들 앞에 지침, 기준, 내용체계 등 이름도 헷갈리는 촘촘 한 '가이드라인'이 놓였고, 정작 교육 목표나 전체 구성은 고민할 필요도 없었다. 교과서를 만든다는 것에 실망했다.

그다음은 누구나 짐작할 수 있는 대로다. 영역과 세부내용까지 정해져 있는데 더하고 뺄 것이 무얼까. 흡연을 예로 들면 이렇다. 중학교 과정에 '니코틴 중독과 흡연 예방'이라는 항목이 들어 있 고, "담배의 중독성을 알고 흡연의 권유를 거절하는 방법과 금연 방법을 익힌다"가 세부내용이다.

흡연 거절과 금연을 배울 필요가 없다는 뜻이 아니다. 꼼꼼한(?) 지침은 흡연과 금연을 한 가지 색깔로만 보게 하고, 다른 생각과 해석, 새로운 상상을 가로막는다. 개인이 선택하고 결단하는 '금연' 프레임만 남고, 담뱃값을 올리거나 담배회사를 통제하는 '담배 규제'는 들어갈 틈이 없다.

《한겨레》 2015.11.11.

이렇다 보니 학교 현장에서 교과서를 선택하는 기준은 예시가 많이 들어 있는가, 디자인이 잘되어 있는가 같은 지엽적인 것들이 되기 일쑤다. 출판사가 교사에게 지도서, 동영상 같은 수업 보조 자료를 얼마나 많이 제공하는지가 기준이 되기도 한다.

교과서에 대한 우리의 상상력은 검인정교과서와 국정교과서 사이에 갇혀 있다. 우리는 특정 정부 기관에서 교과서의 기본 구성을 정해 놓는 일을 너무나 당연하게 여긴다.

하지만 이것은 결코 당연하지 않다. 상상력을 발휘해 보자. 앞서 인용한 김창엽 교수의 칼럼 제목에 힌트가 있다.

핀란드에는 국정교과서는 물론이고 검인정교과서도 없다. 이미 1990년대 초에 교과서 검열 제도를 폐지했다. 그 자리를 대신한 것이 '교과서 자유발행제'다. 교사들은 자유롭게 교과서를 선택한다. 한 가지 교과서만 고집하지 않고 여러 교과서를 비교하며 가르칠 수도 있고, 교과서를 따로 정하지 않고 다양한 자료를 보며 가르칠 수도 있다. 그렇기에 교과서에 맞추어 진도를 나간다는 것은 어색한 개념이고, 때로 선생님이 학생들에게 의견을 구해 다음 수업 내용을 정하는 것은 자연스러운 광경이다. "허술하잖아요"라고 불만을 표하는 사람은 없다.

우리나라의 많은 영어 학원이 미국 교과서를 교재로 수업을 한다고 선전한다. 하지만 실제로 미국에서 교과서로 쓰이는 교재의 수는 굉장히 많다. 한국에서 미국 교과서로 수업을 했어도 정작 미국에 가서는 전혀 다른 교과서를 쓰게 되는 경우가 태반이다. 더구나 어차피 미국 학교에서 교과서는 일종의 참고 자료일 뿐이다. 수업 자체가 교과서만을 중심으로 돌아가지 않는다. 심지어 학년이 끝나면 교과서를 반납해야 한다. 각자 교과서를 소장하는 개념이 아니라, 도서관의 책처럼 빌려서 보는 개념이기 때문이다. 다음 해에 다른 학생이 써야 하므로 교과서에 밑줄을 치거나 필기를 하는 것은 금지된다.

핀란드나 미국이 유별난 것이 아니다. 이른바 선진국들은 대부분 교과서 자유발행제를 시행하고 있다. 검인정 교과서를 병행하고 있는 경우도 있지만 일부 과목이나 학년에 한정되어 있을 뿐, 어디까지나 근간은 자유발행제다.

국정교과서와 검인정교과서. 하늘과 땅 차이인 것처럼 보이지만 자유발행제와 비교해 보면 사실은 동일한 프레임 안에 있다. 모든 학생이 단 한 가지 관점으로 기술된 단 하나의 교과서만 공부해야 한다는 프레임이다.

이 프레임 안의 역사 수업에서는 어떤 능력이 길러질까? 반면, 이 프레임을 벗어난 역사 수업에서는 어떤 능력이 길러질까?

■ 교과서를 보고 있는 핀란드 초등학생. 핀란드에서는 교과서 선택의 폭이 넓다.

■ 우리가 역사 수업에서 바라는 것　　　　　　　　■

　　나의 둘째 아이는 우리나라의 평범한 공립중학교를 다니고 있다.
하지만 첫째 아이는 일반 학교에 적응하지 못해 국제학교를 다니고
있다(그렇다. 「시작하며」에서 소개한 '대한민국 공교육을 탈출하는 교육학자의
아이들'은 바로 나의 이야기이기도 하다). 덕분에 나는 각기 다른 두 교육
시스템의 차이를 몇 년째 바로 옆에서 지켜보고 있다.

　　둘째 아이는 교과서를 통째로 외우다시피 한다. '태정태세문단세'
로 시작되는 조선 왕들의 이름은 물론이고 고려 왕들의 이름까지도
술술 말한다. 주요 역사적 사건들의 연도도 척척 기억한다. 교내 역사
골든벨에서 1등을 놓치지 않는다. 그만큼 역사를 좋아하고 역사 과목
에 자신감이 넘치는 아이다.

　　그런 둘째 아이가 선뜻 답하지 못하는 종류의 질문이 있다.

　　"그 역사적 사건에 대해 넌 어떤 생각이 들어? 교과서의 관점 말고
너의 관점이 뭐야?"

　　둘째는 당황해하면서 우물쭈물 이런 대답을 하곤 한다.

　　"그건 몰라도 돼요. 시험에 안 나와요."

　　첫째 아이도 역사 과목을 좋아하고 성적도 좋다. 하지만 연도나 인
물 이름을 동생처럼 정확하게 기억하지 못한다. 고등학교 2학년 때
하루는 첫째 아이가 학교에서 돌아와 이렇게 말했다.

　　"엄마, 어떤 애들은 역사 공부할 때 연대기표를 외우기도 한대요.
정말 신기하지 않아요?"

그제야 나는 딸아이가 고등학교에서 한 번도 연도를 외워 본 적이 없다는 사실을 깨달았다. 내가 놀라워하자 딸아이는 되려 반문했다.

"연도를 왜 외워요? 어차피 그런 단순한 정보는 시험 볼 때 다 제시해 주는데."

둘째 아이의 눈에는 연도도 변변히 외우지 못하는 누나가 역사 과목에서 A를 받는다는 사실이 희한할 따름이다. 첫째 아이의 공부 방식으로는 둘째 아이의 학교에서 절대로 좋은 성적을 받지 못할 것이다. 또한 둘째 아이의 공부 방식으로는 첫째 아이의 학교에서 결코 A를 받지 못할 것이다. 두 교육 시스템에서 학생들은 모두 열심히 하고 있지만 서로 다른 방식으로 공부하고, 서로 다른 능력을 키우고, 서로 다른 기준으로 평가받고 있다.

국정교과서와 검인정교과서의 프레임 속에 있는 역사 수업에서 학생들은 단순한 역사적 지식들을 외우고 한 가지 단일한 역사관을 흡수해야 한다. 그래서 역사 과목에는 늘 암기의 끝판왕이라는 불명예가 붙어 있다. 나 역시 학창 시절, 둘째 아이와 같은 방식으로 역사를 공부했다. 고대부터 현대에 이르기까지 온갖 지식 정보들을 무작정 암기하느라 바빴다. 둘째 아이에게 엄마로서 조금 미안한 말이지만, 그런 공부가 대체 무슨 의미가 있는지 잘 모르겠다.

우리는 배움을 '양'으로 측정하곤 한다. 많은 지식을 습득하는 것을 잘 배우는 것으로 여긴다. 한동안 미국 교육계에 몸담고 있다가 귀국한 한국국제협력단(KOICA, Korea International Cooperation Agency) 교육 전문 컨설턴트 유수현 박사가 내게 들려준 이야기다.

"저는 미국에서 요가를 오래 해서 한국에 와서도 요가원을 다니고 있어요. 요가는 본질적으로 느림의 운동이거든요. 그래서 미국에서는 한 가지 동작을 1분 30초 이상 취하곤 했어요. 그런데 한국 요가원에서는 10초 이내로 빨리빨리 동작을 바꾸는 겁니다. 왜 그런가 알아봤더니, 동작을 많이 해야 손님들이 돈 낸 가치가 있다고 여긴다는 거예요. 많은 동작을 배워야만 제대로 배웠다고 생각한다는 거죠. 그런 인식이 요가의 본질을 잊게 만드는 것 같아요.

교육 프로그램도 비슷하더라고요. 한국에서는 교육 프로그램에 정보와 지식을 가급적 많이 꾸역꾸역 넣어야 좋아해요. 그런다고 좋은 교육 프로그램이 되는 게 아닌데 말입니다."

배움을 '질'로 측정한다면 어떨까? 많은 지식을 습득하는 것이 아니라 스스로 생각하는 힘을 갖는 것이 잘 배우는 것으로 여겨질 것이다. 이제는 양보다도 질을 따져야 하는 시대다. 수업의 목표는 학생들에게 생각하는 힘을 키우는 것이어야 한다.

그렇다면 역사 수업의 목표가 무엇이어야 하는지는 지극히 자명하다. 역사적 사실을 비판적으로 분석하고 새롭게 통찰하는 능력을 키우는 것이다.

■ 독일과 프랑스, 공동 역사 교과서를 만들다　　　■

역사적으로 수많은 갈등을 겪어 온 독일과 프랑스. 우리나라와 일

■ 독일–프랑스 공동 역사 교과서. 왼쪽이 독일어판이고 오른쪽이 프랑스어판이다. 이 중 1945년 이후 현대사를 다룬 세 번째 책은 우리나라에도 『독일 프랑스 공동 역사교과서』라는 제목으로 번역되어 나와 있다.

본에 비유될 정도로 상대방에 대한 국민감정이 과히 좋지 않다.

그런 두 나라가 공동 역사 교과서를 만들었다. 그 계기가 흥미롭다. 2003년 두 나라의 고등학생 550명이 모여 독일-프랑스 청소년 의회를 발족했다. 이 학생들은 선입견을 없애고 서로를 잘 이해하기 위해 동일한 내용을 담은 역사 교과서를 도입할 것을 양쪽 정부에 적극적으로 제안했다.

슈뢰더 독일 총리와 시라크 프랑스 대통령은 그 제안을 받아들였다. 교육받고자 하는 내용을 스스로 정하려는 학생들의 의도를 높이 샀기 때문이다. 두 나라의 학자들과 관료들로 구성된 편찬위원회가 오랫동안 토론을 벌이며 논의한 끝에 마침내 2006년, 총 세 권으로 구성된 독일-프랑스 공동역사교과서가 세상에 나왔다. 학생들의 의도대로 독일어판과 프랑스어판이 완벽하게 동일한 내용이다.

여기서 주목할 부분은, 내용은 동일하게 하되 역사관의 측면에서는 서로의 입장을 억지로 통일시키지 않았다는 점이다. 이 교과서는 독일의 시각과 프랑스의 시각을 함께 기술했다. 특정한 역사적 사안을 놓고 두 나라의 해석이 각각 어떻게 달라지는지 비교해 볼 수 있다. 예를 들어 공산주의에 대해 독일은 부정적으로, 프랑스는 호의적으로 서술했다. 독일은 통일 전 동독에서 공산당의 독재와 압제를 경험한 반면, 프랑스는 많은 공산주의자가 제2차 세계대전 때 레지스탕스로 활동했을 뿐 아니라 종전 후 정부에도 참여했기 때문이다.

이 교과서를 본 독일과 프랑스의 학생들은 어떤 배움을 얻게 될까. 일방적인 적대감에서 벗어나 상대방을 더 깊이 이해하게 될 것이다.

편협한 자국중심주의에서 벗어나 역사를 더 폭넓은 관점에서 바라보게 될 것이다. 그렇게 스스로 생각하는 힘이 무럭무럭 자랄 것이다. 이것이 바로 우리가 원하는 교과서의 역할이 아니겠는가.

우리 역사에는 정답이 정해지지 않은 수많은 질문이 놓여 있다. 영조가 아들 사도세자를 비정한 방식으로 죽이게 된 원인은 무엇일까? 조선의 건국에는 이성계와 정도전 중 누구의 공이 더 클까? 의자왕은 나라를 멸망으로 이끈 방탕한 왕일까, 승자에 의해 기록이 왜곡된 안타까운 패자일까?

온 나라가 국정교과서와 검인정교과서 사이에서 줄다리기를 하는 동안, 학생들은 이 질문들에 대해 사고하고 토론할 기회를 갖지 못한 채 중얼중얼 암기만 계속하고 있다. 이 줄다리기의 끝이 검인정교과서의 승리라 해도 어차피 프레임은 크게 바뀌지 않을 것이다. 우리는 왜 그 프레임 자체를 깨 버리지 못하는가.

역사 교과서를 놓고 논쟁이 벌어졌기에 여기서는 역사 과목만 가지고 이야기했지만, 국어든 과학이든 외국어든 체육이든 그 외의 어떤 과목이든 다 마찬가지다. 한 가지 해석, 단순한 지식들만 습득해도 충분한 과목은 아무것도 없다.

그러니 이제 국정교과서만 무찌르는 데 그치지 말자. 우리의 교과서 제도 자체를 한번 의심해 보자.

07 공감력도
교육의 몫이다

■ 비리를 저지른 사회지도층, 그들에게 없는 능력은? ■

- 홍만표 변호사 집 한 달에 한 번꼴 방문, 쇼핑백에 돈다발 받아 와 부동산업체 전달
- 대우조선 남상태 前 사장 수억 뒷돈 포착
- 특임검사가 수사 주식 대박 의혹, 진경준 검사장 고급 승용차까 지 제공받아?
- '정운호에 뇌물 받은 혐의' 김수천 부장판사 구속… 대법 "비통 한 심정으로 사죄"
- 김종 문체부 차관 '인사 청탁 메일' 사실로 확인돼
- 법무부, '스폰서 뇌물 수수' 김형준 부장검사 해임

- '방산 비리' 최윤희 前합참의장 법정구속
- 민정수석 산하 특별감찰반 압수수색… 우병우 직무유기 의혹 정조준
- [박근혜·최순실 게이트] '왕실장' 김기춘에 칼 빼든 검, '문체부 인사 개입' 정조준
- 부산 엘시티 관련 비리 혐의 현기환 전 청와대 정무수석 구속

이 책을 집필하는 2016년에 신문을 장식한 헤드라인들이다. 분야를 가리지 않고 사회지도층의 비리 스캔들이 빵빵 터져 나라가 들썩였고, 급기야 하반기에는 청와대가 중심이 된 초특급 스캔들이 온 나라를 삼켜 버렸다. 국민은 실망을 넘어 분노했고, 분노를 넘어 허탈해했다.

내게 가장 무서웠던 영화를 꼽으라면 망설임 없이 「공공의 적」이 떠오른다. 형사 강철중(설경구 분)이 잘 나가는 펀드매니저 조규환(이성재 분)의 살인죄를 밝혀 나가는 과정을 다룬 영화다. 조규환은 부모님의 재산을 투자 자금으로 쓰기 위해 부모님을 잔인하게 살해한다. 그러고도 멀쩡한 모습으로 태연하게 근무한다. 죄책감은 전혀 없다.

이보다 더 잔인한 범죄자가 나오는 영화는 많고 많다. 그런데도 내가 유독 「공공의 적」을 무섭게 본 것은 소시오패스 조규환이 교육을 많이 받은 엘리트라는 점 때문이었다.

이 헤드라인 속 주인공들, 대한민국의 사회지도층인 그들이 그런 조규환과 과연 얼마나 다를까? 직접적 살인까지 가지 않았을 뿐, 근본

■ 비리 혐의로 검찰 조사를 받으러 들어가는 사회지도층 인사. 이들은 학창 시절 매우 뛰어난 학생으로 평가받았을 것이다.

적인 심리 상태는 대동소이하지 않을까?

「공공의 적」 시리즈의 강우석 감독은 후속작을 기획했다가 공공의 적이 현실에 있으니 누가 극장에서 영화를 보겠느냐는 이유로 제작을 포기했다고 한다. 영화가 현실을 따라가지 못하는 시대다.

한두 명이 비리를 저질렀다면 개인의 일탈로 볼 수도 있고, 한두 분야에서만 비리를 저질렀다면 그 특정 분야의 구조적 문제로 볼 수도 있다. 하지만 이렇게 온갖 분야에서 사회지도층의 비리가 일어난다면 나라 전체의 구조적 문제로 보아야 한다.

그 한 축에는 인재 양성과 선발을 담당하는 교육이 있다. 우리나라에서 사회지도층은 어떻게 교육되고 선발될까? 학교와 국가고시에서는 어떤 능력을 기준으로 인재를 판단할까?

나는 서울대 최우등생들을 인터뷰하며, 그들이 A+ 학점을 받기 위해 교수의 말을 무비판적으로 무조건 수용하는 모습을 보았다. 서울대생 1,000여 명을 대상으로 한 설문조사에서는 학점이 높을수록 비판적 창의적 성향이 줄어들고 수용적 성향이 뚜렷하게 높아지는 것으로 나타났다.

주어진 정답을 수용하는 능력을 성공적으로 갖춘 학생일수록 학교에서 좋은 성적을 낸다. 졸업 후 고시를 통과하거나 좋은 기업에 입사할 때도 그런 능력이 평가 기준이 된다. 그렇게 위로 올라갈수록, 국가를 좌지우지하는 사회지도층의 자리에 갈수록, 그런 능력에 순응하여 최적화된 사람들의 비율이 높아질 수밖에 없다.

헤드라인을 장식한 이 사회지도층 인사들을 그 자리로 올려 보내는 데 결정적 역할을 한 우리 교육 시스템. 나를 비롯해 교육계에 있는 모두가 책임감을 느껴야 하는 문제다.

사회지도층으로서 필요한 진짜 능력은 여러 가지가 있을 것이다. 주변과 협업하는 능력, 원만하게 소통하는 능력, 소신 있게 발언하는 능력, 이견을 설득하는 능력, 창의적으로 기획하는 능력……. 그중에서도 가장 기본이 되는 능력을 고르라면 나는 공감력을 말하고 싶다.

미래학자 제러미 러프킨(Jeremy Rifkin)은 인류가 경쟁의 문명에서 공감의 문명으로 이동하고 있다며, 21세기는 '공감의 시대'라 말했다. 미래학자 다니엘 핑크(Daniel Pink)는 미래 인재의 조건들 중 하나로 '공감력'을 꼽았다. 교육심리학자 하워드 가드너(Howard Gardner)는 21세기에는 협력하는 작업이 중요하다며 '공감력'을 중요하게 평가

■ 공감력은 보편적 인성이다. 우리 교육은 공감력을 키우지 못하고 있고, 그 결과 공감력이 부족한 사회지도층이 양산되고 있다.

했다. 굳이 이렇게 권위자들의 말을 빌지 않더라도 공감력은 분명 인간을 인간답게 만드는 보편적 인성의 중요한 요소다.

민주주의 사회에서 사회지도층의 역할은 대중을 섬기고 대중을 위해 일하는 것이다. 사회지도층의 선택과 행동은 수많은 사람에게, 때로 온 국민의 삶에 영향을 미친다. 그래서 사회지도층에게는 더욱 높은 수준의 공감력이 요구된다. 다른 사람들의 처지를 절실하게 공감할 줄 알아야 이를 해결하기 위해 적극적으로 움직일 테니 말이다. 아무리 학력이 높고 경력이 많아도 공감력이 없다면 사회지도층으로서 자격이 없다.

공감력도 일종의 '스스로 생각하는 힘'이라 할 수 있다. 스스로 생각하는 힘을 길러 주지 못하는 일방적 수업은 공감력 역시 길러 주지 못한다. 오히려 공감력 따위에 신경 쓰지 않아도, 어쩌면 신경 쓰지 않을수록 학교에서 높은 성과를 내고 사회지도층이 되기에 유리하다.

공감력이 없는 사회지도층은 자신의 안위가 최우선 목표가 되고, 그래서 대중이 맡겨 놓은 막중한 권한을 사사로이 사용하게 되고, 그러다 비리를 저지르게 된다. 「공공의 적」에서 조규환이 그랬듯 전혀 죄책감 없이.

인성은 타고나서 바꿀 수 없는 능력이 아니라 학습되고 길러질 수 있는 능력이다. 따라서 공감력도 교육을 통해 길러 주어야 한다. 그런데 누군가는 공감력은 가정 교육의 영역이지, 학교에서 그런 것까지 맡아야 되느냐고 생각할지도 모르겠다. 당연히 가정 교육은 중요하다. 하지만 그렇다고 학교의 의무가 사라지는 것은 아니다. 학교 교육도 못지않게 중요하다. 이 점을 잘 보여 주는 예시가 있다. 덴마크의 공감교육이다.

덴마크 정규 교육과정에서 공감력은 수학이나 국어 같은 주요 과목만큼이나 중요하게 다루어진다. 가장 대표적인 예가 일주일에 한 번씩 하는 '우리 반의 시간(Klassen's Tid)'이라는 수업이다. 초등학교부터 고등학교까지 모든 학생이 이 수업을 받는다.

이 수업 시간에 학생들은 편안한 분위기에서 무언가 문제를 말한다. 그 문제는 몇몇 학생들 사이의 문제일 수도 있고, 반 전체와 연관된 문제일 수도 있고, 아니면 학교와는 전혀 관련 없는 문제일 수도 있다. 학생들은 그 문제를 어떻게 해결할지 함께 이야기를 나눈다. 만약 말하고 싶은 문제가 없다면 그냥 잡담을 나누어도 된다. 교사가 함께 토론할 만한 주제를 제시하기도 한다.

공감교육에서 가장 중요한 것은 모두가 서로의 이야기에 집중하는 것이다. 교사는 상대방이 어떤 감정을 느끼는지, 그 감정을 왜 느끼는지 이해하도록 학생들을 지도한다.

2016년 국제투명성기구(Transparency International)에서 발표한 국가별 부패인식지수에서 1위를 기록한 나라는 바로 덴마크였다. 4년 연속 1위다. 우리나라는 37위. 부끄러운 순위다. 높은 공감력이야말로 덴마크를 세계에서 가장 부정부패 없는 나라로 만든 힘이 아닐까?

우리 교육과정 중에서 굳이 찾아보자면 공감력은 도덕 과목의 영역일 것이다. 도덕 수업에서 공감력이 제대로 대접받고 있는지 한번 들여다보자.

중학교 1학년 도덕 과목 시험 문제

문제1 도덕과 예절의 공통점을 두 가지 고르시오.
① 이 세상을 살아가면서 지켜야 할 것을 가르쳐 준다.
② 우리에게 옳고 그름에 대한 기준을 제시해 준다.
③ 옳은 일을 자발적으로 실천하도록 한다.
④ 사람으로서 마땅히 해야 할 도리를 따르는 것이다.
⑤ 양심과 관련이 있다.

문제2 다음 중 도덕적 실천 동기를 바르게 설명한 것을 모두 고르시오.
① 사랑은 다른 사람의 감정을 함께 느끼고 이해하는 것이다.
② 다른 사람의 고통이 나의 고통인 것처럼 느낄 때 우리는 그 사람의 고통을 덜어 주려고 노력한다.
③ 마음속에서 우러난 부모님과 친구에 대한 절제는 우리를 도덕적 실천으로 이끌게 된다.
④ 선한 의지란, 도덕적인 행동은 그 자체가 옳고 인간으로서 마땅히 해야 할 의무이므로 이를 실천하고자 하는 의지이다.
⑤ 선한 의지를 가진 사람은 어려움에 처한 사람들을 돕는 것이 당연하다고 생각한다.

문제3 행복한 삶을 위해 점검해야 할 점을 모두 고르시오.
① 예상되는 어려움
② 진정한 행복을 위해 꼭 이루고 싶은 것
③ 물질적인 가치
④ 꼭 이루고 싶은 것을 위해 준비해야 할 일
⑤ 어려움을 극복하기 위해 필요한 자세

■ "다음 중 공감력에 대한 올바른 정의를 고르시오" ■

중학교 1학년 둘째 아이의 기말고사 도덕 시험 문제 중 몇 가지를 소개한다. 이 책을 읽는 여러분도 왼쪽 페이지의 문제들을 풀어 보시길 바란다.

어떤가. 정답 오답 여부를 따지기 이전에 답을 고르려는 시도라도 할 수 있겠는가. 나는 할 수 없었다. 기막혀하는 내게 한 지인이 빙그레 웃으며 말했다.

"흔히들 오해하는 게, 도덕 과목은 상식적으로만 판단하면 시험을 잘 볼 수 있다고 여기는 거예요. 절대 아닙니다. 상식적으로 판단하려고 할수록 오히려 더 헷갈리기만 하거든요. 헷갈리지 않으려면 도덕 교과서를 달달 외워야 돼요. 그래서 교과서에 있는 딱 그 표현을 정답으로 골라야죠."

이런 도덕 시험을 왜 보는 것일까? 나는 도통 파악이 안 된다. 출제 의도라도 알 수 있을까 해서 교육과정을 찾아보았다. 현재 중학교 1학년의 도덕 교과서는 2009년 개정 교육과정에 따라 만들어졌는데, 이 교육과정에서 중학교 도덕 과목의 목표는 이렇게 되어 있다.

자신과 우리·타인, 사회·국가·지구공동체, 자연·초월적 존재와의 관계에 대한 올바른 이해를 바탕으로 인간의 삶에 필요한 도덕규범과 예절을 익히며, 삶의 다양한 영역에서 발생하는 도덕 문제에 대한 민감성을 기르고 도덕적 사고력과 판단력, 도덕적 정서,

실천 의지 및 능력을 함양하여 자율적이고 통합적인 인격을 형성한다.

중학교 단계에서는 도덕적 가치·덕목에 대한 이해를 심화하고, 현대 사회의 여러 가지 도덕 문제에 대한 민감성과 도덕적 판단력, 그리고 실천 의지를 함양하여 합리적이고 바람직한 삶을 영위할 수 있는 도덕적 능력과 태도를 지닌다.

참 좋은 말들이다. 공감력이 직접적으로 나타나지 않은 것이 약간 아쉽지만 '관계에 대한 올바른 이해'라는 표현에 공감력도 포함되어 있다고 해석할 수 있을 것이다.

그런데 앞에서 본 도덕 시험을 치르면 이 목표에 가까이 갈 수 있을까? 이런 도덕 시험에서 만점을 받으면 이 목표를 이루었다고 할 수 있을까?

교육과정의 '목표', 그 목표에 따라 구성된 '수업 내용', 그 목표가 달성되었는지 측정하는 '평가'가 모두 따로 놀고 있다. 학생들에게 '자율적이고 통합적인 인격'과 '도덕적 능력과 태도'를 갖추게 하는 것이 목표라면서 정작 시험에서는 뜬금없게도 암기력을 평가하고 있는 것이다. 올림픽 국가 대표를 뽑겠다면서 체육 교과서를 암기하게 하고 그 점수를 선발 기준으로 삼는 꼴이다. 도대체 무엇을 위한 평가이고, 누구를 위한 평가인가.

이러한 현실에서 공감력 교육이 강화되어 봤자, 도덕 시험 과목에 '다음 중 공감력에 대한 올바른 정의를 고르시오'라는 문제가 추가되는 정도일 것이다. 그 문제의 정답을 맞힌 학생이 훗날 공감력을 지닌 사회지도층이 될 가능성이 과연 얼마나 될지 의문이다.

혹시라도 오해가 있을까 봐 분명히 해 두자면, 지금 나는 사회지도층은 공감력을 갖추어야 하지만 일반 대중은 좀 덜 갖추어도 된다고 말하려는 것이 결코 아니다. 학생들에게 이러저러한 능력을 기르겠다고 목표를 삼았으면 수업 내용과 평가 방식이 모두 그 목표에 잘 맞는지 제발 따져 보자는 얘기다. 더 이상 엉뚱한 인재가 만들어져 나라를 망국으로 이끌지 않도록 말이다.

08 교실에 스마트폰을 허한다면

■ 디지털교과서, 그 효과는?   ■

    초등학교 5학년 사회 수업 시간. 교사는 대형 스크린보드를 펴 더니 영상물을 먼저 보여 준다. 2013년에 종영된 KBS 드라마 「대 왕의 꿈」이다. 학생들은 하나같이 뚫어져라 영상물에 집중한다. 이 날 수업 내용은 신라의 삼국통일 과정. 3분 영상을 통한 학습 동기 유발은 확실한 성공이다. 스크린은 이제 삼국시대 지도로 바뀌고 본격 수업으로 들어간다.

    "계백과 김유신이 싸운 황산벌전투에서 누가 이겨요?"

    "김유신이요."

    "그렇지. 신라의 김유신 장군이 이끄는 나당연합군이 이기는 거

■ 어느 초등학교에서 디지털교과서과 함께 진행된 공개수업. 교육부는 디지털교과서 프로젝트를 진행 중이지만 수업의 본질은 크게 달라지지 못하고 있다.

예요. 김유신이 어디를 공격해요?"

"사비성이요."

"그래요. 사비성을 공격해 여기를 함락시켜서……."

교사의 설명 속도에 맞춰 화면도 바뀐다. 삼국 중 해당 지역 지도로 이동하면서 교사가 설명한 핵심 구절이 그때그때 화면에 첨부된다. 교사의 수업 후에는 학생들의 토의토론 활동이 이어진다. 이를 위해 온라인 학습커뮤니티 '위두랑'을 활용한다.

《주간조선》 2016.5.27.

교육부는 교과서를 디지털화하는 디지털교과서 프로젝트를 진행하고 있다. 2018년에는 모든 초등학교와 중학교에 디지털교과서를 전면적으로 도입할 예정이라고 한다.

인용한 기사는 디지털교과서 연구학교인 어느 초등학교의 수업 장면이다. 이 책의 앞부분에서 이와 비슷한 광경을 본 것 같지 않은가? 그렇다. 내가 경험한 둘째 아이의 중학교 자율학기 참관 수업과 너무도 흡사하다(3장 「배움이 실종된 수업」 시작 부분 참조).

기자가 취재한다고 하니 이 담당 교사는 분명 다른 때보다 신경 써서 수업을 준비했을 것이다. 하지만 내 눈에는 둘째 아이의 참관 수업이 그저 잘 짜인 일방적 수업으로 보였듯, 이 디지털교과서 수업도 마찬가지다. 교사가 학생들에게 하는 질문이 모두 특정한 정보에 관한 것이지 않은가. '누가' 이겼느냐, '어디'서 싸웠느냐를 묻고 있다.

수업에서 특정 정보를 절대 다루지 말라는 뜻은 아니다. 하지만 학생들이 그 정보를 수용하는 데서 수업이 끝난다면 그것은 문제가 있다. 명색이 디지털교과서 연구학교의 수업이건만, 학생들이 이 수업에서 기르는 능력은 기존의 수업과 별반 다를 바 없다.

기사에서 한 가지 다른 점이 눈에 띄긴 한다. 수업 후에 학생들이 '위두랑'이라는 이름의 온라인 학습커뮤니티를 활용해 토론 활동을 한다는 것이다. 그래서 따로 알아보니, 온라인에서 찬성·반대로 나누어 모둠을 짠다든지, 온라인에 올린 토론지를 다운로드해 토론을 한다든지, 선생님이나 친구의 글에 댓글로 자신의 의견을 남긴다든지 하는 활동들을 하는 것으로 보인다.

이런 활동들이 나쁜 것은 아니다. 하지만 굳이 디지털교과서나 위두랑이라는 수단을 따로 동원하지 않고도 충분히 가능하다. 어쨌든 그래도 토론이 수업의 중심이라면 다행일 텐데, 왜 기자는 이 중요한 부분을 달랑 한두 문장으로만 묘사하고 끝냈을까? 이 활동이 기자의 눈에 인상적이지 않았거나, 아니면 취재한 수업에 포함되지 않았거나, 둘 중 하나일 것이다.

교육부는 디지털교과서를 개발하면서 그 목표로 '창의적 인재 양성'을 내세웠다. 그런데 정작 디지털교과서 수업은 기존의 일방적 수업에서 본질적으로 크게 벗어나지 못하고 있다.

실제로 한국교육학술정보원에서 자체적으로 연구조사한 결과만 보아도, 디지털교과서 수업이 얼마나 효과적인지 회의적이다. 학생 역량 변화를 보면 수업 전과 수업 후가 유의미한 차이가 없고, 오히려 하락한 부분도 보인다. 그나마 두드러지게 향상된 부분이라면 '정보 활용 능력'인데, 그거야 디지털 기기를 다루니 당연한 결과일 뿐이다. 학생들은 디지털교과서의 장점으로 무게가 가볍다는 편리성과 멀티미디어 기능을 꼽았다. 여기서 '멀티미디어 기능이 있어 공부가 더 잘된다'라는 것은 좀 더 화려하고 생생한 자료 덕분에 지식 습득이 더 수월했다는 것을 의미할 뿐이다.

그런데 이 연구들은 결과는 둘째치더라도, 전제부터 심각한 결격 사유가 있다. 디지털교과서의 사용만으로 교육 효과가 있을 거라고 가정한 것 자체가 잘못이다. 수업의 본질은 고민하지 않은 채 수업의 도구에만 집중한 것이다.

'연애할 때 과거의 손편지가 더 효과적인가, 오늘날의 스마트폰 메

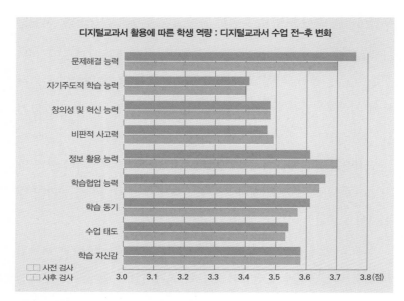

「연구학교 실행 충실도가 디지털교과서 효과성에 미치는 영향」, 한국교육학술정보원 2016.

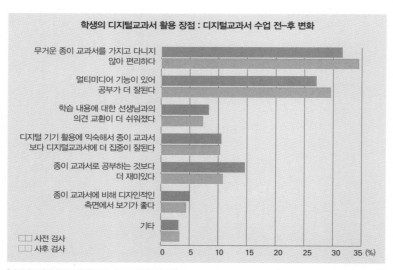

「디지털교과서 효과성 측정 연구」, 한국교육학술정보원 2014.

시지가 더 효과적인가'라는 주제로 연구를 수행한다면 어떤 결과가 나올까? 생각해 보면 질문 자체가 잘못되었다는 것을 알 수 있다. 연애의 본질은 손편지나 스마트폰 메시지 같은 도구가 아니라 서로의 사랑이 아니겠는가. 손편지든 스마트폰 메시지든 내용에 따라 사랑이 이어질 수도 있고 깨질 수도 있다. 다만 스마트폰 메시지의 경우, 그 속도가 더 빠를 수는 있을 것이다.

마찬가지로, 교육에서 디지털 기기를 이용하는 것이 시간이나 비용 면에서 효율성을 높여 줄 수는 있을지 몰라도 학습의 질과는 그다지 상관이 없다. 교과서 내용을 동영상으로 보여 주면 교사들은 더 편하고 학생들은 더 실감 나겠지만 그것이 학습 효과를 보장하지는 않는다. 일방적 수업이라는 틀을 벗어나지 않는 한 말이다.

정반대의 수업을 상상해 보자. 디지털 기기 하나 없는 산골 학교 운동장에 교사가 나뭇가지로 한반도 지도를 그려 놓는다. 그리고 학생들에게 말한다.

"삼국시대 때 신라, 백제, 고구려, 당나라의 위치가 이랬어요. 김유신이 이끄는 나당연합군과 계백 장군이 이끄는 백제군이 맞붙은 전투가 황산벌전투예요. 여기서 이긴 나당연합군은 백제와 고구려를 차례로 멸망시키죠. 자, 여러분이 각자 신라의 백성, 백제의 백성, 고구려의 백성이라 생각해 보고, 이 사실들이 각국의 백성들에게 어떤 득과 실이 되었는지 한번 이야기해 보세요."

앞서 인용한 디지털교과서 수업과 동일한 역사적 사건을 다루고 있지만 교사의 질문은 전혀 다르다. '정보'를 묻지 않고 '해석'을 묻고 있다. 하나의 정답을 주입하려 하지 않고 여러 의견들을 나누게 하고 있다. 이 수업은 학생들에게 스스로 생각하는 힘을 기르게 하는 수업이다.

변변한 교재 하나 없이 흙바닥에 천막 치고 수업을 해도 위대한 가르침과 배움이 일어날 수 있다. 그렇지 않다면 부처, 예수, 공자, 소크라테스 같은 고대 성인들의 말씀이 어떻게 오늘날까지 전해질 수 있었겠는가.

그러니까 돈 낭비 말고 수업에서 디지털 기기 따위 집어치우라는 것이 이 글의 결론이냐 하면, 그건 아니다. 오히려 반대다. 제발 좀 디지털 기기를 사용하자는 것이다. 단, 기왕 사용할 거 제대로 사용하자는 것이다.

■ 수업에 디지털 기기가 필요한 이유　　　　　　　　　　■

국내의 어느 국제학교에서 학생들의 디지털 기기 사용을 전면적으로 허용했다. 곧바로 학부모들이 들고 일어났다. 공부에 집중하는 데 방해된다는 것이었다. 그러자 교장선생님이 직접 나서서 학부모들을 설득했다.

교장선생님의 논리는 이러했다. 이 학생들은 디지털 네이티브이고 앞으로도 디지털 기기와 함께 살아가게 될 세대다. 더구나 학생들이 자유롭게 인터넷 검색을 해야 하는 수업도 있다. 그러므로 디지털 기기를 자유롭게 활용하면서 스스로 자제하고 조절하는 법을 익히도록 해야지, 무작정 규제하려는 것은 시대에 뒤처진 교육관이다. 처음에는 학생들이 사용 시간 조절을 힘들어할 수 있겠지만 결국 알아서 자제하게 될 것이다. 그때까지 학교도 학부모도 인내심을 가져야 한다.

그렇게 해서 이 학교에서는 디지털 기기가 꼭 필요한 수업 도구가 되었다. 학생들은 수업 중에 필요할 때마다 인터넷 검색을 한다.

우리나라의 대다수 학교에서는 수업 중에 디지털 기기를 엄격히 금지하고 있다. 어떤 학교는 스마트폰을 소지하고 등교하는 것을 금지하기도 하고, 어떤 학교는 등교하자마자 스마트폰을 제출했다가 하교할 때 찾아가도록 하기도 한다. 스마트폰 가지고도 이 난리이니 노트북이나 태블릿PC는 상상도 못 한다.

교육부가 주관해서 개발하는 디지털교과서라고 다르지 않다. 이 디지털교과서는 지정된 콘텐츠만 사용할 수 있고 다른 사이트에는 절대로 접속할 수 없는 폐쇄용 단말기를 전제한다. 별도의 전용 단말기를 따로 제작하려면 어마어마한 예산이 추가로 든다. 하드웨어의 발달 속도를 감안하면 금방 구닥다리가 될 위험마저 있다.

이런 것을 보면 교육부가 인터넷 사용을 얼마나 비교육적인 것으로 인식하고 있는지 알 수 있다. 하지만 과연 실제로 그렇게 비교육적일까?

최근 나는 미시간대 정보대학 소속 이수영 교수의 연구팀과 함께 논문을 발표했다. 인터넷 검색이 비판적 창의적 학습이 될 수 있다는 요지의 논문이다. 단순 검색은 수용적 학습에 그치지만 탐색적·포괄

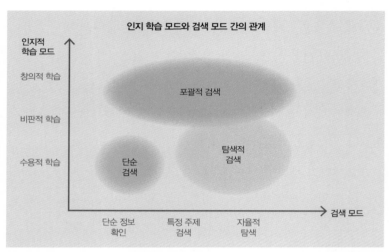

인지 학습 모드와 검색 모드 간의 관계

인지적 학습 모드

창의적 학습

비판적 학습

포괄적 검색

수용적 학습

탐색적 검색

단순 검색

검색 모드

단순 정보 확인

특정 주제 검색

자율적 탐색

Rieh, S., Collins-Thompson, K., Hansen, P., Lee, H.-J.* (2016). Towards search as a learning process: A review of current perspectives and future directions. Journal of Information Science. Journal of Information Science, 42(1), 19-34.

인지적 학습 분류 체계에 따른 학습 활동과 검색 활동

인지적 학습 모드	블룸의 인지적 학습 분류체계	학습활동	검색활동
수용적 학습	기억, 이해	회상하기, 제시하기, 확인하기, 매치하기, 분류하기, 이해하기, 시연하기	단순 지식 검색하기, 검색어 구체화하기, 수정하기, 검색결과 산출하기, 선별하기, 관련성 판단하기
비판적 학습	응용, 분석, 평가	분리하기, 분류하기, 비판하기, 구분하기, 대조하기, 방어하기, 귀인하기, 조사하기, 종합하기, 통합하기, 합성하기	검색결과의 유용성 평가하기, 신뢰성 평가하기, 추출하기, 차별화하기
창의적 학습	창의	추측하기, 설계하기, 발견하기, 계획하기, 산출하기, 생성하기, 예측하기, 발명하기, 구성하기, 수정하기, 세우기	우선순위 정하기, 논리화하기

Rieh, S., Collins-Thompson, K., Hansen, P., Lee, H.-J.* (2016). Towards search as a learning process: A review of current perspectives and future directions. Journal of Information Science. Journal of Information Science, 42(1), 19-34.
블룸의 인지적 학습 분류 체계'에 대해서는 158쪽 참고.

적 검색은 그 자체가 비판적 창의적 학습이 된다. 여기서 탐색적 검색이란 심화된 주제를 검색하는 것이다. 포괄적 검색이란 독창적 학습을 지원하는 다양한 검색 활동으로, 예를 들어 정보의 신뢰성을 평가한다든지 여러 정보를 비교해 우선순위를 정한다든지 하는 것이다.

이 연구에서 우리는 인지적 학습의 종류에 따라 어떤 검색 활동이 있는지도 정리했다. 흔히들 인터넷 검색 하면 단순한 정보 확인 정도만 떠올리지만 실제로 검색 활동은 무척 다양하다. 수용적 학습에 속하는 검색 활동들과 비판적 학습, 창의적 학습에 각각 속하는 검색 활동들을 서로 비교해 보라. 어떤 검색 활동이 어떤 학습 활동이 되고 또 어떤 종류의 학습 효과를 갖는지가 보일 것이다.

아마 많은 사람이 반론을 제기할 것 같다. 연구는 연구일 뿐, 현실은 다르다고 말이다. 물론 학생들이 웹서핑이나 게임, 문자에 한눈을 파는 바람에 수업에 집중하지 못할 수도 있다. 하지만 디지털 기기가 없더라도 학생들은 이미 숱하게 한눈을 팔고 있지 않은가. 교과서에 낙서를 한다든지, 창밖을 바라본다든지 하면서. 아예 엎드려 자는 학생은 또 얼마나 많은가.

학교에서 디지털 기기를 금지하는 진짜 이유는 이것이다. 애초에 디지털 기기가 전혀 필요 없는 종류의 수업을 하고 있기 때문이다. 학생이 교사의 말을 다 받아 적어야 하는 일방적 수업이기 때문이다. 그저 수업 내용만 숙지하면 충분하므로 딱히 디지털 기기가 필요하지 않은 것이다.

그렇다면 국제학교 교장 선생님이 말했던 '학생들이 자유롭게 인터넷 검색을 해야 하는 수업'은 어떤 수업일까? 학생들이 주체적으로 토론을 하는 수업, 학생들이 저마다 탐구 주제를 발굴해 스스로 학습 활동을 주도하는 수업에서는 디지털 기기를 유용한 학습 도구로 당당히 사용하게 된다. 앞의 연구에서도 보았듯, 이러한 사용은 그 자체로 유의미한 학습 과정이 된다.

더구나 수많은 정보가 빠른 속도로 쏟아지고 있는 시대가 아닌가. 디지털 네이티브인 지금의 학생들에게 정보란 디지털 기기를 몇 번만 건드리면 쉽게 찾을 수 있는 대상이다. 그 정보들을 무조건 믿어버리지 않고 비판적으로 판단하는 훈련이 필요하다. 예를 들어, 무언가 궁금한 것이 있어 위키피디아에서 찾아보았다고 해 보자. 이때 그 페이지의 구성 의도를 이해하고 그 근거 자료들의 신뢰성을 가늠해 궁극적으로 정보의 본질을 파악할 줄 알아야 한다. 또한 다른 사이트에서 찾은 정보와 비교해 보며 각 사이트의 관점과 특징까지 알아낼수 있어야 한다.

이미 선진국의 학교들은 간단한 디지털 기기를 수업에 도입한 지오래다. 바로 계산기다. 시험을 볼 때도 예외 없이 계산기를 사용한다. 수학적 사고 능력을 키우는 것이 수업 목표이기 때문에 단순한 계산은 계산기에 맡기는 것이다. 고도의 기능이 있는 공학용 계산기를 얼마나 자유자재로 활용할 수 있는지를 평가 기준에 포함시키기도 한다.

수업의 목표가 무엇이냐에 따라, 수업의 방식이 어떠하냐에 따라 디지털 기기의 사용이 달라진다. 교사 혼자 말하는 일방적 수업에서

■ 수학 수업에서 계산기를 사용하고 있
는 학생. 수업의 목적이 달라지면 디지
털 기기의 사용도 달라진다.

학생은 디지털 기기가 아니라 그 무엇에라도 정신을 팔게 된다. 반면,
교사의 원맨쇼에 관객으로 앉아 있는 대신 학생 자신이 주인공이 되
는 수업에서 학생은 디지털 기기 속으로 도피하지 않고 오히려 디지
털 기기를 활용해 수업에 더욱 몰두하게 된다.

　도구는 사용하기 나름이다. 도구의 효과를 제대로 내려면 먼저 주
변 환경이 뒷받침되어야 한다. 디지털 기기가 종이 교과서와 같은 학
습 도구로서 효과를 발휘하기 위해서는 이 한 가지만큼은 분명하다.
지금과 같은 일방적 수업은 안 된다는 사실이다. 학생들이 참여하고
몰입하는 수업을 만드는 것이 관건이다. 그리하여 디지털 기기를 일

탈의 도구가 아니라 학습의 도구로 인식하게 하고, 자율적으로 통제하고 활용할 수 있는 능력을 길러 주어야 한다.

지금 교육부에서 추진하는 디지털교과서는 주변 환경은 그대로 둔채 새로운 도구만 가져다 놓은 모양새다. 도구의 낭비인 셈이다.

책이 없었던 과거에 사람들은 모든 지식을 머릿속에 담아 두어야했다. 그래서 기억하기 쉽도록 운율이 가미된 시의 형태로 구술언어가 발달했다. 그러다 책이 등장하자 지식인들은 긴장했다. 사람들이 문자언어에 의존한 나머지 더 이상 기억을 하지 않으려 할까 봐, 구술언어를 통한 공부에 소홀해질까 봐 우려한 것이다. 소크라테스가 책을 남기지 않은 것도 이 때문이다. 당시만 해도 문자언어에 대한 신뢰도가 낮아서, 아무리 문서로 기록되어 있어도 구술로 확언해 주지 않으면 그 문서는 법적 효력을 발휘하지 못했다. 오늘날과는 정반대의 기준이다.

하지만 우리는 이미 책이 인류에게 얼마나 큰 역할을 했는지 잘 알고 있다. 소크라테스의 사상이 오늘날까지 전해지고 널리 알려진 것도 그의 제자 플라톤이 스승의 말을 담은 책을 썼기 때문이다.

나는 디지털 기기도 마찬가지라고 생각한다. 책 때문에 사람들이 공부를 안 할 것이라는 우려가 기우로 그쳤듯, 디지털 기기 때문에 학생들이 공부를 안 할 것이라는 우려도 기우로 그칠 것이다. 디지털 기기가 기존의 학습 자료인 책보다 익숙하지 않다 보니 아직 선뜻 신뢰가 가지 않는 것뿐이다. 먼 훗날 우리 후손들은 한때 수업에서 디지털 기기가 금지되었다는 사실을 우스갯소리로 이야기할지도 모른다.

구술언어로 학습할 때는 문장들을 통째로 외워야 했지만 책으로 학습할 때는 그런 수고를 덜 수 있었다. 지식을 머릿속이 아니라 책에 저장하게 된 것이다. 하지만 책에도 단점은 있다. 특정한 지식을 언제 어디서나 쉽게 찾아보기는 어렵다는 사실이다. 그래서 여전히 상당한 지식을 기억해 두어야 하는 수용적 학습이 필요했다. 디지털 기기는 책의 단점을 가뿐히 넘어선다. 그만큼 학습도 일대 전환기를 맞았다.

디지털 바다를 항해하면서 탐구하고 발견하는 것 자체가 학습이고 교육인 시대. 언제까지 이 변화를 외면한 채 핀트가 어긋한 노력만 계속할 것인가.

2부

시험이
바뀌면
대한민국이
바뀐다

모든 사람은 천재다.
하지만 물고기를 나무타기 실력으로 평가한다면,
물고기는 평생 자신이 형편없다고
믿으며 살아갈 것이다.

알버트 아인슈타인

09 시험이 수업을
       결정한다

■ 절망에 빠진 사람들   ■

『서울대에서는 누가 A+를 받는가』를 펴낸 후 이런 질문을 참 많이
받았다.

"그래서 교육 문제를 어떻게 하면 되죠?"

"해결 방법이 있을까요?"

그나마 이런 질문은 다행이었다. 비관적인 푸념도 참 많이 들었다.

"문제가 있는 건 알지만, 그래도 교육이 그렇게 쉽게 바뀌나요?"

"도무지 방법이 보이지가 않네요."

아예 우리 역사나 민족성 탓으로 돌리는 이야기도 있었다.

"유교 문화권이라서 그래요."

■ 성균관 유생들이 공부하던 성균관 명륜당. 때로 왕이 들러 직접 그 실력을 시험하기도 했다. 성균관 유생들이 한 것은 수용적 학습이 아니라 비판적 창의적 학습이었다.

"대대로 이런 식으로 교육했으니 별 수 있나요."

그런데 따지고 보면 우리나라 교육이 '이 모양 이 꼴'이 된 것은 그리 오래된 일이 아니다. 조선 시대만 해도 분명 이렇지 않았다. 물론 수많은 한자를 암기하는 것이 기본적으로 꼭 필요했고, 『천자문』을 비롯해 여러 유교 경전을 암송하는 것도 중요했다. 하지만 과거 시험에서 응시생들은 주어진 시제에 따라 글짓기를 하지 않았던가. 사안을 꿰뚫어 보는 통찰을 바탕으로 비판적 창의적 사고력을 발휘해야 했다. 성균관에서의 수업이나 왕의 경연은 또 어떠했던가. 질의응답이 끊임없이 오가는 치열한 토론의 장이었다.

우리나라만이 아니라 유교 문화권으로 시야를 넓혀 보자. 유교의 시조인 공자의 교육 방식은 일방적 수업과는 거리가 멀어도 한참 멀었다. 공자는 끊임없이 제자들에게 질문했다. 또 제자들의 질문에 대해 하나의 정답만을 말한 것이 아니라 각 제자마다 적절히 다른 답을 주었다. 이것이야말로 오늘날 우리 교육에서는 찾아보기 힘든 '개별화 맞춤형 교육'이다.

지금 우리 교육 시스템의 역사는 그리 길지 않다. 해방 후 문교부(현재의 교육부)가 설립된 1948년을 기준으로 하면 약 70년이고, 소학교가 서당을 대신하기 시작한 대한제국 때를 기준으로 하더라도 반만년 역사 중 고작 100년이 조금 넘을 뿐이다. 물론 길다면 긴 시간이지만, 그렇다고 해결책을 찾을 수 없을 정도로 고착화되었다고 하기에는 너무 짧은 시간이 아닌가.

역사며 민족성을 향한 과도한 질책. 그만큼 사람들은 교육 문제 앞에서 절망감을 느끼고 있는 것이다. 교육 문제만큼은 아무리 해도 해결이 힘들다고 자포자기해 있는 것이다.

그동안 교육 개혁을 위한 시도가 꾸준히 있었다. 국가교육과정도 수도 없이 바뀌었고 대입 제도도 열거하기 어려울 만큼 자주 바뀌고 또 바뀌었다. 그럼에도 상황이 계속 악화되면서 절망감을 키우기만 했다. 이제는 무슨 교육 개혁 방안이 나와도 지레 "우린 안 될 거야"라고 자조한다.

나는 여기서 의문을 제기하고 싶다. 우리가 교육 개혁을 위한 시도라고 믿었던 것들이 애초에 잘못된 시도가 아닐까? 우리의 노력이 엉뚱한 방향을 향해 있었던 것은 아닐까? 병의 근본적 원인은 내버려둔 채 증상만 완화시키려 한 것은 아닐까?

내가 이 책을 쓰는 목적도, 지금부터 하려는 이야기도 바로 이것이다. 이 꼬일 대로 꼬인 교육 문제를 근본적으로 건드리는 구체적이고 확실한 해결책을 제시하는 것. 그 해결책이란 바로 시험이다.

시험에서 어떤 능력을 측정하는지에 따라, 어떤 능력에 고득점을 부여하는지에 따라 학생들의 공부법, 교사들의 교수법, 국가적으로 양성되는 인재의 능력, 사교육 시장의 형태까지 달라진다. 교육 시스템 안에 있는 모든 구성원의 행동 방향을 좌우하는 시험. 바로 그 시험을 바꿔야 한다.

■ 대입시험이라는 블랙홀 ■

학생들은 왜 수용적 학습을 할까? 왜 교사의 말을 무작정 받아들일까?

이유는 간명하다. 그래야 시험에서 높은 성적을 얻을 수 있기 때문이다. 시험 방식이 학생들의 행동을 좌우하는 것이다.

나는 이 사실을 『서울대에서는 누가 A+를 받는가』에서 보여 준 바 있다. 서울대 최우등생들은 이렇게 말했다.

"교수님께 맞춰서, 그러니까 교수님께서 어떻게 문제를 내시는지에 맞춰서 공부해요."

"시험 볼 때는 교수님들 스타일에 따라서 공부하는 거죠."

대학에서는 교수가 시험 방식을 전적으로 결정할 수 있다. 그래서

■ 시험을 치르고 있는 학생. 학생들의 학습 방식은 시험 방식에 의해 결정된다.

서울대 최우등생들은 교수의 성향에 맞추어 학습 방식을 결정하는 것이다.

초·중·고교에서는 교사가 시험 방식을 자유롭게 결정하지 못한다. 시험 방식이 국가교육과정에 따라 정해지므로 오히려 교사들도 시험 방식에 좌우된다. 교사들이 일방적 수업을 하는 이유도 그래야 학생들이 시험에서 높은 성적을 얻을 수 있기 때문이다.

시험은 이렇게 큰 힘을 가진다. 당연한 일이다. 시험 문제는 평가 기준이다. 사람들은 누구나 높게 평가받을 수 있는 쪽으로 움직이기 마련이다.

그러니까 학생이나 교사에게 왜 그러냐고 타박해 보아야 소용없다. 어차피 그들의 잘못이 아니다. 지금 우리의 시험이 수용적 학습과 일방적 수업에 유리하도록 설계된 탓이다. 학생이 비판적 창의적 학습을 하기를, 교사가 비판적 창의적 수업을 하기를 바란다면 시험 방식을 바꾸어야 한다.

우리나라에서 시험 중의 시험, 시험의 최고봉은 단연 대입시험이다. 대입시험은 모든 초·중·고교에 막대한 영향을 미친다. 그뿐인가. 학부모들과 사교육업체까지 쥐고 흔든다.

대표적인 사례가 수능과 EBS 교재의 연계성 강화 정책이다. 어떤 일들이 벌어졌나. EBS 교재는 또 하나의 교과서가 되었다. 학생들은 EBS 교재의 지문을 달달 외우고, 교사들은 EBS 교재의 문제를 변형해 내신시험 문제를 만든다. 학생들이 EBS 교재만 찾으니 학습지 업체들은 매출이 떨어진다고 아우성이다. 그렇다고 사교육 시장이 줄어든 것도 아니다.

많은 교사와 학부모가 새로운 교육을 해 보려고 애쓰고 있다. 혁신 학교들은 일부 미흡한 점도 있지만 상당히 긍정적인 반응을 얻고 있다. 하지만 이런 시도들은 고등학교로 갈수록 동력을 잃는다. 웬만한 배짱이 아니고서야 대입시험을 포기하지는 못하기 때문이다.

내가 만난 교사들은 이렇게 말했다.

"교육 개혁을 해 보려 해도 할 수가 있나요. 당장 대입이 닥치면 학생들은 그거에 맞춰서 공부할 수밖에요."

또 학부모들은 이렇게 말했다.

"다르게 키워 보고 싶었지만 저도 어쩔 수 없더라고요. 애가 나중에 엄마 아빠 때문에 대학 못 갔다고 원망할 수도 있잖아요."

이쯤 되면 대입시험은 마치 블랙홀 같다. 교육 개혁을 위한 모든 노력을 집어삼키는 블랙홀.

그런데 생각을 비틀어 보면, 그렇기 때문에 해결책이 간단할 수 있다. 대입시험을 새롭게 바꾸는 것이다!

다시 한 번 말하는데, 지금까지 교육 개혁이라는 명목으로 여러 차례 대입 시험을 바꾸었지만 그것은 결코 충분한 시도도, 옳은 시도도 아니었다. 본질은 그대로 둔 채 무늬만 바꾸는 수준에 머물렀다. 우리에게 필요한 것은 지금까지 우리 교육 시스템에 존재한 적 없는 완전히 새로운 시험이다.

10 수능은 실패했다

■ 엉망진창 대입시험 ■

현재의 대입 시험은 예전에 비해 구성이 상당히 복잡하다. 대학별로 전형별로 요소들이 다르다. 그중 비교적 공통적이고 영향력이 큰 요소들을 뽑아 보면 수능, 내신, 논술, 비교과활동이다. 하나하나 따져 보자.

논술은 논리적 사고력을 평가한다고 표방한다. 그런데 학생들은 대부분 논술 준비를 사교육을 통해 한다. 논술 사교육은 정형화된 논리 전개와 모범 답안을 연습하는 방식으로 이루어진다. 논술 문제 자체도 대학별로 유형화되어 있어서 학생들이 딱히 독창성을 발휘할 여지가 크지 않다.

비교과활동은 독서 활동, 자율 활동, 동아리 활동, 봉사 활동, 진로 활동 등을 포괄하는 것으로, 획일화된 시험만을 기준으로 학생들을 줄 세우는 평가를 지양하자는 취지에서 도입되었다. 그런데 실상을 보면, 학부모가 대신 해 주는 경우가 너무나 만연하다. 독서 기록장을 학부모가 채운다든가, 희망 전공과 연계된 봉사활동을 학부모가 주선한다든가 하는 일들이 대표적이다. 교사가 작성하는 것이 원칙인 학교생활기록부를 학부모가 작성해 제출하며 이대로 적어 달라고 요청하는 일도 비일비재하다. 이러한 비정상적인 비교과활동 운영 실태를 비판하는 목소리가 언론에 이미 여러 차례 보도되었다.

이렇게 사교육이나 학부모에게 의존하는 것은 일부 특수한 고등학교를 제외하고는 학교가 학생들의 논술과 비교과활동을 책임지지 않고 각자 알아서 하도록 방치하고 있기 때문이다. 학생들은 수능, 내신, 논술, 비교과활동을 다 따로따로 준비하다 보니 시간을 아끼기 위해 일종의 '외주'를 이용하게 되는 것이다. 논술과 비교과활동은 잘 활용하면 비판적 창의적 학습으로 연결될 수 있는 성격을 가졌지만, 현실이 이렇다 보니 그 기능을 제대로 수행하지 못하고 있다.

내신은 비판적 창의적 학습과는 거리가 멀어도 한참 멀다는 사실을 이미 1부에서 누누이 이야기했다. 신문에 실린 고교 우등생들의 인터뷰를 보라. 내신 준비 방식이 하나같이 비슷하다. 학교 시험 한 달 전부터 전 과목 시험 범위를 두세 번씩 반복했다, 평소 꾸준하게 복습하는 습관이 가장 좋은 내신 대비 방법이다, 시험 기간, 교과서와 부교재를 적어도 세 번 이상 푸는 건 기본이다……

■ 수능이 치러지는 학교 앞 풍경. 수능날에는 갖가지 기발한 응원전이 펼쳐질 만큼 수능은 중요한 이벤트다.

내가 『서울대에서는 누가 A+를 받는가』에서 인터뷰했던 서울대 최우등생들의 과거를 보는 듯하다. 이 아이들은 몇 년 후 또 다른 서울대 최우등생이 될 것이다.

수능은 한때 대입시험 그 자체였지만, 요즘은 다른 요소들이 많아지면서 그 위상이 떨어졌다. 그럼에도 여전히 수능은 가장 중요한 요소로 꼽힌다. 수시모집에서는 수능 최저학력기준을 맞추어야 하고, 정시모집에서는 수능 1점 차이로 당락이 달라질 수 있다.

수능은 학력고사를 대체하며 1993년에 등장했다. 지나치게 암기형이라는 비판을 받은 학력고사와 달리 사고력을 평가 기준으로 삼았다. 학력고사와 확연히 다른 문제 형식 때문에 초기의 수능은 꽤 신선해 보이기도 했다. 그런데 수능이라는 이름을 만들었고 수능의 개발과 시행을 주도했던 박도순 고려대 교육학과 명예교수는 정작 현재의 수능에 비판적이다.

대체 그사이 무슨 일이 벌어진 걸까? 박도순 명예교수의 인터뷰 기사 「"당초 취지 변질… 수능 무력화돼야 학생·교육 살아난다"」를 들여다보자.

초기에는 탈교과적·통합교과적 문제가 많이 출제됐다. 그런데 점차 사회·과학 등의 각 교과 해당 교수나 교사가 자신들 영역의 문제가 더 많이 나오도록 정치권과 교육 당국을 압박하는 '교과 이기주의'가 횡행했다. 그 결과 시험 내용은 학력고사와 별로 다를 것이 없는 형태로 점점 변해 갔다.

(……)

박 교수에 따르면 '연계'의 의미는 처음부터 EBS 교재 문제를 거의 베껴 내는 것을 말했다. 그는 "평가의 중요한 원칙 중 하나는 가르친 내용을 그대로 문제로 내지 말라는 것이다. 그런 식으로 출제하면 암기가 가장 효과적 방법이다. EBS 연계 출제가 도입되면서 통합교과형 문제는 다 사라졌다"고 주장했다. 요즘 수능시험 공부는 EBS 교재 달달 외우는 게 대세다.

《중앙SUNDAY》 2014.11.23.

2017년도 수능 국어영역을 보면, 총 45개의 문제 중 '다음 중 적절한 것은?' 유형이 25개, '다음 중 적절하지 않은 것은?' 유형이 19개였다. 현재 수능의 문제 유형이 학력고사와 완전히 동일한 것은 아니지만, 이런 식의 단순 객관식 문제는 애초에 한계가 뚜렷하다. 학력고사는 4지선다형이고 수능은 5지선다형이라는 점이 둘 사이의 가장 뚜렷한 차별점이라 해도 과언이 아니다.

본질은 단순 객관식이면서 암기형이라는 비판을 애써 피하려다 보니, 수능 문제는 이중 삼중 사중으로 꼬이고 비틀려 있다. 문제에 주어진 다섯 개의 보기가 유사할수록 난이도가 높은 문제다. 학생들은 다섯 개의 보기 중 정답과 오답 사이의 미묘하기 짝이 없는 차이를 구별해 내야 한다. 즉, 질문의 깊이가 아니라 다섯 개 보기의 유사도에 따라 난이도가 결정되고, 그 미묘한 차이를 구분해 내는 것이 우수한 능력으로 평가받게 된다. 이런 문제들을 가지고 창의적 사고력을 키워 낸다는 것은 어불성설이다.

1956년 미국의 교육심리학자 벤저민 블룸(Benjamin Bloom)은 아이들의 인지 발달을 위해 필요한 교육 목표를 단계별로 분류했다. 이 분류에 따르면 '기억'은 가장 하위 단계, '창조'는 가장 상위 단계이며 그 사이에 '이해', '응용', '분석', '평가'가 차례로 위치해 있다.

당연히 상위 단계에 있을수록 사고력과 연관성이 깊다. 그런데 수능은 하위 단계와 훨씬 더 연관성이 깊다. 사고력을 평가하겠다면서 그 존재 이유를 전혀 충족시키지 못하고 있다.

이제 우리는 인정해야 한다. 수능은 완전히 실패한 시험이라는 사실을.

블룸의 교육 목표 분류

새롭거나 독창적인 작업 생산하기 ·············· **창조**
설계하기, 종합하기, 구성하기, 추측하기,
개발하기, 형식화하기, 저작하기,
조사하기

입장이나 결정을 정당화하기 ·············· **평가**
감정하기, 논쟁하기, 방어하기,
판단하기, 선택하기, 지지하기,
가치 부여하기, 비판하기,
가중치 두기

분석
아이디어들 연결 짓기
구분하기, 조직하기, 관련짓기,
비교하기, 대조하기, 구별하기,
검토하기, 실험하기, 질문하기, 테스트하기

응용
새로운 상황에 정보를 활용하기
실행하기, 실시하기, 풀기, 사용하기,
시연하기, 해석하기, 작동하기, 계획하기

이해
개념을 설명하기
분류하기, 기술하기, 논의하기, 설명하기, 확인하기,
위치시키기, 인지하기, 보고하기, 선별하기, 변환하기

기억
팩트와 기본 개념 회상하기
정의하기, 복사하기, 목록화하기, 암기하기, 반복하기, 진술하기

■ 시험은 배움을 조용히 죽이는 킬러?

수능이든 내신이든 기존의 시험 문제가 갖는 근본적인 한계점은 무엇일까? 그것은 현실의 문제와 너무 다르다는 것이다.

시험 문제는 알려진 방법을 이용해 결과를 찾아야 한다. 다시 말해, 적용할 공식이나 이론이 전제되어 있고 특정한 조건이 주어져 있는 상황에서 답을 찾아내야 한다. 예를 들면 이런 식이다. '10,000평방미터의 대지에 학교를 지으려고 한다. 건폐율 50%, 용적률 250%이고 평당 건축 소요 시간은 Q일이다. 규정에 맞게 최대 공간의 학교를 건축하는 데 소요되는 시일은 얼마인가?' 학생들은 계산을 해서 답을 맞힐 수 있다. 그런데 현실의 문제는 이와 반대로 이루어져 있다. 원하는 결과는 아는데 그 결과에 도달하기 위한 방법을 찾아야 한다. 누가 미리 조건을 정해 주지도 않는다. 무엇을 조건으로 삼을지조차 확실하게 정해져 있지 않다.

현실에서 학교 건물을 짓는 과정을 보라. 원하는 결과는 '학생들이 쾌적하게 생활할 수 있는 학교 건물'이다. 평당 건축 소요 시간은 어떤 자재로 어떤 공법으로 지을 것인가에 따라 천차만별로 달라진다. 학생 수는 몇 명인지, 교실에는 어떤 기능이 있는지, 주변에는 어떤 건물이 있는지 등등 수십 수백 가지 조건들 중에서 어떤 것을 선택하고 어떤 것을 최우선 순위로 할지 결정해야 한다.

앞서 3장 「배움이 실종된 수업」에서 소개한 에릭 마주르 하버드대 교수. 내가 들었던 그의 강연 제목은 '어느 전향한 교수의 고백

■ 에릭 마주르 교수의 강연 「시험: 배움을 조용히 죽이는 킬러」

(Confessions of a Converted Lecturer)'이었다. 사실 마주르 교수는 교육학과가 아니라 물리학과 소속으로, 학생들로부터 상당히 높은 강의평가 점수를 받고 있었다. 그런데 알고 보니 정작 학생들은 그의 수업을 통해 물리학적 사고력을 제대로 발달시키지 못하고 있는 것이 아닌가. 그때부터 그는 지식을 전달하는 데 급급했던 자신의 강의 방식을 돌아보고, 어떻게 하면 잘 가르칠 수 있는지를 고민하기 시작했다. 거의 종교적 개종 수준의 변화였다고 그는 말한다('converted'에는 '개종한'이라는 뜻도 있다).

마주르 교수의 또 다른 강연으로 '시험: 배움을 조용히 죽이는 킬러(Assessment: The Silent Killer of Learning)'가 있다. 그는 왜 시험에 이런 무시무시한 말을 붙인 것일까?

이 강연에서 마주르 교수가 지적하는 것 역시 시험 문제와 현실의 문제 사이의 괴리다. 이 괴리가 너무 커서 아무리 시험 문제를 잘 푼

160

다 해도 현실의 문제를 푸는 데는 별 도움이 되지 않는다는 것이다.

차이점은 또 있다. 시험 문제는 외부로부터 철저히 차단된 채 해결해야 한다. 교과서, 참고서는 물론이고 컴퓨터, 휴대폰도 허용되지 않는다. 반면, 현실의 문제는 주변의 자료들을 최대한 활용해서 해결한다. 없는 자료를 추가로 찾아보거나 주위에 물어보기도 한다. 그러고도 해결책을 찾을 수 있을까 말까 하다.

또한 시험 문제는 답이 하나로 정해져 있고 실수와 실패를 허용하지 않는다. 하나의 답을 골라 내지 못하면 감점이고, 나아가 낙제나 낙방으로까지 이어진다. 반면, 현실의 문제는 답이 하나로 정해져 있지 않다. 답이라 할 수 있는 것을 찾았어도 시간이 지나면 새로운 답이 나오기도 한다. 수많은 실수와 실패를 통해 더 나은 답을 찾기도 한다.

단순한 지식 습득을 판단하는 시험일수록 더욱 현실의 문제와 괴리가 커진다. 그래서 마주르 교수는 자신의 수업에서 시험을 치를 때 교과서든 노트 필기든 휴대폰이든 원하는 대로 가져오도록 허용했다. 유일한 제한은 하나였다. 살아 있는 사람은 데려오지 말라는 것.

나도 내 강의에서 비슷한 시도를 했다. 우선 시험 몇 주 전에 문제를 미리 공개했다. 시험 중에 교과서나 노트를 참고할 수 있게 했고 따로 요약 자료나 참고 자료를 만들어 오고 싶으면 그렇게 하도록 했다. 더 나아가, 아예 시험의 답을 표현하는 방식도 학생들의 자유에 맡겼다. 서면으로 작성해도 되고, 구두로 발표해도 되고, 동영상을 만들어도 되었다. 마감 시간만 지킨다면 무엇이든 가능했다.

이러한 시험에서는 암기력이 소용없게 된다. 나는 학생들이 수업 내용을 외우는 대신, 다양한 자료를 조사하고 검토하고 동료 학생들과 토론하고 상의하는 과정을 거치기를 바랐다. 그리고 실제로 학생들이 그렇게 하는 모습을 보았다. 학생들은 그 어느 시험보다 더 많은 시간을 투자해서 공부했다고 말했다.

마주르 교수는 이렇게 경고했다.

"아무리 교육 방식이 바뀌어도 시험이 기존의 틀을 벗어나지 못한다면 시험은 킬러가 될 뿐입니다. 아무도 눈치채지 못하게 소리 없이 학생들의 배움을 죽이는 킬러 말입니다."

그렇다. 아무리 교육 개혁을 한다 한들 지금의 대입시험이 기존의 틀에서 벗어나지 못한다면 학생들의 배움은 죽은 것이나 다름없다. 학생들의 배움을 살리기 위해서는 대입시험을 완전히 새롭게 만들어야 한다.

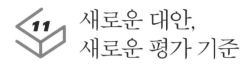

새로운 대안,
새로운 평가 기준

■ IB와 IGCSE라는 롤모델　　　　　　　　　　　　　　　■

　한 가지 다행한 점이 있다. 우리가 대입시험을 완전히 새롭게 바꾸는 데 무슨 스티브 잡스 수준의 창조력을 발휘하지 않아도 된다는 것이다. 이미 교육 선진국들에서 긴 시간에 걸쳐 검증된 여러 시험 제도들이 있다. 그 시험들을 참고하는 것으로 충분히 대안을 도출해 낼 수 있다.

　실제로 수능도 미국의 대입시험인 SAT(Scholastic Assessment Test)를 벤치마킹해서 만들어졌다. 하지만 나는 개인적으로, 애초에 SAT를 롤모델로 선택한 것 자체가 한계를 안고 있었다고 본다. SAT는 객관적 문제 위주라서 사고력을 제대로 평가하기 힘들다. 워낙 학계가 미국 유학파들로 이루어져 있다 보니 미국에서 가장 유명한 시험이 가장 좋은 시험이라고 여긴 것은 아니었는지 안타깝다.

내가 적당한 롤모델로서 소개하고자 하는 시험은 IB(International Baccalaureate)와 IGCSE(International General Certificate of Secondary Education)다. 아마도 이 책을 읽는 대부분의 독자들에게는 다소 생소한 이름이겠지만, 세계 각지의 수천 개 학교에서 이미 오랜 기간 시행되어 온 시험이다.

우리에게 제법 익숙한 프랑스의 바칼로레아(Baccalaureate)라든지 영국의 에이레벨(A-Level), 독일의 아비투어(Abitur), 핀란드의 윌리오필라스툿킨토(Ylioppilastutkinto)도 우리에게 롤모델이 될 수 있는 좋은 시험이다. 사실 이른바 선진국치고 우리나라같이 사고력과는 별로 관계없는 대입시험 제도를 가지고 있는 나라는 많지 않다. 그러니 찾으려고 마음만 먹으면 롤모델은 꽤 많은 셈이다.

그럼에도 굳이 낯선 IB와 IGCSE를 콕 집어 소개하려는 데는 두 가지 이유가 있다. 첫째, 이 시험들은 한 국가 내에서가 아니라 국제적으로 공인받은 시험이라서 보편성을 가지고 있다. 둘째, 이 시험들에는 모국어로서의 한국어 과목이 개설되어 있으므로 별도의 번역을 거치지 않고도 우리 대입시험의 국어 과목 문제와 어떤 차이점이 있는지 독자들이 온전히 느낄 수 있다. 미국의 SAT에도 한국어 과목이 있긴 하지만 외국어로서의 한국어 시험이라서 우리 대입시험과 비교하기에는 적절하지 않다.

IB는 스위스에 위치한 비영리 공적 교육 재단인 IBO(International

Baccalaureate Organization)에서 주관한다. IB가 개발된 목적은 해외 주재 외교관 자녀들이나 해외 상사 주재원 자녀들을 대상으로 하는 공인된 교과과정과 평가 기준이 필요했기 때문이다. IB는 약 50년의 역사를 가지고 있다. 초등과정, 중등과정, 고등과정이 있는데, 이 중 고등과정인 IB 디플로마(Diploma) 프로그램은 우리나라 고등학교 2, 3학년에 해당하는 연령대의 학생들이 2년에 걸쳐 이수하는 과정으로, 대입시험 역할을 하고 있다. 이 책에서는 IB 디플로마 프로그램을 IB로 지칭할 것이다.

IB는 아이비리그를 비롯해 세계 주요 대학들로부터 입학시험으로 신뢰받고 있다. 우리나라에서도 서울대 등 몇몇 상위권 대학이 수시전형이나 재외국민전형에서 IB 성적을 인정하고 있다.

최근 홍콩대는 과학교육과 전임교수 임용 공고를 냈는데 IB 관련 지식이나 경험을 요구했다. 홍콩대는 아시아에서 대학 순위 최상위권을 기록하는 명문대가 아닌가. 그런 홍콩대가 신입생도 아니고 교수를 뽑는 데 IB를 평가 기준의 하나로 삼은 것은 그만큼 IB가 신뢰받는 대입시험이라는 증거일 것이다.

IGCSE는 영국의 중등교육 자격시험인 GCSE(General Certificate of Secondary Education)를 국제적으로 통용될 수 있도록 보완한 것으로, 개발된 목적은 IB와 같다. 역사는 약 25년이다. 캠브리지대 소속 시험기관인 CIE(Cambridge International Examinations)에서 주관하는 것과 영국 최대의 학위 수여 기관 에덱셀(Edexcel)에서 주관하는 것이 있는데 전자가 더 널리 시행된다. 14~16세를 대상으로 하는 것으로, 대입

IB (International Baccalaureate)	이름	IGCSE (International General Certificate of Secondary Education)
IBO	주관	CIE, Edexcel
• 6개의 그룹(언어와문학/ 언어습득/ 개인 과사회/ 과학/ 수학/ 예술)에 속하는 과목들 중 그룹별 하나씩, 총 6개의 과목을 선택 • 소논문(4천 단어 분량) • 지식론 • 비교과(창의적 활동, 체육 활동, 봉사 활동)	과목	• 5개의 그룹(언어/ 인문사회/ 과학/ 수학/ 창의 기술)에 속하는 과목들 중 최소 5개의 과목을 선택(CIE 기준) • IB는 일반적으로 6개 과목을 초과하여 선택하지 않으나 IGCSE에서는 10개 이상의 과목을 선택하는 경우 흔함.
• 내부평가(프리젠테이션, 실험, 보고서, 실기 등) • 외부평가(대부분 주관식, 논술형)	시험	• 내부평가(구두평가, 내신, 실기평가) • 외부평가(대부분 주관식, 논술형 지필고사)
1년에 2차례	시험 횟수	1년에 2차례

시험이라기보다는 대입시험 전 단계인 중고등학교 교육 이수 검정시험 정도라고 할 수 있다.

■ 평가 기준은 스스로 생각하는 힘　　　　　　　■

IB와 IGCSE는 시험만이 아니라 교육과정을 포괄하는 개념이다. 즉, IB와 IGCSE에서 각각 지정한 교육과정을 따라야 시험까지 치를 수 있는 것이다.

교육과정으로서도 역시 롤모델로 삼을 만한 요소가 많다. 하나의 교과과정 안에 수능, 내신, 논술, 비교과활동이 모두 녹아 있고, 이 모든 것이 스스로 생각하는 힘을 키운다는 교육 목표에 따라 일관되게 방향이 잡혀 있으며, 그 실행 과정에서 학교와 교사에게 최대한 권한을 부여한다고 생각해 보라. 그것을 실제로 구현하고 있는 것이 IB와 IGCSE라고 보면 된다. 이 중 IB 교육과정을 조금 더 분석해 보자.

IB는 일종의 내신이라 할 수 있는 '내부평가'와 최종적으로 보는 시험인 '외부평가'가 내신과 수능처럼 분리되어 있지 않고 긴밀하게 연결되어 있다. 같은 능력을 평가하도록 구성되어 있는 것이다. 그래서 내부평가에 열심히 임하다 보면 외부평가에서도 좋은 성적을 받을 수 있다.

IB는 4,000단어 분량의 소논문이 최종평가에 포함된다. 일종의 논술이다. 과목 중의 하나를 골라서 그와 관련된 내용을 쓰되 세부 주제는 전적으로 자유이고, 주어진 작성 기간은 2년이나 된다. 충분히 숙고해 가며 자신만의 독창성을 발휘해야지, 사교육으로 익힌 모범 답안 유형을 가지고는 해결할 수 없다. 분명 만만한 작업은 아니지만, 모든 과목의 수업 내용이 자연스럽게 논술 연습이 되어 준다. '내부평가'와 '외부평가'가 대부분 논술형이다 보니 수업 내용도 그에 맞추어져 있기 때문이다.

IB는 비교과활동이라 할 수 있는 CAS(Creativity, Activity, Service)도 최종평가에 포함된다. 교과과정의 일부이므로 학교의 관리 하에 학생들이 스스로 계획을 짜서 실행하도록 되어 있다. 학년별로 적절히 시간을 분배하도록 정해져 있어서 점수만을 노린 무성의한 벼락치기는 통하지 않는다. 학부모가 끼어들 여지도 없다.

IB 교과과정에서 내가 거듭 강조하고 싶은 장점이 바로 이것이다. 우리나라는 수능이면 수능, 내신이면 내신, 논술이면 논술, 비교과활동이면 비교과활동, 다 따로 해야 한다. 반면 IB 교육과정은 그 자체가 수능이자 내신이자 논술이자 비교과활동이다. 학교생활에 충실하면 자연스럽게 이 모두를 다 잘하게 되는 셈이다. 덕분에 우리나라처럼 수능, 내신, 논술, 비교과활동을 다 따로따로 준비하고 학부모까지 동원되어 진을 빼는 일 같은 것은 일어나지 않는다. 학교가 이 커리큘럼대로만 따른다면 공교육 정상화는 시간문제일 것이다.

IB와 IGCSE가 과목 구성이나 시험 방식이 서로 조금씩 다르고 더구나 IGCSE는 본격적인 대입시험은 아니긴 하지만, 어쨌든 이 둘의 교육 철학은 일맥상통한다. 스스로 생각하는 힘을 평가하자는 것이다. 이러한 교육 철학에 따라 교과과정의 모든 요소가 유기적으로 연결되어 있다.

다음 장부터 IB와 IGCSE의 실제 시험 문제들을 소개하려고 한다. IB 시험 문제를 중심으로 소개하고 필요한 경우 IGCSE 시험 문제를 추가로 소개할 것이다.

여러 과목 중에서도 우리에게 친숙한 국어, 역사, 과학, 외국어, 미술을 골랐고, 최근 5년 이내의 기출 문제들 중에서 뽑았다. 문제의 개수가 너무 많고 비슷한 유형이 반복될 때는 일부 문제를 생략했다. 독자들이 이해하기 편하도록 안내문은 일부 수정하기도 했지만 시험 문제 자체는 거의 수정하지 않았다. 1차 시험지, 2차 시험지라는 표현이 나오는데 여기서 시험지란 페이퍼(paper)를 번역한 말이다. 1차를 통과해야 2차를 보는 개념이 아니라, 1차와 2차를 모두 풀어야 한다.

IB와 IGCSE의 시험 문제들은 시험 후 모두 공개된다. 누구나 검색만 하면 원하는 시험지를 금세 찾을 수 있다. 이 책에 실린 시험 문제들도 모두 인터넷에서 쉽게 검색되는 것들이다. 다른 과목 문제나 다른 연도 문제가 궁금하다면 얼마든지 찾을 수 있으니 검색해서 확인해 보길 바란다.

이 시험의 결과가 곧 최종 성적인 것은 아니다. 특히 IB의 경우는 내신인 내부평가의 비중도 제법 크고 그 종류도 과목에 따라 다양하다. 또 소논문과 CAS도 필수적으로 반영된다. 그래도 우리 시험이 나아갈 방향을 알아보기 위한 목적으로는 일단 이 시험 문제들을 살펴보는 것으로도 충분할 것이다.

이 시험 문제들에 대비하기 위해 학생들은 치열하게 공부한다. 특히 대학 입학과 직결되는 IB를 준비하는 학생들의 공부량은 일반적인 한국 학생들 못지않다. 학교에서도 우리나라 고3 못지않게 '빡세게' 시킨다. IB 학생들의 인터넷 커뮤니티를 보면 자신들을 공부에 찌든 좀비에 비유하거나 자신들의 특징으로 '밤늦게까지 숙제를 하느라 생긴 다크서클', '숙제 파일이 가득한 노트북 가방'을 꼽는 자조적인 유머가 자주 눈에 띈다. 물론 그 공부의 종류는 확연히 다르다.

여러분도 이제부터 소개하는 시험 문제들을 한번 풀어 보시길 바란다. 같은 과목의 시험이라도 IB와 IGCSE가 평가하는 능력과 우리 대입시험이 평가하는 능력이 어떻게 다른지, 그리고 이 시험을 준비하는 학생들이 어떻게 다른 종류의 공부를 하고 어떻게 다른 종류의 능력을 기르고 있는지 실감이 날 것이다.

새로운 시험
12 – 국어

앞서도 이야기했듯이, IB와 IGCSE에는 모국어로서의 한국어 과목이 있다. 우리의 국어 과목인 셈이다. 참고로, 외국어로서의 한국어 과목도 따로 개설되어 있다.

IB의 한국어 과목으로는 '한국 문학' 과목과 '한국어와 한국 문학' 과목이 있어 둘 중 선택할 수 있다. 1차 시험지는 문학 작품이나 신문 기사, 편지글 등 같은 지문을 읽고 푸는 문제들이고, 2차 시험지는 지문이 따로 없는 문제들이다.

IGCSE의 한국어 과목은 한 종류이고, 1차 시험지는 '읽기', 2차 시험지는 '쓰기'다. IB와 마찬가지로 지문은 1차 시험지에만 나온다.

여기에는 IB '한국 문학' 과목의 1차, 2차 시험지, IB '한국어와 한국 문학' 과목의 2차 시험지, IGCSE의 1차, 2차 시험지를 실었다. 지면 관계상 지문은 중략하고 일부만 실었다. 하지만 문제의 성격과 특징을 파악하는 데는 별 무리가 없을 것이다. 또 이 지문들은 모두 이미 잘 알려진 작품들이라 인터넷을 통해 전문이나 줄거리를 쉽게 찾아볼 수 있을 것이다.

■ IB 한국 문학 시험 ■

【 1차 시험지 2015년 상반기 】　　　　• 시험 시간 : 2시간

다음 중 하나를 골라 문학적으로 해설하십시오.

지문1 하나코, 그것은 그들만의 암호였다. 한 여자를 지칭하기 위한 그들 사이의 암호. 한 여자가 있었다. 물론 그 여자에게도 이름이 있었다. 그 이름은 그들의 도시적 감성에는 그다지 매력적으로 다가오는 이름이 아니었다. 그렇다고 그 때문에 암호를 사용한 것은 아니다. 그리고 하나코 앞에서 그녀를 별명으로 부른 적도 없다.

(……)

그들의 관심을 끈 것은 말이 없던 그녀보다는 가끔 재치 있는 농담도 하고, 모든 대화에서 오호! 하는 감탄사까지 유발시키는 발언을 나직나직한 목소리로 할 줄 아는 하나코였다.

- 최윤 「하나코는 없다」

입 속의 검은 잎

택시 운전사는 어두운 창밖으로 고개를 내밀어

이따금 고함을 친다, 그때마다 새들이 날아간다

이곳은 처음 지나는 벌판과 황혼,

나는 한 번도 만난 적 없는 그를 생각한다

(……)

이곳은 처음 지나는 벌판과 황혼,

내 입 속에 악착같이 매달린 검은 잎이 나는 두렵다

– 기형도

【 2차 시험지 2013년 하반기 】　　　　　• 시험 시간 : 2시간

다음 문제 중 하나를 골라, 수업 중에 공부한 작품들 중 적어도 두 작품을 토대로 답하십시오. 두 작품을 비교·분석하십시오. 수업 중에 공부한 작품들에서 적어도 두 작품을 토대로 하지 않은 경우에는 높은 점수를 받을 수 없습니다.

《장편소설》

문제　문체는 주제와 긴밀한 연관성을 가진다. 공부했던 두 작품 이상의 장편소설들을 토대로 문체가 주제를 드러내는 데 어떠한 역할을 하고 독자에게 미치는 효과는 어떠한지 비교와 대조를 통해서 논하십시오.

문제 공부했던 두 작품 이상의 장편소설들에서 구성의 방식이 독자에게 미치는 효과는 어떠한지 논하십시오.

《중단편소설》

문제 공부했던 최소한 두 작가의 중단편소설들을 예로 들어, 계절적 배경이 가지는 효과에 대해 비교와 대조를 통해서 논하십시오.

문제 등장인물의 성격이 작품에 어떻게 드러나 있으며 그것이 가지는 효과에 대해 공부했던 최소한 두 작가의 중단편소설들을 예로 들어, 비교와 대조를 통해서 논하십시오.

《시》

문제 공부했던 둘 이상의 시인들의 시에서 화자가 시의 분위기를 전달하기 위해 사용한 감각적심상의 특징을 비교와 대조를 통해서 논하십시오.

문제 실제로 경험하지 않은 형상이나 사물에 대해 마음속으로 그려보는 힘을 상상력이라 한다. 공부했던 둘 이상의 시인들의 시에서 시인의 독특한 상상력이 발휘되었다고 생각되는 부분을 찾고, 그것이 가지는 효과에 대해 비교와 대조를 통해서 설명하십시오.

《희곡》

문제 주인공의 성격이 사건 전개의 필연성과 어떠한 관계가 있는지 공부했던 두 작품 이상의 희곡을 토대로 비교와 대조를 사용해서 논하십시오.

문제 공부했던 두 작품 이상의 희곡에서 배우가 홀로 관객에게 하는 대화의 일종인 독백과 방백의 효과에 대해 비교와 대조를 통해서 논하십시오.

《수필》

문제 전제와 가정이 독자를 설득하는 데 얼마나 효과적으로 사용되었는지 공부했던 수필들 중 최소한 두 작가의 작품을 예로 들어 비교, 대조하십시오.

문제 수필에서 사용된 문체와 내용의 부합성과 그것이 가지는 효과에 대해 공부했던 수필 중 최소한 두 작가의 작품을 예로 들어 비교와 대조를 통해서 논하십시오.

【 2차 시험지 2013년 하반기 】　　　　• 시험 시간 : 2시간

다음 중 하나만 골라 답하십시오. 수업 중에 공부한 작품들 중 적어도 두 작품을 참고해서 써야 합니다. 적어도 두 작품을 논하지 않은 답은 높은 점수를 받을 수 없습니다. 여러분이 각각의 작품을 읽을 때 글의 언어, 맥락, 구조가 어떻게 도움이 되었는지 다루어져야 합니다.

문제 문학가들이 글을 쓰는 이유에는 어떠한 것들이 있다고 생각합니까? 여러분이 공부한 작품들 중 적어도 두 작품을 참조해서 쓰십시오.

문제 문학 작품에는 직유법, 은유법, 의인법, 과장법 등 다양한 수사법이 사용됩니다. 여러분이 공부한 작품들 중 적어도 두 작품을 참조하여 수사법이 사용되는 효과에 대해 논하십시오.

문제 모든 사람들처럼 문학가들도 서로 상반되는 가치관을 지니고 있을 수 있고 이러한 가치관이 그들의 작품에 나타나기도 합니다. 적어도 두 명 이상의 문학가의 상반되는 가치관을 그들의 작품에 반영된 대로 서술하고 여러분은 어느 입장에 동의하는지 논하십시오.

문제 시대별로 각기 다른 사회적 혹은 문화적 맥락에 따라 다양한 문예사조가 나타납니다. 각 상황이 어떻게 문학 사조에 반영되었는

지 여러분이 공부한 작품들 중 적어도 두 작품을 참조해서 쓰십시오.

문제 독특한 문체와 개성 있는 언어 표현은 독자에게 재미와 감동을 주는 요소입니다. 여러분이 공부한 작품들 중 적어도 두 명 이상의 문학가의 작품을 참조해서 이러한 요소들이 어떻게 나타났는지 쓰십시오.

문제 여러분이 공부한 작품들 중 적어도 두 작품을 참조해서 아름다움의 가치와 태도가 어떻게 표현되었는지 논하십시오.

▪ IGCSE 한국어 시험

【 1차 시험지-읽기 2013년 하반기 】　　　　• 시험 시간 : 2시간

다음 글은 법정 스님의 수필 「무소유」 가운데 일부입니다.

지문1 사실, 이 세상에 처음 태어날 때 나는 아무것도 갖고 오지 않았다. 살 만큼 살다가 이 지상의 적에서 사라져 갈 때에도 빈 손으로 갈 것이다. 그런데 살다 보니 이것저것 내 몫이 생기게 된 것이다. 물론 일상에 소용되는 물건들이라고 할 수도 있다. 그러나 없어서는 안 될 정도로 꼭 긴요한 것들만일까? 살펴볼수록 없어도 좋을 만한

것들이 적지 않다.

(······)

크게 버리는 사람만이 크게 얻을 수 있다는 말이 있다. 물건으로 인해 마음을 상하고 있는 사람들에게는 한 번쯤 생각해 볼 말씀이다. 아무것도 갖지 않을 때 비로소 온 세상을 차지하게 된다는 것은 무소유의 역리이니까.

지문1 을 읽고 다음 질문에 모두 답하십시오. 답을 쓸 때는 가급적 지문의 내용을 그대로 옮겨 쓰지 말고 '자신의 문장으로' 쓰십시오.

문제 첫 단락에서 '세상에 소속됨'을 뜻하는 구절을 찾아 쓰십시오.

문제 14~15줄에서 '그 애들'이란 누구인지 쓰고 본문에서 이와 같은 비유법을 사용한 구절 두 가지를 찾아 쓰십시오.

문제 글쓴이가 난초를 소유하게 됨으로써 얻게 된 기쁨은 무엇이었는지 설명하십시오.

문제 26줄에서 '햇빛이 돌연 원망스러워'진 까닭은 무엇인지 설명하십시오.

문제 53줄에서 간디는 왜 '소유가 범죄처럼 생각된다'고 했는지 설명하십시오.

문제 본문에서 난을 통해 글쓴이가 배운 '소유'의 부정적 측면은 무엇인지 설명하십시오.

다음은 계용묵의 단편 소설 「백치 아다다」 중 일부입니다. 전 남편과 시부모에게 버림받은 아다다는 날품팔이 노총각 수롱과 함께 섬으로 와서 새살림을 시작합니다.

지문2 벙어리인 아다다가 흡족할 이치는 없었지만, 돈으로 사지 아니하고는 아내라는 것을 얻어 볼 수 없는 처지였다. 그저 생기는 아내는 벙어리였어도 족했다. 그저 자기의 하는 일이나 도와 주고, 아들 딸이나 낳아 주었으면 자기는 더 바랄 것이 없었다.

(……)

수롱이는, 무슨 말인지를 하려고는 하나, 너무도 기에 차서 말이 되지를 않는 듯 입만 너불거리다가 아다다가 움찍하는 것을 보더니, 아직도 살았느냐는 듯이 번개같이 쫓아 내려가 다시 한 번 발길로 제겼다. "폭!" 하는 소리와 같이 아다다는 경사진 언덕을 떨어져 덜덜 덜 굴러서 물 속으로 잠긴다.

지문1 과 지문2 를 읽고 다음 질문에 모두 답하십시오.

문제 두 글의 주제에 나타나는 공통점과 차이점을 찾아 쓰십시오.

문제 두 글은 형식이 다릅니다. 두 글에서 이야기를 전달하는 방식이 어떻게 다른지 쓰십시오.

두 글에서 소유에 대한 부정적인 측면 혹은 무소유의 긍정적 측면이 어떻게 표현되었는지 쓰십시오.

【 2차 시험지─쓰기 2015년 상반기 】 • 시험 시간 : 2시간

두 가지 주제를 골라 각각 350~500단어로 쓰십시오.《토론과 주장》에서 하나,《묘사와 서술》에서 하나를 고르십시오.

《토론과 주장》

'인간은 마음이 평화로운 종족이다'라는 말에 대해 어떻게 생각하는지 논하십시오.

한국에서 이중국적자의 경우 병역의무를 지지 않기 위해 한국 국적을 포기하는 사람들이 있습니다. 이는 자신의 행복을 추구하기 위한 개인적 결정이므로 무조건 나쁘다고 할 수 없다는 주장이 있습니다. 이에 대해 찬반의 근거를 들어 논하십시오.

'독재가 항상 나쁜 것은 아니다'라는 말에 동의합니까? 반대합니까? 논하십시오.

'오르지 못할 나무는 쳐다보지도 마라'와 '내 사전에 불가능이란 없다'는 말은 서로 반대의 뜻을 가지고 있는 표현입니다. 어떤 말에 동의하는지 근거를 들어 논하십시오.

《묘사와 서술》

문제 오늘은 내 생일입니다. 친구들이 장난으로 내 눈을 가리고 어떤 곳으로 나를 데려갑니다. 촉각, 후각(냄새), 미각, 청각 등을 통한 느낌을 사용해서 그곳이 어떤 장소인지 묘사해 보십시오.

문제 사악한 인물 또는 친절하고 신뢰가 가는 인물(실제 또는 가상 인물) 중에서 하나를 골라 그 사람의 신체적 특징과 습관 등에 중점을 두어 묘사하십시오.

문제 '놓친 기회'라는 주제로 이야기를 만들어 보십시오.

문제 지금 미스터리 스릴러 소설을 쓰려고 합니다. 배경은 아주 오래된 건물입니다. 시간은 밤. 갑자기 불이 나가고 누군가 뛰어가는 발소리가 들립니다. 이 부분이 소설의 중요한 부분이 되게 이야기를 만들어 보십시오.

■ 우리 말과 글의 본질에 더 가까이 ■

어떤가. 우리나라의 국어 과목 시험 문제와는 근본적으로 다르다는 사실이 한눈에 느껴질 것이다.

IGCSE 한국어 1차 시험지의 지침 '답을 쓸 때는 가급적 지문의 내용을 그대로 옮겨 쓰지 말고 자신의 문장으로 쓰십시오'는 이 문제들의 특징을 잘 나타낸다. 언뜻 권장사항처럼 보이지만, 사실상 본문의 표현을 그대로 쓰는 것은 감점 대상이 된다. 이 시험 문제들은 학생들에게 자신의 생각을 자신의 언어로 표현하도록 요구한다. 문제를 풀기 위해 학생들은 이렇게도 생각해 보고 저렇게도 생각해 보게 된다. 스스로 생각하는 힘을 발휘해야 하는 것이다.

수능 국어영역은 모두 객관식 문제일뿐더러, 그마저도 변별력을 높인다는 이유로 지나치게 꼬여 있다. 어느 작가가 수능에 자신의 작품이 실린 것을 보고 직접 문제를 풀어 보았다가 정답을 맞히지 못했다는 웃지 못할 일화도 전해 온다. 내신시험에는 주관식 문제가 있긴 하지만 대부분 단답형이고, 정답과 글자 하나만 달라도 오답이 된다.

IB와 IGCSE의 시험 문제에서는 그런 일이 벌어지지 않는다. 딱 하나의 정답만 강요하지도 않거니와, 비교적 정답이 단순하고 분명한 문제라 해도 자신이 생각하는 다른 정답을 독창적이고 설득력 있게 제시한다면 충분히 점수를 받을 수 있다.

이러한 종류의 시험 문제에 대비하는 학생들은 어떤 방식으로 공부할까? 평소 문학 작품을 깊이 있게 분석하고 적극적으로 해석하는 것이 필수다. 그리고 작품을 감상하는 것을 넘어, 스스로 작품을 쓰는 경험을 해야 한다.

학생들은 특정한 교과서만 보지 않는다. IB 한국어 과목의 경우, IB 본부가 수업 중에 활용할 수 있는 수많은 문학 작품의 목록을 소설, 시, 희곡, 수필 등 장르별로 제공한다. 교사는 그중에서 직접 선택한 작품들을 수업 시간에 다룬다. 학생들은 시험을 볼 때 교사가 선택한 이 작품들을 토대로 답안을 작성해야 한다. 그래서 IB 시험지에 '수업 중에 공부한 작품들 중 적어도 두 작품'을 바탕으로 답하라는 지침이 있는 것이다.

내가 이 시험 문제들을 보여 준 주변 사람들 중에 유명 대학 국문과를 나온 지인이 있다. 그는 국문과 전공 수업에서조차 교수의 해석을 받아들이거나 주요 비평가의 이론을 암기해야 하는 일이 태반이었다면서, 이렇게 생각을 유도하는 수업을 청소년기부터 받았다면 공부가 훨씬 즐거웠을 것이라고 아쉬워했다.

우리가 직접 개발한 시험 문제보다 외국 기관이 만든 시험 문제가 더 우리 말과 글의 본질에 가까이 있다는 것. 너무도 아이러니하면서 민망하기 짝이 없는 사실이 아닌가.

13 새로운 시험
– 역사

IB 역사 과목은 우리나라처럼 한국사, 세계사, 동아시아사, 이런 식으로 나뉘어 있지 않고 하나의 과목으로 되어 있다. 대신 시험에서는 자신이 배운 범위나 선호하는 범위의 문제를 선택해서 답할 수 있다.

2017년부터 IB 역사 시험의 일부 구성이 바뀌어 출제될 예정이다. 2016년까지는 먼저 '유럽·이슬람사'와 '20세기 현대사' 중 한쪽의 시험지를 선택하도록 되어 있었는데, 이제는 '역사'라는 하나의 시험지로 통합되었다. 지문이나 문제의 형태에서는 큰 변화 없이 이전과 거의 동일하다.

IB 본부는 학생들이 새로운 형식에 적응할 수 있도록 샘플 시험지를 공개했다. 이 샘플 시험지의 1차 시험지와 2차 시험지를 소개한다. 1차 시험지는 '군 지휘자', '정복과 그 영향', '세계대전으로의 움직임', '시민권과 저항', '충돌과 개입' 이렇게 다섯 개의 주제 중 하나를 골라 답하는 방식인데, 여기에는 '세계대전으로의 움직임'을 실었다.

학생의 판단에 따라, 각 대륙별 역사 중 하나에 집중된 3차 시험지를 추가로 선택해 풀 수 있다. 3차 시험지의 문제 형태는 2차 시험지와 비슷하다.

■ IB 역사 시험 ■

【 1차 시험지 2017년 샘플 】　　　　　• 시험 시간 : 1시간

주제 – 세계대전으로의 움직임

지문1 ~ 지문4 를 자세히 읽고 질문에 답하십시오. 지문과 질문들은 동아시아에서 일본의 팽창(1931~1941)에 관한 내용입니다.

지문1 **독일, 이탈리아, 일본이 1940년 9월 27일에 베를린에서 맺은 삼국동맹의 첫 세 조항**

(제1조) 일본은 독일과 이탈리아가 유럽의 새로운 질서 확립을 주도하는 것을 존중하고 이를 인정한다.

(제2조) 독일과 이탈리아는 일본이 대동아 공영권 확립을 주도하는

것을 존중하고 이를 인정한다.

(제3조) 일본, 독일, 이탈리아는 가능한 한 위에서 언급한 정책에 협력하는 것에 합의한다. 또한 만약 동맹국이 유럽에서의 전쟁 또는 일본과 중국 간의 분쟁에 참가하지 않은 국가로부터 공격받을 경우, 동맹국은 모든 정치적, 경제적, 군사적 수단을 동원하여 지원해야 한다.

[지문2] 이리에 아키라가 쓴 『태평양전쟁의 기원』(1987) 중에서

1940년 9월까지 영국은 미국의 지원이 지속될 것을 확신할 수 있었고, 미국은 이미 일본에 대해 억류 조치를 시행하고 있었다. 이러한 분위기에서 일본, 독일, 이탈리아 사이의 조약이 미국의 저항을 완화시킬 가능성은 없어 보였다. 오히려 그 조약은 미국이 확고하게 버티겠다는 결심을 굳히는 계기가 된 것으로 보였다. 이것이 정확한 역사적 사실이다.

일본과 독일의 협상가들은 미국과 영국 간의 연대가 형성되고 있음을 충분히 인지하고 있었고, 그래서 자신들의 조약이 미국의 개입 효과를 감소시키길 바랐다. 당시 일본의 외무상이었던 마츠오카가 설명했듯, 미국이 유럽뿐 아니라 아시아 태평양의 사안들에도 서서히 개입하는 것은 점차 분명해지고 있었다. 그것은 대서양의 영국인들은 물론이고 아태 지역의 영연방까지 결속시키고 있었다.

실제로 미국은 대서양, 캐나다, 유럽, 그리고 아태 지역에서의 영향력으로 자신만의 국제적 세력을 구축하게 된다. 그 결과 일본이 맞

서 싸울 준비를 해야 할 미국 주도의 연합이 형성된다. 또한 중국은 더 이상 고립되지 않고, 소련과 영국 그리고 특히 미국으로부터 지원을 받게 된다.

지문3 이언 커쇼가 쓴 『운명적 선택: 1940~1941 세계를 바꾼 10가지 의사결정』(2007) 중에서

미국의 반응은 삼국동맹조약이 충돌을 억제할 것이라는 마츠오카의 주장이 터무니없음을 바로 드러냈다. 미국은 일본에 대해 극동 지역에서 전쟁을 일삼고 약소국을 괴롭히며 제국주의적 폭력을 휘두르는 아시아판 나치이므로 멈춰 세워야 하는 존재로 인식하고 있음이 또 한 번 분명해졌다.

미국의 그러한 관점은 1940년 9월 23일 일본이 프랑스령 인도차이나를 침공함으로써 더 확고해졌다. 일본의 입장에서 삼국동맹조약의 본질적 목적은, 일본이 남쪽으로 진군하는 것을 막으려 미국이 개입하려는 것을 단념시키는 데 있었다. 이 진군은 원자재를 통제하여 미래의 경제적 정치적 안위를 확고히 하기 위한 것이었다.

이 조약은 도박이었다. 만약 미국이 일본의 목적을 미국을 단념시키는 것이 아니라 미국을 도발하는 것으로 보았다면 어떻게 되었을까? 그리고 그 결과 미국이 원유 공급선을 공격해 일본의 팽창을 막겠다는 결정을 굳혔다면 어떻게 되었을까? 하지만 당시 일본의 입장에서는 도박을 해야만 했다. 도박을 하는 것은 매우 위험했지만 또

엄청난 보상의 가능성도 있었다. 도박을 하지 않는다는 것은 미국의 힘이 장기적으로 우위에 서는 것을 의미했다. 그것은 또한 중국에서의 전쟁이 허사로 돌아간다는 것을 의미했다. 그런 상황에서 신중함보다 대담함이 우선시되었다.

지문4 헤럴드 믹 암스트롱이 1940년 호주 신문 《아르고스 The Argus》에 실은 만평. 대동아 신질서 건설을 내세운 일본을 풍자함.

문제

(1) 지문2 에 의하면 삼국동맹조약의 체결이 영국에 어떠한 효과를 미쳤습니까?

(2) 지문4 에 의해 전달된 메시지는 무엇입니까?

문제 삼국동맹조약(1940년 9월)을 연구하는 역사가를 위해, 삼국동맹조약의 내용, 목적, 유래를 참고해 지문1 의 가치와 한계를 분석하십시오.

문제 지문2 와 지문3 이 삼국동맹조약의 중요성에 대해 어떠한 점을 이야기하고 있는지 비교·대조하십시오.

문제 당신이 가진 지식과 앞에 제시된 지문들을 이용해 삼국동맹조약이 1941년까지 일본, 중국, 미국에 야기한 결과를 평가하십시오.

【 2차 시험지 2017년 샘플 】

• 시험 시간 : 1시간

각기 다른 주제에서 한 문제씩 모두 두 문제를 골라 답하십시오. 여기서 '지역'이라는 단어는 유럽, 아시아—태평양, 아메리카, 아프리카 및 중동, 이렇게 네 지역을 의미합니다.

《사회 및 경제(AD 750~1400)》

문제 사회 경제적 변화의 원인으로서 기근과 질병이 가진 중요성을 평가하십시오.

문제 한 종교를 예로 들어 통치자와 종교지도자 간의 분쟁 원인을 분석하십시오.

《왕조와 통치자(AD 750~1500)》

문제 중세 시대 통치자 한 명을 예로 들어 그 통치자가 자신의 통치를 확장하고 공고히 하기 위한 수단으로서 비군사적 방법이 가진 중요성을 평가하십시오.

문제 중세 시대 지도자 두 명을 예로 들어 그들의 통치가 얼마나 성공적이었는지 분석하십시오.

《근대 전쟁들의 원인과 결과(AD 1500~1750)》

문제 각기 다른 지역에서 근대 전쟁 두 가지를 예로 들어 단기적 원인을 비교·대조하십시오.

문제 근대 전쟁 하나를 예로 들어 용병의 역할과 중요성을 분석하십시오.

《산업화의 유래, 발달, 영향(AD 1750~2005)》

문제 "천연자원의 가용성이 산업화의 가장 중요한 원인이었다." 각기 다른 지역에서 두 국가를 예로 들어 이 말에 얼마나 동의하는지 논하십시오.

문제 한 국가를 예로 들어 산업화가 삶의 수준과 근로 조건에 미친 영향을 분석하십시오.

《민주 국가의 진화와 발달(AD 1848~2000)》

문제 각기 다른 지역에서 두 국가를 예로 들어 민주적 개혁에 대한 요구를 촉진했던 조건들을 비교·대조하십시오.

문제 "민주주의 국가의 정부 정책들은 부의 분배에 거의 영향을 미치지 않는다." 이 말에 어느 정도나 동의하는지 논하십시오.

《냉전: 초강대국들의 긴장과 대립(20세기)》

문제 1947~1964년에 미국의 봉쇄 정책이 초강대국들의 관계에 미친 영향을 분석하십시오.

문제 각기 다른 지역에서 두 개의 위기를 예로 들고 그것이 냉전 과정에 미친 영향을 분석하십시오.

■ 당신의 역사적 관점은 무엇인가? ■

이 중 어떠한 문제도 하나의 정답이 정해져 있지 않다. 좋은 점수를 받기 위해서는 반드시 자신의 관점과 그것을 뒷받침할 타당한 논거를 제시해야 한다. 암기해 둔 역사적 사실만 줄줄 나열하면 부분 점수는 받을 수 있을지언정 결코 고득점은 받을 수 없다.

이 시험 문제들은 그 자체만으로도 스스로 생각하도록 만든다. 2차 시험지에서 '민주주의 국가의 정부 정책들은 부의 분배에 거의 영향을 미치지 않는다'라는 말에 동의하는지 묻는 문제를 보라. 평소 민주주의 체제가 당연히 가장 우월하다고 여기는 학생들에게 민주주의의 불완전성을 고민해 보게 하고 정부도 얼마든지 비판할 수 있는 대상으로 인식하게 한다.

또한 이 시험 문제들은 역사 교육이 어떻게 이루어져야 하는지 유의미한 시사점을 준다. IB 역사 시험지에 실리는 지문들은 책, 신문, 국제조약문, 그리고 만평이나 명화까지 다양하기 때문에 지문들에서 이미 여러 해석과 주장이 등장한다. 지문들만 살펴보아도 국정교과서와 검인정교과서의 프레임이 무색해진다.

2016년에 치러진 수능에서 한국사영역을 보면 20개의 문제들 모두가 특정한 역사적 사실을 묻고 있다. 관점이나 해석을 묻는 문제는 단 하나도 없다. 사회탐구영역에 속하는 세계사 문제나 동아시아 문제도 마찬가지다. 앞에서 본 시험 문제들과 비교해 보면 극과 극이다.

우리나라 학생들에게 암기의 최정점에 있는 과목이 바로 역사 과목이다. 나는 학창 시절 역사 과목을 무척 좋아해서 많은 시간을 역사 공부에 쏟았지만, 역사적 사실들을 암기하는 데 열중했을 뿐 나의 역사적 관점을 기르는 시간은 단 한 순간도 갖지 못했다. 그동안 대입시험 방식이 여러 번 바뀌었지만, 학생들의 역사 공부 방식은 별로 바뀐 것이 없다. 지금은 나의 중학생 아들이 열심히 역사적 사실들을 암기하고 있다.

IB 역사 과목의 교과과정은 기본적으로 한 학기에 걸쳐 내내 한 가지 사건을 집중적으로 탐구하는 것이다. 실제로 어느 IB 학교에서 한 학기 동안 역사 수업이 어떻게 운영되었는지 보자. 담당 교사가 잡은 주제는 제2차 세계대전이었다. 이 전쟁이 발생한 원인을 탐구하기 위해 학생들은 그 시대의 경제적 배경부터 국제관계적 배경까지, 심지어 문화·예술적 배경까지 모두 아우르면서 논의하고 프로젝트를 진행했다. 학생들의 프로젝트 중 하나는 히틀러가 잠들기 전 침대에서 읽던 책은 무엇일까, 히틀러가 전쟁이라는 결정을 내리는 데 어떤 책이나 매체가 영향을 미쳤을까 하는 질문을 던졌고, 이에 따라 당시의 베스트셀러를 조사하고 신문기사들을 분석했다.

이렇게 공부한 학생들은 앞의 시험 문제들을 보고 오히려 신이 날 것이다. 언제까지 우리 학생들에게는 역사 과목이 지루한 암기 과목으로 남아 있어야 할까?

14 새로운 시험
– 과학

    IB 교육과정에서 과학 과목에 속하는 것으로는 생물, 화학, 물리, 컴퓨터과학, 디자인기술, 스포츠 운동 건강학이 있다. 과목이 나뉘어 있는 만큼 각 과목별로 시험지도 다 다르지만 시험 문제의 형태나 구성은 똑같다.

    IB 과학 시험에는 특이하게도 객관식 문제가 등장한다. 1차 시험지가 4지선다형 객관식 문제 40개로 이루어져 있고 이를 한 시간 동안 풀어야 한다. 아무래도 과학 과목의 특성상 기본적인 개념이나 이론을 숙지해 두지 않으면 이해가 힘들기 때문인 것으로 보인다. 하지만 1차 시험지 외에 나머지 시험지는 역시나 서술형이다.

    과학 과목들 중 어떤 것의 시험 문제를 이 책에 소개해야 할지 많이 고민되었다. 국어 과목이나 역사 과목은 누구나 어느 정도 문제의 내용을 이해할 수 있지만, 과학 과목은 전공자가 아닌 사람들에게는 문제 자체가 무슨 외계어처럼 느껴질 수도 있으니 말이다.

아무래도 생물, 그중에서도 진화학과 행동학이 그러한 장벽이 덜한 분야라고 판단했다. 그래서 생물 과목 3차 시험지에서 이 분야와 관련된 문제들을 골라 소개한다. 2차 시험지는 공통 사항이고, 3차 시험지는 선택 사항이며 여러 주제 중 하나를 고르는 방식이다. 문제 형태는 2차 시험지나 3차 시험지나 큰 차이가 없다.

▪ IB 생물 시험 ▪

【 3차 시험지 2014년 상반기 】   • 시험 시간 : 1시간 15분

주제 - 진화학

각 문제에 있는 모든 질문에 답하십시오.

문제 진화협곡은 이스라엘의 카멜 산 근처의 가파른 바위 계곡이다. 협곡의 북향 비탈과 남향 비탈에 노랑초파리 개체군이 분포하고 있다. 노랑초파리는 물 부족에 예민해서 건조해지면 죽는다.

협곡의 북향 비탈과 남향 비탈에서 노랑초파리 20마리를 채집했

다. 그리고 이 20마리를 동일한 물 부족 조건에 노출시키고 성충의
수명(시간)을 측정했다.

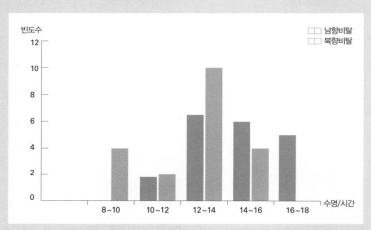

Korol et al. (2006) 'Drosophila fl ies in "Evolution Canyon" as a model for incipient sympatric speciation'. PNAS, 103 (48), pp. 18184–18189. Figure 1. Copyright 2006 National Academy of Sciences USA

(1) 북향 비탈과 남향 비탈의 데이터를 비교하십시오.

(2) 유전적 요인들은 노랑초파리가 건조함에 버티는 내성에 영향을
미칩니다. 어느 쪽 비탈이 더 건조한 기후인지 근거를 제시해 추론하
십시오.

(3) 두 비탈의 개체집단이 두 종으로 진화할 수 있는지 논하십시오.

문제

(1–1) '반감기'를 정의하십시오.

(1–2) 방사성칼륨(^{40}K)을 이용해 화석과 바위의 연대를 추정하는

방법을 서술하십시오.

(2-1) 노랑초파리에서 긴 날개의 대립형질유전자는 짧은 날개(날개 흔적)의 대립형질유전자에 대해 우성입니다. 실험실에 있는 200마리 중 긴 날개인 것이 168마리입니다. 하디-바인베르크 방정식을 통해 이 특징의 이형접합체가 될 초파리의 비율을 계산하십시오. 풀이과 정도 제시하십시오.

(2-2) 하디-바인베르크 법칙을 이용해 대립형질 빈도를 계산할 때 전제하는 두 가지의 가정을 서술하십시오.

(3) '계통군'을 정의하십시오.

문제 진핵생물의 기원에 대해 세포내 공생설을 설명하고 그 근거를 제시하십시오.

주제 - 신경생물학과 행동학

각 문제에 있는 모든 질문에 답하십시오.

문제 꿀벌은 꽃에서 꿀을 채집한다. 꿀이 있는 꽃을 발견하고 꽃과 꽃 사이를 효율적으로 이동하며 자신의 군락집단으로 가급적 빨리 귀환한다. 먹이를 찾는 일벌은 2주 정도 꿀을 따는 일을 한 후 대부분 죽는다.

　캐나다 남부 온타리오에서 이루어진 한 연구에서, 꿀 채집을 시작
하지 않은 38마리의 일벌들을 표시해 두었다. 그리고 이 일벌들이 비
행을 마치고 군락집단으로 돌아오자마자 각각 채집한 꿀의 양을 측
정했다. 측정은 12일 동안 이루어졌다.

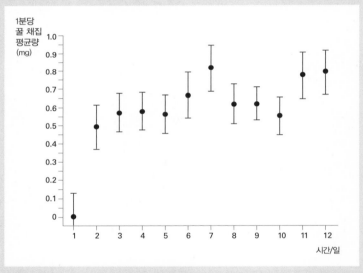

Adapted from M. Schippers et al. (2006) 'Lifetime performance in foraging honeybees: behaviour and physiology', Journal ofExperimental Biology, 209, pp. 3828–3836. Reproduced with permission of Company of Biologists Ltd via Copyright Clearance Center.

(1) 주어진 단위를 사용해 6일째와 7일째의 꿀 채집 평균량의 차이

를 비교·서술하십시오.

(2) 주어진 데이터를 근거로 하여 '1일에 꿀 채집을 시작한 이후 12

일 동안 꿀 채집 평균량은 증가한다'는 가설을 검증하십시오.

(3) 매일매일의 꿀 채집 평균 비율에 등락이 있는 이유를 추측해 보십시오.

문제

(1) 소리가 어떻게 귀에서 들리는지 설명하십시오.

(2-1) 간상세포와 원추세포가 기능하는 방식에서 두 가지 차이점을 기술하십시오.

(2-2) 밝은 빛에서 동공의 반사작용을 설명하십시오.

문제 새의 노랫소리가 발달하는 과정을 서술하십시오.

▪ 실제로 과학자들이 사고하는 방식대로 ▪

정답을 암기하는 대신 스스로 생각하는 힘을 기르는 교육이 필요하다고 하면, 국어나 역사 같은 소위 문과 쪽 과목들에 대해서는 많은 사람들이 공감하는 편이다. 그런데 이와 달리 과학 과목은 이미 정답이 다 나와 있지 않느냐는 반문이 나온다.

2015년 KBS 「명견만리」에 출연한 적이 있다. 제작진들은 『서울대에서 누가 A+를 받는가』의 연구 결과를 재현해 영상으로 내보내고 싶다고 했다. 나는 촬영팀과 오랜만에 서울대 관악 캠퍼스를 방문해 학생들을 인터뷰했다. 그때 이공계의 최우등생들은 "자연과학에는 정답이 정해져 있잖아요. 그런데 굳이 비판적으로 다른 생각을 해야 할 필요가 있나요?"라고 말했다. 몇 년 전 내가 심층연구 과정에서 들었던 말과 전혀 달라진 것이 없었다.

학생들은 일찍부터 과학에서도 정답을 강요받는다. 내가 미국에서 연구하는 동안 함께 있었던 둘째 아이가 귀국 후 집 근처 학교를 한 달 정도 다니더니 이렇게 말했다.

"엄마, 여기 학교에는 왜 그렇게 망한 실험이 많아요?"

둘째 아이네 반에서 과학 시간에 실험을 했다고 한다. 보라색이 나올 것으로 예상되는 실험이었다. 그런데 실험 결과 엉뚱한 색이 나왔다. 아이들은 "망했다"라며 당황해했다. 그러더니 보고서에는 실험이 제대로 이루어졌고 그 결과 보라색이 나왔다고 거짓으로 썼다. 둘째 아이는 고개를 갸우뚱했다.

"다른 결과가 나온 이유를 찾아내면 되는 거 아닌가……. 다른 결과가 나왔다고 왜 망한 실험이지?"

아이들은 왜 '망한' 실험이라고 말했을까? 정답을 맞히지 못하면 안 된다는 강박 때문이었을 것이다. 정답을 벗어난 실험 결과로부터 새로운 과학적 사실을 알아낼 수도 있다는 가능성은 아예 떠올리지 못했을 것이다.

과학 분야에서는 기본 지식들을 어느 정도 숙지해야 할 필요성이 좀 더 크긴 하다. 그래서 IB 과학 시험에도 객관식 문제가 있다. 하지만 그렇다고 대학에 가기 전까지는, 또는 대학원에 가기 전까지는 암기만 하면 된다? 이것은 학습의 특성을 오해한 생각이다.

학습은 위계적으로 이루어지는 것이 아니다. 수용적 학습이 선행되어야 비판적 창의적 학습이 가능한 것이 결코 아니다. 수용적 학습을 하다 보면 언젠가 비판적 창의적 학습을 해도 되는 시기가 오는 것이 아니라, 비판적 창의적 학습과 수용적 학습을 동시에 해야 하는 것이다.

스스로 생각하는 힘은 신체의 근육과 비슷한 면이 많다. 근육을 키우려면 영양분 섭취와 운동을 병행해야 하듯, 생각하는 힘을 키우려면 지식의 흡수와 생각하는 훈련을 병행해야 한다. 몸을 움직이지 않으면 근육이 퇴화하듯, 생각하는 연습을 지속하지 않으면 생각하는 힘이 퇴화된다.

앞에서 본 과학 시험 문제들의 출제 의도는 무엇일까? 학생들이 실제로 과학자처럼 분석적으로 사고하고 데이터를 해석할 수 있는지 판단하려는 것이다. 그래서 IB 과학 수업도 그러한 방향으로 이루어진다. 학생들은 실험과 현장학습을 하며 과학을 체험하고, 스스로 주제를 정해 과학 프로젝트를 수행한다. 이 과정에서 학생들은 끊임없이 생각하고 토론한다. 비교적 정답이 분명한 이론을 배울 때도, 교사는 학생들에게 정답을 알려 주고 외우게 하는 것이 아니라 학생들이 스스로 생각해 정답을 찾아가게 하는 안내자 역할을 한다.

만약 IB 과학 수업에서 실험을 하다가 예상을 벗어난 결과가 나왔다면? 학생들은 오히려 호기심을 불태우며 그 원인을 찾으려 할 것이다. 서로 자신의 추측을 이야기하고 다른 학생의 추측을 검토하느라 교실 안이 시끌벅적할 것이다. 그렇게 해서 타당한 해석을 보고서에 쓰면 높은 점수를 받을 것이다.

과학에는 아직도 끝없는 미지의 세계가 펼쳐져 있다. 그 세계에 들어가기 위한 가장 중요한 도구는 스스로 생각하는 힘이다. 그렇다면 시험에서도 바로 그 능력을 판단 기준으로 삼아야 하는 것은 너무도 당연한 사실이 아닌가.

15 새로운 시험
- 외국어

IB는 국제적으로 치러지는 시험인 만큼 외국어 과목도 그 종류가 굉장히 다양하다. 교육과정이 마련되어 있는 외국어 수가 무려 80개에 달하는데, 그중에는 한국어는 물론이고 라틴어와 고대 그리스어까지 있다. 외국어의 종류는 달라도 시험 문제의 형태나 구성은 모두 같다. 다만 영어는 250~400단어 분량을 써야 하고 한국어는 500~800자 분량으로 써야 하는 식으로, 언어와 문자의 특성에 따라 분량 기준을 조정하고 있다.

12장의 국어 시험과 비교해 보면, 외국어 시험의 특징을 잘 알 수 있다. 외국어 시험은 문학 작품에 대한 분석력이나 문학적 상상력보다는, 실제 생활에서 사용할 수 있는 언어 구사력을 평가하는 데 좀 더 초점이 맞추어져 있다.

1차 시험지에는 지문이 등장한다. 신문기사, 안내문, 인터뷰 등 실용적 성격이 강한 글로서, 시험용으로 따로 작성한 것이 아니라 모두 현실에서 실제로 발표되거나 사용된 것들이다. 2차 시험지의 문제들은 모두 서술형이다. 대체로 1차 시험지는 독해 능력, 2차 시험지는 쓰기 능력이 중심이다.

여기에는 외국어로서의 영어 과목 시험지를 번역해서 소개한다. 지면 관계로 1차 시험지는 싣지 않고 2차 시험지만 실었다.

이 시험에는 말하기 능력과 듣기 능력을 보는 문제는 없다. 대신 내신에서 말하기 능력과 듣기 능력을 평가한다. 학생이 교사가 지정한 두 가지 주제 중 하나를 골라 20분 동안 생각한 후, 교사에게 그 주제에 대해 설명하고 이어서 교사와 일대일로 자유롭게 토론과 대화를 나누는 방식이다.

■ IB 외국어 시험

【 2차 시험지 2015년 상반기 】　　　• 시험 시간 : 1시간 30분

다음의 문제들 중 하나를 골라 250~400단어 분량으로 글을 쓰십시오.

문제 **문화적 다양성**

당신은 주인공들이 서로 언어가 통하지 않는데 함께 협력해서 일하는 영화를 보았습니다. 그 캐릭터들이 서로 어떻게 소통을 하는지 기술하고 언어를 공유하는 것이 얼마나 필요한 일인지 고찰하는 내용을 교내 잡지 기고문의 형식으로 쓰십시오.

문제 **관습과 전통**

서로 다른 전통들을 되새기기 위해 시 의회가 전통복장을 입고 참여하는 파티를 개최합니다. 당신의 친구에게 당신이 어떤 의상을 선택했고 왜 그것을 선택했는지 기술하는 이메일을 쓰십시오.

문제 **건강**

우리 동네의 청년들이 보조식품(보디빌딩 보조식품, 다이어트 보조식품 등)에 너무 많이 의존하는 경향이 증가하고 있습니다. 이 문제에 대한 경각심을 불러일으키기 위해 교장선생님이 당신에게 교내 학우들 앞에서 연설해 줄 것을 요청했습니다. 이 문제의 심각성을 논하고 어떻게 극복할 것인지 제안하는 연설문을 쓰십시오.

문제 **여가**

당신의 학교 이사회는 오락을 통한 학습을 강조하는 대안적 교육 프로그램을 도입하려고 계획하고 있으며 학생들의 제안들을 새로운 프로그램에 반영하기를 원합니다. 새로운 프로그램에 대한 당신의

제안을 기술하고 학생들에게 어떠한 이점이 있는지 설명하는 제안
서를 작성하십시오.

문제 과학과 기술

최근 당신은 21세기에는 자연과학(화학, 생물학, 물리학 등)이 사회
과학(경제학, 역사학 등)만큼의 이로움을 주지 않는다고 주장하는 기
사를 읽었습니다. 그 주장에 대해 논하고 당신의 의견과 근거를 제시
하는 블로그 글을 쓰십시오.

다음에 제시된 글을 근거로 하여 여러분 자신의 의견을 쓰고 그 의견을
뒷받침하는 글을 150~250단어 분량으로 쓰십시오. 글의 양식은 수업
시간에 배운 어떤 것(편지, 일기, 논설문, 설명문, 연설문, 보도자료 등)이든
가능합니다.

문제 어떤 사람들은 행복이란 타인들이 나를 받아들여야 이루어진

다고 생각하는 반면, 어떤 사람들은 행복이란 우리가 우리 스스로를
받아들일 때 이루어진다고 주장한다.

▪ 시험용 외국어가 아닌, 진짜 외국어

이 시험 문제들이 평가하고자 하는 것은 쓰기 능력이다. 하지만 그 근간에는 역시나 스스로 생각하는 힘이 있음을 알 수 있다. 특정한 표현을 외운다고 답을 쓸 수 있는 문제들이 아니라 스스로 생각해야 답을 쓸 수 있는 문제들이다. 물론 그 답이라는 것도 하나로 정해져 있지 않다.

우리나라 국가교육과정에서는 초등학교 3학년 때 영어 수업이 시작된다. 초등학교 3학년부터 고등학교 3학년까지 10년 동안 영어를 배우는 것이다. 하지만 실제로는 영어 유치원, 영어 학습지 등을 통해 더 일찍부터 영어를 배운다. 이렇게 오랫동안 영어를 배운 학생들이 과연 앞의 시험 문제들을 보고 제대로 답할 수 있을까?

나의 둘째 아이는 미국 초등학교를 다니면서 영어를 원어민 수준으로 말하고 쓸 수 있게 되었다. 영어 과목에서 곧잘 A를 받기도 했다. 그러다 한국에 돌아와 다시 한국 학교를 들어갔다. 영어 과목만큼은 한시름 놓았다고 생각하고 있었는데 웬걸, 오히려 영어 과목에서 맥을 추지 못했다. 중학교에 입학한 다음에는 더더욱 힘들어했다. 정답인 영어 표현이 하나뿐이라는 것에 적응하지 못했다.

외국 생활 경험이 있는 다른 학부모들이 한국식 내신 영어 학원을 가야 한다고 충고했다. 둘째 아이 스스로도 답답했는지 그런 학원에 가고 싶다고 말했다. 그렇게 해서 내신성적 올려 준다고 소문 난 학원에 다녀온 첫날, 아이는 답답한 표정을 지었다.

"애들이 한마디도 안 해요. 선생님 말씀을 듣기만 하고, 그냥 암기한 거 시험 보고, 점수 잘 나올 때까지 재시험 보는 게 다예요."

IB 외국어 수업에서는 그 언어를 배우면서 문화부터 역사, 그리고 과학 기술까지 여러 주제를 다룬다. 학생들은 다양한 상황에서 쓰일 수 있는 표현들을 폭넓게 익히면서 실생활에서 이를 구사하는 연습을 한다. 시험을 위한 외국어가 아니라 실제로 사용하기 위한 외국어를 배우는 것이다.

우리나라의 영어 공부는 공교육에서 끝나지 않고 성인이 되어서도 이어진다. 그 비용을 다 합하면 어마어마한 수준이다. 하지만 그렇게 시간과 돈과 노력을 투자하고도 영어에 자신 있다는 사람은 드물다. 얼마나 비효율적인가.

초·중·고 12년을 넘어 대학생, 성인이 되어서도 계속 우리의 발목을 잡고 있는 영어. 유창하게 읽고 듣고 말하고 쓸 수 있는 실제 영어와는 거리가 먼 다른 종류의 한국식 영어. 대체 무엇을 위한, 누구를 위한 외국어 공부일까?

16 새로운 시험
- 미술

IB나 IGCSE에도 우리나라 교육과정의 예체능 과목과 비슷한 과목들이 있다. 여기에는 그중에서도 미술 과목의 시험 문제들을 소개한다. 편의상 미술 과목이라 표현하지만 IB는 '시각예술', IGCSE는 '예술과 디자인'이 실제 명칭이다.

미술 과목에는 '실기'라는 특수한 평가 영역이 있기 마련이다. 그래서 IB와 IGCSE의 미술 과목은 국어, 역사, 과학, 외국어 과목들과는 시험 방식이 사뭇 다르다. 앞에서 본 시험 문제들도 흥미롭지만 이제부터 볼 미술 과목 시험 문제들은 그보다도 좀 더 흥미로울 것이다.

시험 문제 자체는 짧은 편이므로 이번에는 부연 설명을 조금 길게 하도록 하겠다.

【 1차 시험지—일반 과제 2015년 상반기 】　　　• 시험 시간 : 8시간

다음 주제들 중 하나를 골라 작품을 완성하십시오.

(1) 헤어드라이어, 빗, 거울, 수건

(2) 파이프와 배관

(3) 변하는 시간들

(4) 구멍을 파고 있는 것처럼 삽을 들고 있는 모습

(5) 음영

(6) 직장에서

(7) 꽃과 잎이 달린 가지

(8) 은폐

(9) 유리 접시에 담겨 있는 조개들

(10) 당황하다

【 2차 시험지—디자인 과제 2015년 상반기 】　　　• 시험 시간 : 8시간

다음 중 하나를 골라 완성하십시오.

(1) 파충류나 조류 등 동물의 턱, 부리, 다리, 이빨, 발톱에 대해 분석하고, 이를 바탕으로 「간단히 한입」이라는 이름의 TV 자연 프로그램 시리즈를 위한 광고를 디자인하십시오.

(2) 십대를 겨냥해 '브러시 업'이라는 헤어 및 미용 제품을 위한 포장용품을 디자인하십시오. 자신의 빗, 손톱깎이, 가위, 면도기 등 관련 아이템들을 분석하고 이를 디자인의 시작점으로 삼으십시오.

(3) 다음 중 하나 이상을 시작점으로 삼아 자신만의 디자인 지침을 만드십시오. 작품 제작에는 어떠한 미술 재료도 사용 가능합니다.

〈이슬방울, 물방울, 액체 방울, 새는 것, 흐르는 것, 물웅덩이, 스프레이, 흐르는 개울, 소나기, 시내, 목욕, 수영장, 강, 폭우, 폭포, 호수, 연못, 바다, 대양〉

(4) 식물 형태를 직접 조사 · 분석하고, 이를 바탕으로 'Botanix'라는 글자를 디자인하십시오.

(5) 눈, 코, 입, 귀에 대해 분석하고, 이를 바탕으로 '마주 보기'라는 이름의 패션쇼를 위한 의상을 디자인하십시오.

(6) 손톱, 나사, 핀, 콘센트, 압정, 단추, 후크, 볼트, 너트 등의 사물들에 대해 분석하고, 이를 바탕으로 커다란 벽걸이 장식, 설치 미술, 광고판, 입간판 중 하나를 디자인하십시오.

(7) 직물, 공예품, 오브제에 대해 분석하고, 이를 바탕으로 '핸드메이드'라는 제목의 전시회에 포함될 전시품을 디자인하십시오.

(8) 고장 나거나 폐기된 컴퓨터 부품에 대해 분석하고, 이를 바탕으

로 정보통신 업체의 본사 사무실에 설치할 3차원 작품을 설계하십시오. 부조, 모빌, 설치미술, 조각상 등 어떤 형태든 가능합니다. 작품이 주변 환경과 어떤 방식으로 어우러지는지 보여 주십시오.

(9) 암석, 수정 등 광물질들에 대해 분석하고, 이를 바탕으로 '광산'이라는 이름의 가게에 둘 상품을 디자인하십시오.

1차 시험지는 필수 사항이다. 학생들에게 열 개의 주제가 제시되는데, 그 주제들은 전혀 통일성이 없다. 학생들은 '당황하다' 같은 형용사를 선택할 수도 있고, '직장에서' 같은 환경을 선택할 수도 있으며, '변하는 시간들' 같은 추상적 개념을 선택할 수도 있다. 이 주제들에 정답이 있을 리 없다. 주제 안에서 무엇을 그리든 무엇으로 그리든 자유롭게 정할 수 있다. 수채화나 유화를 그릴 수도 있고, 찰흙이나 지점토를 이용해 조소를 할 수도 있다.

2차 시험지는 선택 사항이다. 이 문제들은 '디자인 과제'라는 이름 그대로 디자인에 초점을 맞추고 있다. 1차 시험지의 주제들이 매우 포괄적이었던 데 비해 이 문제들은 좀 더 세세하게 지시하고 있다. 순수 미술은 창작자의 개인적 주관을 중시하지만 디자인은 사회적 맥락과 상업적 요소를 고려해야 하는 차이를 반영한 것이다.

1차 시험지와 2차 시험지의 내용은 실제 시험이 치러지기 수 개월 전에 미리 공개된다. 학생들은 다양한 아이디어를 발전시키면서 자신이 선택한 주제의 작품들을 만들어 본다. 여러 재료를 시도할 수도 있고, 어떤 한 가지 재료에만 집중할 수도 있다. 이렇게 해서 만들어진 작품들 중 몇 개를 골라 더욱 완성도를 높이는 작업을 한다. 시험날이 되면 그중 가장 자신 있는 작품을 다시 만들어 낸다. 시험 시간이 여덟 시간이나 되는데 하루 안에 치를 수도 있고 이틀로 나누어 치를 수도 있다.

2차 시험지 대신 3차 시험지나 4차 시험지를 선택할 수 있다. 3차 시험지 '비평 및 역사 과제'는 일종의 미술 비평으로, 예시가 되는 이미지들이 포함된 1,500~2,000단어 분량의 에세이를 제출해야 한다. 4차 시험지 '수업활동 과제'는 학기 중에 만든 작품을 제출해야 하는데, 특이한 점은 이 작품을 만들기까지의 과정을 정리한 포트폴리오도 함께 제출해야 한다는 것이다. 이 포트폴리오에는 작품의 의도와 컨셉, 특정 재료를 선택한 이유 등 작품에 대한 해설이 포함되어 있어야 하고, 학생이 작품을 만드는 모습을 찍은 사진도 실어야 한다.

■ IB 미술 시험   ▬

【 1부 – 비교연구 】

서로 다른 예술가들의 작품을 비교·분석하십시오. 이 분석은 독자

IB 미술 시험은 정해진 시간 동안 작품을 완성해 내는 방식이 아니다. 주제가 별도로 주어지지도 않는다. IGCSE 미술 시험 중 선택 사항인 3차 시험지, 4차 시험지와 비슷한 유형이다.

1부 '비교연구'는 두 명 이상의 예술가를 비교·분석하는 소논문을 작성하는 것이다. 4,000단어 분량으로, A4 용지로는 10~15장이다. 관련 이미지가 포함되어야 하는데 이미지의 비중도 무척 크기 때문에 학생들은 대개 파워포인트로 작성한다.

2부 '창작 과정 포트폴리오'는 앞에서 본 IGCSE 미술 시험의 '수업 활동 과제' 포트폴리오에 대한 설명을 떠올리면 된다. 물론 IB 학생들이 더 고학년인 만큼 포트폴리오의 수준도 더 높은 편이다. 학생들은 2년의 교과과정 동안 10~15개의 작품을 만들면서 그 과정을 포트폴

■ IB 미술 과목의 창작 과정 포트폴리오 실제 사례

리오로 남긴다.

2부는 3부 '전시 실습(curatorial practice)'으로 이어진다. 학생들은 자신이 만든 작품들을 모아 교내에서 전시회를 연다. 스스로 큐레이터가 되어 작품을 어떻게 진열하고, 전시장 내부를 어떻게 꾸미고, 관람객들과 어떻게 소통할지 하나하나 기획해야 한다. 이 과정 자체가 중요한 평가 기준이 된다. 다만 3부는 IB 채점 센터가 아니라 담당 교사가 평가하기 때문에 내신의 영역에 속한다.

■ 암기력보다, 스킬보다, 예술적 아이디어　　　　■

IB와 IGCSE의 미술 과목은 '미술적' 활동만 하게 하고 '미술적'인 요소만 평가하며 '미술적'이지 않은 그 어떤 것도 강요하지 않는다. 암기를 요구하는 단답형 객관식 시험은 존재하지 않는다. 실기에서도 가장 중요한 평가 기준은 진짜같이 그릴 수 있는 스킬이 아니라 창의적 아이디어와 작품에 대한 해석이다. 스케치나 채색이 서툴러도 아이디어와 해석이 독창적이라면 얼마든지 높은 점수를 받을 수 있다. 그래서 학생들은 수업 시간에 끊임없이 작품을 구상하고 제작할 뿐 아니라, 미술관을 관람하고 미술 분야의 책을 읽는다.

내가 본 어느 IGCSE 학생은 '은폐'라는 주제를 선택한 다음, 손가락으로 입을 쉿 하고 막아 말을 '은폐'하는 모습, 한쪽 눈에 화장을 짙게 해 작은 눈을 '은폐'하는 모습, 범죄자가 거친 손에 목장갑을 껴 지

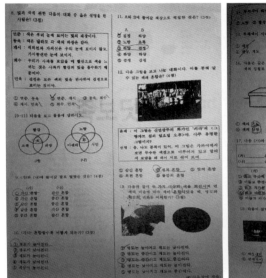
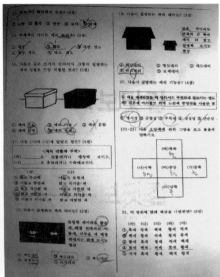

■ 우리나라 공립중학교의 일반적인 미술 시험지.

문을 '은폐'하는 모습을 그렸다. 또 어느 IB 학생은 여성에 대한 억압을 표현하기 위해 머리에 스타킹을 뒤집어쓰고 그 위에 촛농을 뚝뚝 떨어뜨리는, 일종의 행위예술을 했다.

이에 반해, 평범한 공립중학교에 다니는 나의 둘째 아이는 미술 시험을 이렇게 준비했다. 한 번도 해 본 적 없는 에칭, 드라이포인트 같은 낯선 이름을 포함해 평판화와 공판화의 특징과 기법을 외웠고, 한 번도 본 적 없는 농묵, 중묵, 담묵의 차이과 표현 방법을 외웠고, 옷감을 염색할 때 물이 덜 빠지도록 첨가하는 물질을 외웠고, 조르주 쇠라의 그림 기법을 외웠고, '시·서·화'가 삼강인지 삼절인지 삼우인지 헷갈리지 않도록 외우고 또 외웠다. 그렇게 애를 쓰고도, 흑백으로 인쇄되어 도저히 알아볼 수 없는 그림에 대해 명도와 채도의 변화를 묻는 문제 앞에서 무릎을 꿇고야 말았다.

실기 시험에서마저 학생의 자유는 제한된다. 내 학창 시절의 미술 시간을 돌이켜보면, 나 자신의 의지로 그림의 종류나 미술 재료를 선택해 본 적이 없다. 선생님이 수채화를 그리라고 하면 수채화를 그렸고, 선생님이 파스텔을 준비해 오라고 하면 파스텔을 준비했다. 어떤 아이디어를 표현하느냐보다 얼마나 칠을 꼼꼼하게 하느냐, 얼마나 실제와 가깝게 그리느냐가 중요했다. 가끔 선생님이 그냥 자유화를 그리라고 하면 오히려 막막했다. 그때나 지금이나 우리 교육의 미술 수업은 비슷한 풍경이다.

어디 미술 과목뿐일까? 역시 예체능 과목에 속하는 음악 과목도 별반 다르지 않다. 『서울대에서는 누가 A+를 받는가』에도 적은 대로, 서울대 학생들은 전공을 불문하고 비판적 창의적 사고력이 낮을수록 학점이 높아지는 경향을 보였는데, 음대나 미대 학생들마저도 예외가 아니었다.

독일을 중심으로 활발하게 활동하고 있는 성악가 서예리는 서울대 음대를 졸업하고 베를린에서 유학 생활을 했다. 그녀는 유학 첫 학기에 경험한 낯선 방식의 수업을 대해 이렇게 이야기했다.

"선생님은 어떤 박자로 노래하고 싶냐고 물어보셨죠. 왜 그런 걸 질문하시나 싶었어요. 선생님은 어떤 박자와 강약으로 표현해야 할지를 물어보신 거였죠. 저는 그 모든 걸 제가 결정해야 한다는 사실에 놀랐고요. 그때 처음으로 저 스스로 생각하기 시작했어요. 왜냐하면 한국에서는 선생님께서 '이렇게 노래해' 하시면 저희는 '예' 하고 따르기만 하면 됐으니까요. 스스로 사고하는 것이 독일의 방식이에요. 내면을 해석하고 자신만의 방법으로 노래해서 표현하는 것. 그것을 배웠죠."

KBS「세계가 놀란 한국 음악 영재들」2013.1.2.

어느 쪽이 예술의 본질과 맞을까? 과목의 특성을 고려해 스스로 생각하는 힘을 길러 주는 시험과, 과목이 어떤 특성을 가졌는지는 아랑곳하지 않고 암기력을 요구하는 시험 중에서 말이다. 이 질문의 답을 우리는 모두 잘 알고 있다.

17 새로운 시험
– 지식론

　지금까지 본 과목들은 그 명칭이나 내용은 다르더라도 우리 국가교육과정에 있는 과목들과 유사한 것들이다. 그런데 IB 교육과정에는 완전히 생소한 과목이 하나 있다. 바로 지식론이다. Theory of Knowledge. 철학의 인식론과 가까운데 IB 과목으로서는 일반적으로 '지식론'이라 불린다.

　지식론은 '지식의 본질'과 '안다는 것'의 개념을 탐구하는 과목이다. IB 본부는 '지식의 본질에 대해, 그리고 우리가 안다고 여기는 것들을 우리가 어떻게 아는지에 대해 학생들이 숙고하도록 한다'라고 이 과목을 설명한다.

　기존 과목들에 익숙한 사람들은 이게 대체 무슨 소리인가 싶을 것이다. 정 이해가 안 된다면 대학의 철학 수업을 떠올리면 된다. 그만큼 지식론은 철학적 성격이 강한 과목이다. 그렇다고 특정한 철학 이론을 배우는 것은 아니다. 일종의 철학적 사고를 하는 것이다. 우리는 어떻게 알게 되고 어떻게 믿게 되는가. 우리는 어떻게 지식·신념·관점을 얻으며 어떻게 그것들을 주장하고 정당화하는가. 이러한 것들이 지식론의 주된 관심사다. 즉, 지식에 대한 메타인지인 셈이다.

IB 학생들은 과목을 폭넓게 선택할 수 있지만 지식론은 필수적으로 이수해야 한다. 단 한 명의 예외도 없다. 지식론은 일반적인 시험을 보지 않고 1,600단어 분량의 에세이 한 편과 프레젠테이션 한 개로 평가하는데, 이 중 에세이의 비중이 훨씬 크다. 에세이의 주제는 학년이 시작될 때 IB 본부가 발표하는 여섯 개의 주제 중 하나를 선택해야 한다. 학생들은 학년 내내 연습하고 준비해서 학년 말 완성된 에세이를 제출한다. 이 기간이 약 9개월이다.

지난 몇 년 사이에 나왔던 지식론 에세이 주제들을 소개한다. 다음 주제들 중 하나에 대해 에세이를 쓴다고 생각하면서 찬찬히 보기 바란다. 문제의 무게가 다르게 느껴질 것이다.

■ IB 지식론 시험　　　　　　　　　　　　　　　　■

[2013년 하반기]

주제1 "자연과학에서는 진보가 가능하지만 예술에서는 진보가 불가능하다." 이 말에 어느 정도나 동의합니까?

주제2 "과학 기술은 지식을 생산하기도 하고 생산된 지식을 제한하기도 한다." 이 말에 대해 두 가지 지식 영역을 참고해 논하십시오.

주제3 "세상을 알려는 모든 시도는 검증될 수 없는 가정들에 기초한다." 이 주장에 대해 두 가지 지식 영역과 연관 지어 검토하십시오.

주제4 "지식은 우리가 누구인지 알려 준다." 이 말은 인문학 및 또 다른 지식 영역에서 어느 정도나 진실입니까?

주제5 "우리의 지식은 만족스러운 설계에 우리가 끼워 맞추는 파편들의 집합일 뿐이다. 새로운 파편 조각이 발견되면 우리는 종종 전체 설계를 완전히 바꾸기도 한다."(모리스 비숍). 이 말은 역사 및 또 다른 지식 영역에서 어느 정도나 진실입니까?

주제6 "지식을 생산하는 방법은 그 지식의 쓰임에 따라 바뀐다." 이 말에 대해 두 가지 지식 영역과 연관 지어 논하십시오.

[2014 하반기]

주제1 "어떤 지식 영역은 세상을 설명하는 것을 추구하는 반면, 또 어떤 지식 영역은 세상을 변화시키는 것을 추구한다." 이 주장에 대해 두 가지 지식 영역을 참고해 검토하십시오.

주제2 "지식은 이야기(story)와 사실(fact)들이 조합된 형태다." 이 주장은 두 가지 지식 영역에서 어느 정도나 정확합니까?

주제3 "지식을 생산할 때 이성이 잘 작동할 수 있는 것은 오직 감정이 잘 작동하기 때문이다." 이 주장에 대해 두 가지 지식 영역에서 얼마나 동의합니까?

주제4 "세상을 이해하기 위해 우리는 고정관념을 사용할 필요가 있다." 이 말에 대해 두 가지 지식 영역을 참고했을 때 어느 정도나 동의합니까?

주제5 "역사의 과제는 인간 본성에 대한 일관적이고 보편적인 원칙을 발견하는 것이다." 이 과제가 역사 및 다른 지식 영역에서 얼마나 성공적이었는지 논하십시오.

주제6 "우리는 예술에서의 일반적인 수준에 대해서는 동의할 수 있어도, 어떤 특정 작품이 예술적 가치가 있는지 여부는 동의하지 못할 수 있다. 윤리에서는 반대다. 윤리 이론들에 대해서는 동의하지 않을 수 있어도, 우리 모두는 비윤리적 행위를 볼 때 그것이 비윤리적이라는 것은 안다." 이 문장에 대해 논하십시오.

[2015 상반기]

주제1 "중립적 질문이란 없다." 이 문장에 대해 두 가지 지식 영역을 참고하여 평가하십시오.

주제2 "인간이 지식을 생산하는 방법은 두 가지뿐이다. 수동적 관찰 그리고 적극적 실험이다." 이 말에 어느 정도나 동의합니까?

주제3 "학문 분야를 넘나들며 사실과 이론을 연결해 보편적인 설명

토대를 만들지 못할 이유가 전혀 없다." 이 주장에 대해 어느 정도나 동의합니까?

주제4 두 가지 지식 영역을 참고해 공유 지식이 개인적 지식을 형성하는 방법을 논하십시오.

주제5 "인식의 방법은 본능적 판단들에 대한 점검이다." 이 말에 대해 어느 정도나 동의합니까?

주제6 "지식이 갖는 의의는 우리가 살아가는 데 의미와 목적을 만드는 것이다." 이 말에 대해 어느 정도나 동의합니까?

■ 학생들이 주도하는 수업 ■

스스로 생각하는 힘이 없다면 단 한 글자도 답하기 어려운 주제들이다. 앞에서 본 다른 과목 시험 문제들도 스스로 생각하는 힘을 요구했지만, 이 주제들은 그야말로 끝까지 몰아붙이는 느낌을 준다.

이 주제들을 다룬 에세이는 어떤 기준으로 평가해야 할까? 학생이 가진 관점이 무엇인지는 크게 중요한 기준이 아니다. 그보다는, 자신의 관점을 얼마나 논리적이고 설득력 있게 주장하는지가 중요하다. 즉, 생각의 내용이 아니라 생각하는 방법을 평가한다. 인문, 사회, 과학, 예술 전 분야에 적용되는 두뇌 근력이 바로 이것이기 때문이다.

지식론 수업에서 가장 핵심적인 활동은 자신의 사고 과정을 성찰하고 또 성찰하는 것이다. 그래서 토론이 끊임없이 이어진다. 토론을 하는 동안 누구도 실패하거나 패배하지 않는다. 토론은 더 치열하게 생각하고 더 논리적으로 말할 수 있도록 서로가 서로를 도와주는 건설적인 과정이다.

지식 자체에 대해, 앎이라는 것 자체에 대해 생각해 나가다 보면 학생들은 기존의 고정관념을 부수고 세상을 더 깊이 있게 이해하며 자신만의 관점을 갖추게 된다. 또 스스로에 대해서도 미처 몰랐던 깨달음을 얻게 된다.

지식론 수업의 주도권은 교사가 아니라 학생들에게 있다. 그래서 지식론 교사의 역할은 독특하다. 핵심은 '가르치려 들지 않는다'는 것이다. 교사는 어떤 내용을 전달하려는 욕심을 완전히 내려놓고, 학생들이 편안하게 의견을 말할 수 있는 환경을 조성해 준다. 학생들의 생각을 자극하는 질문을 던지기도 하고, 때로 학생들의 토론을 가만히 지켜보기도 한다.

지식론 교사가 되는 데는 전공의 제약이 없다. 각기 다른 전공을 가진 지식론 교사들이 모여 교과과정을 개발하기도 하고 수업 개선 방안을 토론하기도 한다. 전 세계의 지식론 교사들을 대상으로 하는 정기적인 연수도 있고 서로의 노하우를 공유할 수 있는 네트워크 사이트도 있다.

제주에 위치한 국제학교에서 지식론을 담당하고 있는 해리 토링턴 교사를 만나 보았다. 그는 옥스퍼드대에서 음악사를 전공했다.

"저희 학교의 지식론 교사는 모두 네 명인데 각각 음악사, 라틴어, 컴퓨터과학, 연극 전공이에요. 처음에 지식론 과목을 맡았을 때 제가 대학에서 배웠던 것과 그다지 다르지 않다는 사실을 알고 굉장히 반가웠어요. 제가 옥스퍼드대에서 배웠던 것도 바로 스스로 생각하는 힘이었거든요."

지식론 수업에서는 온갖 주제를 가지고 온갖 사고실험이 일어난다. 지식 일반에 대해 다루기도 하고 특정 분야의 지식이나 최신 시사 이슈를 다루기도 한다. 작년에 해리 토링턴 교사의 지식론 수업에서 다룬 주제 중 하나는 '한국 정부가 국정 역사 교과서를 만드는 것은 타당한가? 국가가 역사 교과서에 제재를 가하는 것은 어떤 의미를 갖는가?'였다고 한다.

학생들이 수업에서 활용하는 자료는 책, 신문, 인터넷, 다큐멘터리 등 다양하다. 특히 날것 그대로의 뉴스들을 비중 있게 다룬다. 독특한 점은, 자료의 내용만 보는 것이 아니라 그 매체의 특성과 편집 의도까지 고려한다는 것이다. 지식은 사회·문화의 영향을 받는다는 사실을 고려해 비판적으로 판단하기 위해서다. 교과서는 따로 정해져 있지 않다. 애초에 교과서라는 것 자체가 지식론이 추구하는 방향과는 거리가 있다. 미리 개발되어 인쇄된 교과서는 최신 이슈와 여러 관점을 담기에는 역부족이기 때문이다. 이렇게 지식론은 지극히 학구적인 과목이면서 동시에 지극히 현실밀착형 과목이다.

IB 교과과정의 여러 과목 중에서도 지식론은 IB의 목표와 철학을 가장 극명하게 보여 준다. 새로운 시대를 이끌 인재에게 절대적으로 필요한 역량을 기르는 핵심 프로그램이 지식론이다. IB 교과과정에서 하나만 도입할 수 있다면 나는 주저하지 않고 지식론을 선택하겠다. 우리 학생들이 스스로 생각하는 힘을 만끽하는 모습. 당신도 보고 싶지 않은가.

3부

새로운
시험을 향한
질문들

교육은 당신이 세상을 바꾸는 데 쓸 수 있는
가장 강력한 무기다.

넬슨 만델라

18 사회 구조를 바꾸는 게 먼저다?
– 일본은 이미 시작한 시험 혁명

■ 일본이 국가적으로 IB를 도입한 이유 ■

교육 시스템은 사회 구조의 일부다. 우리나라의 교육 문제는 대학 서열화라든지 학벌주의, 좀 더 넓게는 고용 불안, 임금 격차, 저성장 등 현재 우리 사회의 문제들과 구조적으로 얽혀 있다.

이것이 교육 개혁보다 사회 개혁이 우선해야 한다는 논리로 연결되곤 한다. 시험을 완전히 새롭게 바꾸든 뭘 하든 소용없고, 사회 구조가 먼저 바뀌어야만 교육 시스템도 바뀔 수 있다는 것이다.

교육 정책을 설계할 때 문화, 경제, 행정 등 사회 제반 환경을 유기적으로 고려해야 한다는 점은 당연하다. 하지만 그렇다고 해서 사회 개혁이 선행될 때까지 교육 개혁은 하염없이 기다려야 하는 것일까?

한번 반대로 생각해 보자고 제안하고 싶다. 교육 개혁이 선행되면 자연히 사회 개혁까지 일어날 수 있지 않을까?

우리와 비슷한 사회 구조를 가진 일본. 다른 많은 분야가 그렇듯 지금의 교육 시스템이 갖추어진 데도 일본의 영향력이 무척 크다. 대학서열화와 학벌주의도 일본이 원조라 할 수 있다. 또한 저출산이나 저성장 등 여러 사회·경제 문제들도 일본에서 먼저 시작되었다. 그래서 전문가들은 일본의 현재를 보면 한국의 미래가 보이고, 오늘날 한국의 문제를 이해하려면 과거 일본의 문제를 보라고 말한다.

그런 일본이 국가 차원에서 IB와 제휴를 맺었다. 이는 곧 일부 특수학교가 아니라 국가 차원에서 IB를 도입한다는 것을 의미한다. 당연히 시험만이 아니라 교육과정까지 포함된 것이다. IB는 캐나다와 미국의 여러 주 정부들, 독일, 스위스, 노르웨이 등과 오랜 기간 동안 제휴를 맺어 왔는데, 아시아에서는 일본이 최초다.

대체 일본 교육에 무슨 일이 일어나고 있는 것일까? 이를 이해하기 위해서는 먼저 일본의 최근 상황을 보아야 한다.

1980년대 일본은 사상 최고의 호황을 누렸다. 거의 세계 경제를 장악했다고 표현될 정도였다. 하지만 1990년대 들어 거품 경제가 꺼지며 일본은 불황으로 접어들었다. 불황의 끝은 좀처럼 보이지 않았다. 그래서 나온 말이 '잃어버린 10년'인데, 불황이 2010년이 지나도록 이어지다 보니 이제는 '잃어버린 20년'이라는 말까지 나오고 있다.

이러한 상황에서 우리나라의 교육부라 할 수 있는 일본 문부과학성은 교육을 통해 '잃어버린 20년'을 극복하겠다는 목표를 세웠다. 이

■ IB 과정을 운영하고 있는 일본 학교들. 왼쪽 위부터 시계 방향으로 리츠메이칸우지 고등학교, 타마가와대 부설고등학교, 도쿄도립 국제고등학교, 메이케이 고등학교

목표에 따라 채택된 정책 중 하나가 바로 IB를 공교육에 도입하는 것이다.

IB를 롤모델로 하는 정책이 아니라 IB를 곧장 도입하는 정책을 추진하다니. 그 배경이 궁금했다. 나는 문부과학성 국제협력기획실의 아라마키 마사노 씨를 소개받아 직접 연락을 취했다. 나의 질문에 아라마키 씨는 친절하게 답변해 주었다.

"일본의 '잃어버린 20년'을 되찾기 위해서는 경제 재건이 필요합니다. 경제 재건을 위해서는 '인재 재건'이 필요하고요. 그럼 인재 재건을 위해서는? '교육 재건'이 필수적이에요. 그런데 기존의 일본 교육 시스템을 보완하거나 일부 수정하는 일은 너무나 많은 이해관계가 얽혀 있어서 쉽지가 않아요. 그래서 IB를 통째로 들여오는 편이 더 효율적이라고 판단한 겁니다.

IB 교육과정은 질문 중심 학습에 기반하고 토론을 강조합니다. 그래서 학생들이 문제해결력뿐 아니라 문제발견력, 논리적 사고력, 커뮤니케이션 기술까지 두루 키울 수 있어요. 일본 정부는 이런 점들이 인재 양성에 큰 기여를 할 거라고 봅니다. 또 일본의 일반 초·중·고교에도 긍정적인 파장을 불러일으킬 거라고 예상하고요."

사회를 움직이는 것은 결국 사람이다. 사회 개혁도 사회 구성원에게 달려 있다. 따라서 사회 개혁을 수행할 수 있는 사회 구성원들을 교육 개혁을 통해 길러 내겠다는 것이 일본 정부의 생각이다.

2013년 IB 본부와 협정을 체결한 후, 문부과학성은 IB를 확산시키기 위해 여러 방안을 실시했다. 첫째, IB 교육과정을 가르칠 수 있는 교사들을 확보하고 훈련시켰다. 둘째, 일본 대학들이 대학별 전형에서 IB 성적을 인정하도록 했다. 셋째, IB에 대한 정보를 일선 학교들에 지속적으로 제공했다. 넷째, IB 교육과정에 대한 가이드라인을 정리한 핸드북을 발간했다. 다섯째, 일본어로 된 IB 교육과정을 개발했다.

이 다섯째 방안은 IB 도입에서 가장 중요한 전제라 할 수 있다. IB 본부의 아태 지역 담당자인 세바스찬 버나드 매니저는 내게 이렇게 설명해 주었다.

"기존에 IB는 영어, 프랑스어, 스페인 버전만 있었고 일부 과목에서 독일어 버전이 있었죠. 하지만 이제는 IB의 모든 교육과정에서 일본어 버전이 개발되었기 때문에 일본 학생들은 일본어로 IB 수업을 받고 IB 시험을 치르는 데 아무런 지장이 없습니다."

2015년 1월 문부과학성은 초·중·고교와 대학, 대학 입시까지 포괄하는 교육 개혁안을 발표했다. 이 개혁안의 핵심은 변화하는 시대에 대응할 수 있는 인적 자본을 개발하겠다는 것으로, 지식 습득에 머물지 않고 진정한 학습 역량을 갖추도록 하는 데 초점이 맞추어져 있다. 여기에는 당시 30여 개 정도인 IB 학교를 2018년까지 200개로 확대하는 계획도 포함되어 있다.

■ 교육 개혁에서 시작되는 사회 개혁   ■

우리나라에는 IB 교육과정을 운영하고 있는 학교가 아홉 군데 있다. 그중 여덟 군데는 국제학교나 외국인학교이고, 나머지 하나가 경기외고다. 경기외고는 공교육에 속한 학교로서는 최초로 IB를 도입했다. 모든 학생이 대상인 것은 아니고, 국제반 한 학급이 IB 교육과정을 이수하고 있다. 물론 일본과는 달리 한국어 버전이 개발되지 않았기 때문에 한국어 과목을 제외한 모든 과목이 영어로 운영된다.

현재는 충남삼성고의 교장으로 재직 중인 박하식 전 경기외고 교장. 그는 IB를 경기외고에 도입하는 데 주도적 역할을 한 주인공이다. IB에 관한 논문도 여러 편 발표했으니 가히 'IB 전도사'라 할 만하다.

박하식 교장은 우리가 IB를 주목해야 하는 이유에 대해 이렇게 이야기했다.

"IB의 가장 큰 장점은 평가 시스템에 있다고 봅니다. 이 외에도 IB가 추구하는 교육 철학이라든지 IB가 운영하는 교육과정 모두 우리나라 학교 교육의 고질적인 여러 문제를 해결하는 중요한 실마리를 줍니다."

2016년 11월 일본어로 된 IB 시험이 처음으로 치러졌다. 그사이 IB 교육과정에 따라 공부해 온 일본 학생들이 이 시험에 응시했다. 나는 일본 문부과학성의 아라마키 마사노 씨에게 다시 연락을 했다. 아라마키 씨는 IB를 둘러싼 일본의 반응을 이렇게 전했다.

"이제 막 시험을 치렀으니 좀 더 지켜봐야겠지만, 일단 지금까지의 반응은 긍정적입니다. 그동안 전국적으로 교사 연수를 여러 차례 실시했는데 분위기가 무척 뜨거웠습니다. 앞으로 IB가 어떤 파급 효과를 줄지 기대가 큽니다."

■ 일본 문부과학성에서 운영하고 있는 IB 보급 확대 홍보 페이스북 페이지 www.facebook.com/ mextlib

아라마키 마사노 씨의 이메일을 읽다가 나는 문득 걱정이 되었다. 일본은 교육을 바꿔야 사회를 바꿀 수 있다는 사실을 분명히 인지하고 있다. 그리고 새로운 시험을 도입하는 것으로 교육 개혁의 방향을 정확히 잡았다. 결코 사회 개혁을 우선시하며 교육 개혁을 뒤로 미루지 않았다. 일본 교육이 뚜벅뚜벅 전진하며 사회 개혁까지 바라보고 있는 사이, 우리 교육은 우선순위에서 한참 밀려나 제자리를 빙빙 돌고 있지 않은가.

박하식 교장도 비슷한 우려를 표했다.

"일본이 IB를 국가적 차원에서 도입했다는 것은 앞으로 우리나라와 일본 사이에 노벨상 수상자 수의 격차가 더 커질 것이고, 인재 육성 경쟁력 면에서 일본이 앞서 나간다는 것을 의미합니다. 사고력, 창의력, 글로벌 교육 면에서 일본은 더 큰 위협이 될 겁니다."

19세기 후반, 일본은 메이지 유신으로 나라를 개혁하는 데 성공했다. 같은 시기, 우리나라는 어떠했던가. 대다수 지배층은 개혁에 관심이 없었다. 흥선대원군의 개혁은 쇄국 정책이라는 엉뚱한 방향으로 흘렀다. 이 차이는 우리나라와 일본의 운명을 정반대로 갈라놓았다.

지금 우리나라와 일본은 19세기 후반의 상황을 반복하고 있는 것은 아닐까? 우리보다 앞서 일본에서 먼저 시작된 시험 혁명이 또 다른 메이지 유신처럼 느껴지는 것은 괜한 기우일까? 개혁의 시기를 놓치는 바람에 나라 잃은 설움을 겪어야 했던 역사가 되풀이되지 않기를 바랄 뿐이다.

교육 개혁이 뒷전에 놓여야 할 이유는 없다. 교육 개혁이 사회 개혁을 낳게 해야 한다. 그리고 그 교육 개혁을 낳을 수 있는 것은 시험 혁명이다. 지금의 일본이 그 생생한 사례다.

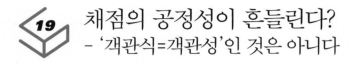

채점의 공정성이 흔들린다?
– '객관식=객관성'인 것은 아니다

■ IB의 채점 방식 ■

학생들이 컴퓨터사인펜으로 OMR 카드에 하나하나 답을 표기해 나간다. 하나라도 잘못 표기하지 않도록 주의를 기울인다. 자칫 밀려서 표기했다가는 시험 전체를 망치게 될 것이다. 종료 시간이 임박할수록 OMR 카드 위로 학생들의 손놀림은 더 빨라진다. 시험이 종료되면 OMR 카드를 가져가려는 감독교사와 미처 표기를 끝내지 못한 학생 사이에 실랑이가 벌어지기도 한다.

시험이 치러지는 교실에서 흔히 보게 되는 광경이다. 수능도 내신 시험도 OMR 카드를 통해 채점이 이루어진다. 컴퓨터는 수많은 OMR 카드를 빠른 속도로 인식해 자동으로 채점한다. 컴퓨터가 하는 일이

■ OMR 카드에 표기하고 있는 학생. 채점의 공정성은 시험에서 예민한 문제다.

므로 오류가 일어날 염려는 없다. 적어도 채점의 공정성만큼은 누구도 의심하지 않는다.

OMR 카드는 수능과 내신시험이 대부분 객관식 문제라서 가능한 방식이다. 대부분 주관식 문제인 IB나 IGCSE 같은 시험에서는 당연히 불가능하다. 사람이 일일이 붙어서 채점해야 한다. 주관식 문제도 단답형이 아니라 서술형이라 시간이 오래 걸린다.

우리나라라면 십중팔구 채점의 공정성이 논란의 대상이 될 것이다. 내가 IB나 IGCSE 문제들을 보여 주었을 때 사람들이 가장 걱정한 것도 이 부분이었다. 기존의 채점 방식에 익숙한 학생들과 학부모들이 불안해하고 불신을 표할 것이라는 우려였다.

하지만 IB도 IGCSE도 지금까지 채점의 공정성이 문제시된 적이 없다. 특히 대입과 직결되는 IB는 공정성의 책무가 더욱 무거울 수밖에 없는데, 해외 유명 대학들의 입학시험으로서 그 위치가 공고한 만큼 공정성 면에서 신뢰받고 있다.

IB와 IGCSE는 채점의 공정성을 어떻게 확보할까? IB의 채점 방식을 살펴보자. IGCSE도 전체적으로 이와 비슷하다고 보면 된다.

IB 본부인 IBO는 스위스에 있지만 채점 본부는 영국에 있다. 세계 여러 나라에서 학생들이 작성한 답안지는 모두 채점 본부로 보내진다. 채점 본부는 답안지들을 스캔해 다시 세계 여러 나라의 채점자들에게 온라인으로 보낸다. 채점자 한 명에게 배당되는 답안지의 개수는 약 100개다. 채점 과정에서 공정성을 위해 IB가 취하고 있는 정책은 크게 네 가지가 있다.

첫째, 채점자는 해당 과목에 전문 지식과 IB 관련 경력을 가진 교사들 중 신청을 받아 선발된다. 채점자들이 채점 본부에 모여 있지 않고 온라인으로 답안지를 받는 것은 이들이 현직 교사이기 때문이다. 채점자로 선발되는 절차도 까다로워서, 일정한 훈련을 거쳐야 하고 채점 기준에 대한 상세한 지침 사항들을 숙지해야 한다. 그런 다음, 테스트를 통과해야 한다.

둘째, 전체 답안지 중 몇 개를 뽑아 미리 채점하고, 이를 토대로 샘플용 답안지를 만든다. 이 작업을 하는 사람들은 일반 채점자들과는 따로 선발된, 채점자 겸 감독관들이다. 일반 채점자들에게 보내지는 답안지들에는 열 개당 하나씩 이 샘플용 답안지가 껴 있는데, 일반 채점자는 어떤 것이 샘플용 답안지인지 알 수 없다. 샘플용 답안지에 대한 채점 결과가 미리 이루어진 채점 결과와 3점 이상 차이 나면 감독관이 개입해 재채점에 들어가고 채점자는 재교육을 받는다. 상황에 따라 평가 기준 자체가 전체적으로 재조정되기도 한다.

셋째, 모든 답안지는 교차 채점을 한다. 1차 채점은 일반 채점자 두 명이 하고, 2차 채점은 그들의 감독관이 한다. 교차 채점에서 3점 이상 차이가 나면 역시 재채점에 들어가고 채점자는 재교육을 받는다.

넷째, 학생이나 교사는 채점 결과에 불만이 있을 경우 재채점을 요구할 권리를 가진다. 재채점은 다른 채점자가 하게 되는데, 이때 더 엄격한 기준을 적용하다 보니 오히려 점수가 낮아질 수도 있다. 따라서 학생들은 재채점을 신중하게 결정해야 한다. 재채점 내용은 학생과 교사가 모두 확인할 수 있다.

IB는 내신 성적도 큰 비중을 차지하기 때문에 이와 관련해서도 공정성을 기하고 있다. 교사는 자신이 채점한 답안지 중 일부를 채점 센터에 보낸다. 감독관은 답안지를 다시 채점해 그 결과를 교사의 채점 결과와 비교한다. 이에 따라, 점수를 관대하게 매기는 경향이 있는 교사에게는 다른 답안지들의 점수도 낮추도록 조정하고, 반대로 점수를 짜게 매기는 경향이 있는 교사에게는 다른 답안지들의 점수도 높이도록 조정한다. 또한 특정 학교의 내신 점수가 채점 센터에서 감독관이 채점한 점수와 지나치게 차이가 날 때는 해당 학교에 경고를 보내고,

반복되면 불이익을 가한다.

이 책에서 IB 문제를 예시로 제시했기에 IB 채점 과정을 소개하긴 했지만, 교육 선진국들의 사례를 찾아보면 또 다른 좋은 방안들도 많을 것이다. 어쨌든 핵심은, 서술형 시험 문제라도 얼마든지 공정한 채점이 이루어질 수 있다는 것이다. 객관식 문제만이 채점의 공정성을 보장한다는 생각은 편견일 뿐이다. 객관식이 곧 객관성인 것은 결코 아니다.

■ 시험의 공정성에 대한 생각   ■

1964년 중학교 입시에서 '무즙 파동'이 일어났다. 엿을 만드는 과정에서 엿기름을 대신할 수 있는 물질을 묻는 문제가 화근이었다. 정답은 '디아스타아제'. 그런데 '무즙' 역시 정답이라는 항의가 빗발쳤다. 실제로 무즙을 가지고 엿을 만들어 오는 학부모들도 있었다. 이 일은 재판으로 이어져 결국 무즙이 정답으로 인정받았다.

수능이라고 이런 소동에서 자유로울 수 없다. 수능이 도입된 이후, 잊을 만하면 복수 정답이 나와 논란이 벌어졌다. 급기야 2014년에 치러진 수능에서는 사상 최초로 한 개도 아니고 두 개의 복수 정답이 나오는 바람에 당시 한국교육과정평가원장이 책임지고 사퇴하는 일까지 벌어졌다. 이 글을 쓰고 있는 2016년에도 아니나 다를까, 한국사에서 복수 정답이 나왔고 물리Ⅱ에서는 아예 정답이 없는 문제가 나와서 또다시 논란이 되풀이되었다.

이렇게 툭하면 오류가 생겼음에도 이 시험들의 기반이 근본적으로 흔들린 적은 없다. 왜일까? 문제에 오류가 생길지언정 시험 자체는 공정성을 가진다고 사람들이 믿었기 때문이다.

시험에서 기본 중의 기본은 바로 채점의 공정성이다. 이것이 담보되지 않은 시험은 그 존재 이유를 상실한다.

그런데 요즘 이 채점의 공정성이 도마 위에 올랐다. 학생부종합전형이 확대되면서 일어난 현상이다. 많은 사람들이 학생부종합전형이 과연 공정한지 의심의 눈으로 바라보고 있다. 객관식 문제 위주의 시험이 아니다 보니 대체 어떻게 채점되는지 의아한 것이다.

그래서 수능 성적이 절대적 영향력을 발휘했던 예전의 대입 방식으로 돌아가자는 목소리가 높다. 그것이 채점의 공정성을 담보하는 가장 확실한 방법이라는 주장이다.

물론 학생부종합전형이 아직 초기이다 보니 덜그럭거리는 부분도 있을 것이다. 학생부종합전형이 여러 모로 문제가 있다는 사실은 나도 잘 알고 있다. 이미 이 책에서도 지적했듯이, 학부모까지 동원되는 것도 문제이고 교사가 현실적으로 일일이 챙겨 주지 못하는 것도 문제다. 학생부종합전형을 염두에 둔 내신 상위권 학생들은 학교에 과도하게 매이게 되고, 반면 내신 중하위권의 많은 학생들은 학교의 아웃사이더가 되어 버리는 문제도 심각하다.

하지만 정성평가 그 자체가 문제라는 공격에는 동의하지 않는다. 공정성을 위해서는 정성평가를 포기하고 시대에 뒤처진 객관식 정량

평가로 돌아가야 한다는 주장에는 더더욱 동의하기 힘들다.

이 상황을 지켜보며 내가 실감한 것은, 우리나라에서 채점의 공정성에 대한 불안과 불신이 상당하다는 사실이다. 또는 객관식 문제 위주의 시험에 대한 믿음이 맹목적 수준이라고 표현할 수도 있겠다.

나는 지금 바로 우리나라 시험이 개혁되기를 희망한다. 하지만 한편으로는, 시험 개혁이 교육의 질은 높이겠지만 자칫 소모적인 공정성 논란을 부르고 사회적 비용을 키울까 걱정된다.

일본이 IB를 모델로 삼아 새로운 시험을 개발하는 대신 IB를 그대로 도입한 것도 이런 점을 고려했기 때문일 것이다. IB는 오랜 기간 동안 세계적으로 공정성을 인정받아 왔으므로 오히려 거부감을 최소화할 수 있다. 한국형 IB를 개발하는 것이 가장 이상적이겠지만, 현실적으로는 차라리 일본처럼 아예 IB 자체를 통째로 도입하는 것도 방법일 수 있다. 히딩크와 비슷한 감독을 국내에서 찾으려 하지 말고 아예 히딩크를 직접 영입하는 것이다.

물론 이것은 나 개인의 조심스러운 의견일 뿐, 꼭 이것이 최선의 방안이라고 주장하려는 것은 아니다. 다만 분명한 점은, 새로운 시험을 도입할 때 문제의 형식과 방향도 중요하지만, 채점의 공정성에 대한 불안감을 해소하기 위한 치밀한 설계도 그에 못지않게 중요하다는 것이다.

20 난이도가 너무 높다?
– 새로운 시험을 본 학생들이 말하다

■ **수능이 더 쉬운 시험일까?** ■

2부에 실린 시험 문제들을 풀어 보셨는가. 아마 곧장 답이 떠오르지는 않았을 것이다. 대체 이걸 어떻게 풀어야 하나 막막한 느낌도 들었을 것이다. 학교를 졸업한 지 오래되었기 때문이라기보다는 문제 유형이 너무 낯설었기 때문이다.

그런데 이 시험 문제들이 금세 풀리지 않는 이유를 문제 자체의 난이도로 돌리는 주장도 있다. 일반 학생이 풀기에는 너무 어려운 문제라 대입 시험용으로 도입하기에는 부적절하다는 것이다.

IB만 해도 해마다 수 만 명의 학생이 응시한다. IB를 준비하는 과정에서 학생들은 이런 식의 문제들을 일상적으로 풀고 또 푼다. 그럼 그 학생들은 일반 학생이 아니라 유난히 특별한 학생이라도 된단 말인가.

만약 수능이 IB보다 난이도가 낮은 시험이라면, IB 문제를 잘 푸는 학생들은 수능 문제를 보고 "이것쯤이야" 하며 술술 풀 것이다. 그런데 과연 그럴까? 나는 IB 교육과정에 있는 교사들과 한국 학생들에게 물어보았다. 하나같이 고개를 저었다. 이유는 크게 세 가지였다.

첫째, 수능 문제는 하나의 정답을 골라내기를 요구하는 데 비해, IB 문제는 자신의 고유한 생각을 설득력 있게 표현하기를 요구한다. IB를 준비하는 학생들은 정답이 하나만 있다는 사실에 어색해할 것이다. 더구나 국가교육과정이 정해 놓은 소위 '보편적'이고 '일반적'인 지식이나 관점을 숙지해 놓지 않았기 때문에 정답을 골라내기 힘들 수밖에 없다.

둘째, 수능은 하루에 모든 과목을 몰아서 단시간에 치르는 데 비해, IB는 하루에 한두 과목씩 몇 주에 걸쳐 시험을 치른다. IB를 준비하는 학생들은 속전속결로 정답을 골라내는 훈련을 해 본 적이 없다. 수능에 도전했다가는 제한 시간 안에 문제를 다 풀지도 못할 것이다.

셋째, 특히 수학 과목의 경우, 수능은 단순한 계산 능력이 평가 기준에 포함되는 데 비해, IB는 공학용 계산기 사용 능력이 평가 기준에 포함된다. 다시 말해, 수능은 어떤 계산기도 절대 금지이지만 IB는 공학용 계산기가 필수다. IB를 준비하는 학생들은 웬만한 계산은 계산기에 맡겨 버리다 보니 직접 계산하는 능력은 상대적으로 떨어질 수 있다. 그러니 수능의 여러 영역 중에서도 수리영역에서 가장 시간이 부족하다고 토로할 것이다.

수능은 IB나 IGCSE와 난이도 면에서 차이가 나는 시험이 아니다. 평가하는 방식과 평가하는 기준 면에서 아예 종류가 다른 시험이다. 독자분들이 2장의 시험 문제들을 보고 "이렇게 어려운 걸 어떻게 풀지?" 하고 생각한 것처럼, IB 교육과정에 있는 학생들은 수능 문제들을 보고 "이렇게 어려운 걸 어떻게 풀지?" 하고 생각한다. 시험 문제 자체의 난이도가 아니라, 어떤 방향으로 공부해 왔는지가 이러한 반응을 낳는 것이다.

■ "힘들긴 힘들었는데 그래도 좋았어요." ■

2015년 봄 EBS 제작진으로부터 연락이 왔다. 내가 쓴 『서울대에서는 누가 A+를 받는가』의 내용을 바탕으로 프로그램을 제작하고 싶다고 했다. 제작진과 나는 봄부터 기획회의를 시작했다. 촬영은 여름과 가을에 걸쳐 이루어졌다. 드디어 12월 EBS 교육대기획 「시험」이 전파를 탔다. 내가 출연한 것은 6부작 중 제4부 '서울대 A+의 조건'이었다.

EBS 교육대기획 「시험」은 큰 화제를 낳았다. 백상예술대상 TV부문 교양작품상, 삼성언론상 어젠다 상도 받았다. 내게도 참 보람 있는 경험이었다.

다만, 마지막 순간에 편집되어 방송에 나가지 못한 촬영 분량은 지금 생각해도 조금 아쉽다. 그 내용을 여기 소개하려 한다.

나와 제작진은 수능 성적이 좋은 학생이 IB 시험을 보면 어떤 결과가 나올지 알아보기로 했다. 물론 수능과 IB가 그 방식이 너무 달라서 단순 비교하기에는 한계가 있을 수밖에 없긴 하지만, 그런 점들을 감안하더라도 수능과 IB 각각의 방향을 생생히 드러내는 계기가 될 수 있을 것이라는 판단에 실험을 진행했다.

섭외는 쉽지 않았다. 몇몇 학교에 요청했지만 괜히 망신만 당할 수 있다는 우려 때문인지 계속 거절당했다. 다행히 용인외고에서 협조를 해 주어 2학년 학생들 몇 명을 섭외하게 되었다. 평소 수능 모의고사에서 만점 수준의 성적을 올리는 학생들이었다. 시험 과목은 문제의 번역 과정에서 생길 수 있는 변수를 최소화하기 위해 국어와 수학 과목을 선택했다. 지난 몇 년간의 기출 문제들 중에서 무작위로 뽑아 시험지를 구성했으며, 시험 전 오리엔테이션을 통해 학생들에게 시험 방식을 안내하고 공학계산기 사용법을 익히게 했다.

시험이 끝난 뒤, 학생들을 인터뷰해 보았다. 학생들은 적잖이 당황스러워했다. 자칭 타칭 최상위권 우등생인 학생들이건만 시험 결과에 자신 없다는 반응이었다.

"문제를 보고 좀 난감했어요. 시험 잘 봤다고 말씀드리기는 어려운 것 같아요." _종찬

"이걸 대체 어떻게 풀어야 되나 생각했어요. 수능 점수만큼은 안 나올 것 같아요." _경민

248

■ EBS 다큐프라임 「시험」 제4부 '서울대 A+의 조건'의 오프닝 화면

"수능은 문제에 있는 보기가 힌트가 되기도 하는데 이 시험은
그런 게 전혀 없네요. 좀 어려웠어요."_세진

그러면서도 학생들은 시험 문제의 난이도를 지적하지는 않았다.
학생들은 IB가 난이도가 더 높은 시험이 아니라 종류가 다른 시험이
라는 사실, 다른 능력을 요구하고 평가하는 시험이라는 사실을 정확
히 인식했다.

"수능은 짧은 시간 안에 얼마나 완벽하게 답을 알아내는가를 보
는 시험 같고요. 반면에 오늘 본 이 시험은 얼마나 논리적으로 자
기 생각을 정리할 수 있는가, 얼마나 응용할 수 있는가 그런 걸 묻

는 시험 같아요." _지우

"수능은 기존에 있던 사고의 틀을 적용하는 것에 집중한다면, 이 시험은 자신의 틀을 만들어 가는 것에 집중하지 않나 싶어요. 목적이 완전히 정반대로 느껴졌어요." _다해

"스타일이 엄청 달랐던 게, 수능 국어는 문학 작품을 감상하기보다는 분석하고 바로 푸는 거잖아요. 이 시험을 풀 때는 문학적으로 감상하면서 해석을 하게 되던데요." _세진

"수능은 답이 하나로 정해져 있는데, 그건 학생들이 일반적인 해석에 맞춰야 한다는 뜻이거든요. 이 시험은 학생이 새로운 해석을 하더라도 그걸 충분히 논리적으로 설명하기만 하면 된다고 보는 것 같아요." _경민

나아가, 학생들은 수능과 IB를 대비하는 데 서로 다른 종류의 공부가 필요하다는 것까지 간파해 냈다.

"저는 평소에 문제 풀이를 되게 많이 해요. 근데 문제 풀이에만 치중하면 이런 시험 문제를 보고 당황하게 될 것 같아요. 자기 관점을 갖는 공부를 같이해야 된다고 봐요." _종찬

"이 시험은 문제를 풀 때 생각을 엄청 많이 해야 되더라고요. 그러니까 평소에도 그런 연습을 해야 되는 거죠. 수능에서는 그런 식으로 할 필요가 없는데." _세진

"사실 수능 국어를 공부할 때 장편 소설을 처음부터 끝까지 읽어 보지는 않거든요. 핵심만 파악하면 되니까요. 시간도 없고. 하지만 이 시험에서는 책 한 권을 정독하는 게 시험공부의 한 방법이 될 것 같아요." _지우

학생들은 새로운 시험에 예상 이상으로 긍정적인 반응을 나타냈다. 평소 자신의 생각을 억누르고 있다 보니, 반대로 생각을 드러내도록 독려받는 경험이 무척 흥미로웠던 것이다.

"제 스스로 시 하나를 해설하는 느낌이 엄청 좋았어요. 성취감도 느꼈어요." _다해

"제 생각을 글로 옮기는 게 재밌더라고요. 평소에 그런 기회가 그렇게 많지 않았던 것 같아요. 많이 힘들긴 힘들었는데 그래도 좋았어요." _종찬

"국어 공부할 때 정답 해설을 보면 이해가 안 되는 경우도 많거든요. 왜 답이 이거여야 하나, 다른 해석은 왜 안 되나. 그런 걸 고

민하지 않고 제 관점을 자유롭게 풀어 쓸 수 있다는 게 이 시험의
매력이라고 봐요.”_다해

우리가 인터뷰에서 마지막으로 던진 질문은 “어느 시험이 현실에
서 더 실질적인 도움이 될까?”였다. 학생들의 선택은 수능이 아니라
새로운 시험이었다.

“사실 수능은 시험 끝나고 나면 별로 남는 게 없어요. 현실과 더
밀접하게 연결된 건 오늘 본 이 시험인 것 같아요. 만약 기자가 된
다고 하면 기사를 써야 하고 교수라든지 학자가 된다면 논문을 써
야 하는데, 그러려면 자기주장을 논리적으로 표현하는 능력이 더
중요하잖아요.”_세진

“맞춤법을 예로 들어 볼게요. 수능에서는 보기에 맞는 맞춤법을
고르는 문제거든요. 근데 이 시험에서는 실제로 글을 쓰게 되니까,
그 글에서 맞춤법을 얼마나 잘 지켰는지 평가하게 될 거예요. 현실
의 언어생활이랑 좀 더 가까운 거죠.”_다해

“당연히 우리나라에서 대학 가려면 수능이 더 필요하겠지만, 사
회에서 생활하는 데 도움이 되는 게 뭐냐 하면 얘기가 달라질 수
있겠죠. 제가 느끼기에는, 이 시험이 좀 더 실제 있는 상황을 다루
는 것 같아요.”_종찬

나는 이 실험을 통해 희망을 보았다. 수용적 학습과 객관식 위주 시험에만 익숙해져 있는 우리 학생들. 그들이 새로운 시험을 만난다면 당장은 어색해하고 힘들어하겠지만, 곧 시험의 성격과 의도를 파악하고 그에 맞추어 공부하기 시작할 것이다. 스스로 생각하는 힘을 기르는 공부를 하게 될 것이다. 난이도에 대한 어른들의 걱정과 달리, 오히려 당사자인 학생들은 새로운 시험을 활짝 반기지 않을까? 이제야 자신의 생각을 마음껏 표현할 수 있게 되었다며 눈빛을 반짝일 것이다.

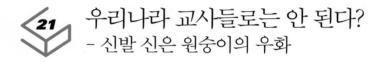

우리나라 교사들로는 안 된다?
– 신발 신은 원숭이의 우화

■ 교사들에게 날개를!   ■

　새로운 시험은 필연적으로 새로운 교육과정을 요구한다. 자신의 생각을 표현하는 시험을 치르기 위해서는 평소 수업에서 스스로 생각하는 힘을 길러야 하기 때문이다.

　창의적 수업을 위해 IB나 IGCSE의 교육과정은 교과서나 진도를 일괄적으로 규정해 두지 않는다. 교사에게 폭넓은 가이드라인과 수업 자료를 제공할 뿐이다. 1부에서 이야기했듯이, 교육 선진국들의 국가 교육과정도 이러한 방향으로 잡혀 있다.

　그런데 누군가에게는 이 점이 우리나라 국가교육과정을 위협하는 것으로 여겨지는 것 같다. 새로운 시험을 도입했다가 국가교육과정의 근간이 뒤흔들릴 우려가 있다는 것이다.

나는 먼저 묻고 싶다. 과연 우리나라 국가교육과정이 그 목표를 성공적으로 달성해 왔는가. 앞에서 본 시험 문제들이 우리나라 국가교육과정의 목표에 더 부합하지 않은가.

제 역할을 못 하는 국가교육과정이라면, 근간이 뒤흔들릴까 우려할 필요도 없다. 오히려 온 힘을 다해 뒤흔들어야 한다. 현재의 국가교육과정 자체를 과감히 포기해야 한다.

국가교육과정을 아예 없애자는 뜻이 아니다. '규제'에서 '지원'으로 역할을 조정하자는 것이다. 시대 흐름에 걸맞은 인재상을 파악하고, 그에 따른 교육 방식에 관해 거시적 가이드라인을 제시하고, 그 가이드라인 안에서 학교 현장에 최대한 자율성을 보장해 주는 국가교육과정이 필요하다.

이에 대해 또 누군가는 학교 현장의 적응 문제를 말한다. 특히 교사들에 대한 지적이다.

'지원'을 하는 국가교육과정에서는 교사의 역할이 지금과는 비교도 할 수 없을 정도로 넓어진다. 교사는 국가교육과정의 가이드라인을 참고해 스스로 수업을 설계하고 진도를 계획하고 과제를 지정해야 한다. 이제부터 새롭게 교사를 양성하면 몰라도, 기존의 교사들이 과연 이 일을 할 수 있을까? 지금까지 익숙하게 해 왔던 대로 국가교육과정에 의존하지 않고 스스로 교육권을 발휘할 수 있을까?

고백하자면, 나도 한때는 이런 걱정을 했다. 그런 내게 깨달음을 준 사람이 있다. 제주의 어느 국제학교에서 IB 한국어 과목을 가르친 정

■ 국가교육과정 개선 방향을 논의하는 정책 포럼. 현재의 국가교육과정은 개선되는 정도로는 부족하다. 완전히 새로워져야 한다.

재민 교사. 내가 대학에서 만난 제자들 중 한 명이다.

정재민 교사는 명문 외고와 서울대 출신이다. 우리나라 교육 시스템에 무척 잘 적응한 학생이었던 셈이다. 대학 졸업 후 그는 모교인 외고에서 교편을 잡았다. 그의 수업은 철저히 국가교육과정의 테두리 안에 갇혀 있었다.

"외고에 있을 때는 서술형 문제를 낼 때 열린 답안이 되지 않도록 동료 교사들끼리 최선을 다해 서로의 문제를 점검해 줬어요. 조금이라도 틈새가 있는 열린 답안이 나오면 학생과 학부모가 항의하게 되거든요. 왜 내 답은 답이 될 수 없느냐고요. 또 상대평가에 따라 등수 차이가 나게 하려면 시험 문제를 어떻게 내야 하는지 먼저 따져 본 다음에, 그런 시험 문제를 내려면 수업을 어떻게 진행해야 하는지 따져 보곤 했어요. 주객이 전도된 수업 설계를 한 거죠. 이런 것들이 참 힘들었습니다."

그러다 제주의 국제학교로 옮기면서 인생의 대전환을 맞았다. 이전과는 전혀 다른 교사가 된 것이다. 스스로도 깜짝 놀랄 정도의 변화였다.

"제가 공부해 온 방법 반대로만 하면 창의적 수업이 이루어지는 기적을 목격했어요. 하던 대로 설명하기를 멈추고 학생들에게 물어볼 때 비로소 새로운 이야기가 시작됐어요. 저도 이걸 경험해 보기 전까지는 이런 게 가능하다는 사실을 몰랐어요."

정재민 교사는 이런 수업이 일반 학교에서도 충분히 이루어질 수 있다면서, 변화가 없는 공교육의 현실에 안타까워했다. 자신이 가르쳤던 모교의 제자들에게 미안한 마음이 든다고도 말했다.

실제로 IB를 치르는 학생들이 특별히 우수한 학생인 것은 아니듯, IB 교육과정을 가르치는 교사들도 무슨 유별난 자질을 가진 교사인 것은 아니다. 우리나라 교사들은 이미 뛰어난 기본 역량을 갖추고 있다. 교사들이 창의적 수업을 할 수 있을까 의심하는 것은 기우다. 기존의 수업 방식에 익숙한 교사라도 일정한 연수나 훈련을 거치면 충분히 새로운 교육을 실천할 수 있다.

정재민 교사의 동료로 역시 IB 한국어 과목을 가르치는 임영구 교사는 내게 이렇게 장담했다.

"수업 설계는 드라마 각본을 쓰는 것과 같아요. 교사가 기획하고 집필하며 연출까지 하는 아주 창의적인 과정이죠. 공교육 현장에는 그걸 목말라하는 교사들이 많아요. 시스템만 바뀌면, 방향만 알려 주면 교사들은 날개를 달 겁니다."

■ 원숭이의 신발을 벗겨라 ■

국가교육과정이 완전히 바뀌는 것에 거부감을 느끼는 사람들, 교사도 학생도 현재의 국가교육과정을 잘 이행하기만 하면 되지 왜 들들 볶느냐고 반발하는 사람들에게 이야기하고 싶은 우화가 있다.

원숭이들이 사는 마을에 어느 날부터 한 신발 장수가 찾아오기 시작했다. 신발 장수는 원숭이들에게 신발을 공짜로 주었다. 원숭이들은 처음에는 신발을 불편해했지만 공짜라는 이유로 자꾸 신게 되었다. 그러다 보니 발에 굳은살이 다 벗겨져 신발이 없이는 걸을 수 없게 되었다. 그러자 신발 장수는 이제 더 이상 신발을 공짜로 주지 않겠다며 그 대가로 도토리를 요구했다. 원숭이들은 신발 값이 너무 비싸다고 투덜댔지만 어쩔 수 없었다. 신발을 신고 신발 장수에게 도토리를 따다 바치는 삶을 살게 된 것이다.

이를 해결할 방법은 무엇일까? 고통스럽겠지만 원숭이들의 신발을 과감하게 벗기는 것이다. 그리고 한동안 신발 없이 다니게 하는 것이다. 처음에는 발이 아프겠지만 결국 다시 굳은살이 생겨 원숭이들은 원래대로 신발 없이 살게 될 것이다.

원숭이가 신은 신발은 지금의 국가교육과정인 셈이다. 원숭이의 신발을 벗겼듯 지금의 국가교육과정을 과감히 사라지게 하면 당장은 교사도 학생도 불편함을 느낄 수 있다. 하지만 결국 교사는 자신의 교육권을 자연스럽게 발휘하게 될 것이고, 학생은 스스로 생각하는 힘을 기르게 될 것이다.

우리 발에 억지로 신겨져 있는 지금의 국가교육과정. 새로운 시험이야말로 이 불편한 신발을 벗겨 줄 최선의 도구다.

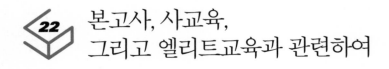

본고사, 사교육, 그리고 엘리트교육과 관련하여

■ 본고사의 부활일까?

우리 대학입시에는 3불 정책이라는 것이 있다. 본고사, 기여입학제, 고교등급제를 절대 금지한다는 것이다. 교육계에서는 이 세 가지가 거의 악의 축처럼 인식되고 있다.

이 중 실제로 오랜 기간 시행되며 많은 논란을 낳은 것이 본고사다. 대학별로 따로 문제를 냈는데 그 난이도가 무척 높았다. 학생은 학교 공부만으로는 감당이 되지 않아 힘들어했고, 교사는 가르칠 역량이 부족해서 불편해했고, 학부모는 사교육비를 대느라 부담스러워했다.

새로운 시험의 형태나 성격을 보고 언뜻 본고사를 떠올리는 사람들도 있을 것이다. 그렇다면 새로운 시험을 도입하는 것은 본고사의 부활인 것일까? 전혀 그렇지 않다. 이것은 새로운 시험을 설계하기 나름이다.

본고사의 난이도는 학교 공부는 고사하고 웬만한 사교육으로도 따라가기 벅찰 정도였다. 더구나 평소 내신시험과는 형태도 다르고 출제 범위도 달랐다. 그렇다 보니 내신시험용 공부 외에 따로 본고사용 공부를 하기 위해 학생들은 사교육을 찾아야 했다. 일본 본고사 문제를 구해다 푸는 학생들마저 있었다.

새로운 시험은 평소 학교 교육을 착실히 받은 학생이라면 충분히 풀 수 있도록 난이도를 설정해야 한다. 또한 형태와 출제 범위를 학교 교육과 긴밀히 연결시켜, 내신 준비가 곧 대입시험 준비가 되도록 해야 한다. 물론 20장 「난이도가 너무 높다? : 새로운 시험을 본 학생들이 말하다」에서도 말했듯이, 이때의 학교 교육이란 지금의 학교 교육이 아니라 스스로 생각하는 힘을 기르는 교육이어야 한다.

본고사가 어려웠던 또 다른 원인은 대학별로 제각각 실시된다는 점이었다. 대학에 따라 본고사 문제의 성격이나 유형이 달랐다. 학생들은 이 대학 본고사도 준비하고 저 대학 본고사도 준비하려니 버거울 수밖에 없었다.

새로운 시험은 대학별로 도입하는 것이 아니라 국가 차원의 대입시험으로서 도입하고 모든 수험생이 일괄적으로 치르도록 해야 한다. IB도 대학별로 따로 시험을 추가하는 경우는 없다. 다만 대학이나 전공에 따라 IB 교과과정 중 특정 선택 과목의 성적을 요구하는 경우가 있을 뿐이다.

시험은 어떻게 설계하느냐에 따라 다른 모습이 되고 다른 영향을 미친다. 새로운 시험을 도입할 때 다양한 요소를 고려해 신중하게 설계하면 될 것을, 본고사와 유사한 점이 있다고 싹부터 잘라 버려서야 되겠는가.

■ 사교육 시장이 팽창할까?　　　　　　　　　■

교육 당국이 대입시험이 바뀔 때마다 내세운 이유들에는 예외 없이 '사교육비 경감'이 껴 있었다. 그런 교육 당국을 비웃기라도 하듯 사교육 시장은 끝을 모르고 팽창해 왔다.

사교육에 대한 나의 생각을 솔직히 밝히겠다. 교육 정책으로 사교육을 없애는 것은 불가능하다고 본다. 교육의 결과가 사회적 자산이나 재화로 이어지는 사회 구조가 바뀌지 않는 한, 당장 획기적으로 줄이는 것도 요원하다고 본다. 사교육비는 지위재로서의 성격이 강하기 때문이다. 지위재란 다른 사람들과 비교했을 때 내가 우위에 있기 위해 구입하는 제품으로, 사교육은 공부를 '절대적으로' 잘하기 위해서가 아니라 남들과 비교했을 때 '상대적으로' 잘하기 위해 구입하는 것이다. 따라서 대입 제도가 어떻든 간에 교육 시스템이 어떻든 간에, 돈이 있는 사람은 사교육비를 쓰게 된다.

하지만 적어도 사교육의 방향은 바꿀 수 있다. 현재의 사교육은 학

■ 강남 학원가의 홍보 문구. 사교육을 완전히 없앨 수 없다면 사교육의 방향을 바꿔야 한다.

교 수업보다도 한층 더 집요하게 수용적 학습에 매진하고 있다. 학생들에게 반복적으로 문제풀이를 시키고 각종 요령을 주입하는 데 열을 올린다. 이런 방식이 현재의 시험에서 좋은 성적을 내는 데 효과가 있기 때문이다. 그런데 새로운 시험에서 좋은 성적을 내게 하려면 사교육이 어떻게 해야 하겠는가. 덩달아 학생들이 스스로 생각하는 힘을 기르는 학습을 할 수밖에 없다.

나아가, 새로운 시험이 사교육을 없애지는 못해도 상당 부분 무력화시킬 것이라고 나는 조심스럽게 예측한다. 사교육 열풍이 워낙 뿌리 깊기 때문에 '조심스럽게'라는 단서를 붙이기는 했지만 근거 없이 하는 말은 아니다.

우리나라 사교육 시장이 이토록 비대화되기까지는 획일화된 국가 교육과정이 단단히 한몫했다. 교과서도 획일화, 수업도 획일화, 진도도 획일화, 시험도 획일화되어 있으니 사교육업체 입장에서는 가르치기가 얼마나 수월한가. 그런데 새로운 시험이 등장하고 그에 맞게 국가교육과정도 바뀌면 사교육업체는 당황할 것이다. 교사마다 교과서도 다르고 가르치는 내용도 다르고 진도도 다르니 도대체 어느 장단에 맞추어야 할지 알 수 없기 때문이다. 학생들은 사교육을 찾는 대신 학교 수업에 더 충실히 하는 편을 선택할 것이다.

나는 사교육을 줄이기 위해 새로운 시험을 도입하자는 것이 아니다. 교육 개혁의 최우선 목적은 어디까지나 교육의 질을 높이는 것, 학생들이 스스로 생각하는 힘을 갖게 하는 것이 되어야 한다. 다만, IB나 IGCSE 같은 새로운 시험을 도입해 교육 개혁을 하게 되면 이것이 사교육을 상당히 무력화하는 방향으로 자연스럽게 유도할 것이다. 그렇기 때문에 더더욱 교육 혁명은 시험 혁명으로부터 시작되어야 한다는 것이다.

■ 엘리트교육의 영역일까?　　　　　　　　　　　　　■

한번은 어느 방송국 토론회에 나가서 우리나라에 새로운 시험을 통한 비판적 창의적 교육이 필요하다고 열변을 토했다. 그러자 상대 토론자가 "그런 건 엘리트교육의 영역이죠"라고 하는 것이 아닌가.

비판적 창의적 교육이 필요하긴 하지만 그렇다고 모든 국민이 그런 교육을 받아야 하는 것은 아니고, 일부 최상위 인재들에게만 적용해야 효과적이라는 주장이었다. 한술 더 떠서 그는 최상위 인재들이 창의적 작업을 하는 동안 기존 지식을 수용하고 유지할 인력도 필요하다고 말했다.

물론 엘리트교육은 그 나름대로 필요하다. 하지만 공교육과 엘리트교육이 수용적 교육과 비판적 창의적 교육으로 나뉘어야 하는 것은 아니다. 대다수 보통 사람들을 위한 공교육도 비판적 창의적 교육이어야 한다. 여기에는 몇 가지 이유를 들 수 있다.

첫째, 인재 풀(pool)의 문제다. 러시아가 뛰어난 발레리나들을 배출하고 동유럽이 뛰어난 체조 선수들을 배출했던 이유는 그 나라들에서 많은 사람이 어릴 때부터 발레와 체조를 배웠기 때문이다. 우리나라는 1980~1990년대 어린이를 대상으로 하는 피아노학원이 전국적으로 많아지면서 오늘날 세계적 콩쿨에서 입상하는 연주자도 많아졌다. 예체능 분야만이 아니다. 어느 분야든 많은 학생이 어릴 때부터 교육받을수록 그 분야의 인재가 많아진다. 모든 국민이 비판적 창의적 교육을 받으면 그만큼 많은 인재가 생겨날 것이다.

둘째, 선발 기준의 문제다. 설령 최상위 인재들에게만 비판적 창의적 교육을 하기로 한다 해도, 그 대상이 되는 인재들과 나머지 대다수를 정확히 구분할 방법이 마땅치 않다. 창의력은 분야별 영역별로 다른 능력이다. 기계공학에서 창의적인 사람이 작곡에서도 창의적인 것이 아니고, 문학에서 창의적인 사람이 화학에서도 창의적인 것이 아

■ 엘리트를 위한 교육, 대중을 위한 교육을 나누는 것은 오히려 비효율적이다. 비판적 창의적 교육은 모든 국민에게 필요하다.

니다. 그렇다면 어떤 특정한 잣대로 각 분야에서 창의력 있는 학생을 골라낼 것인가. 수백 수천 가지 분야별로 각각 다른 평가 기준을 세울 것인가. 현실적으로 가능하지 않다.

셋째, 교육 방식의 문제다. 어찌어찌해서 분야별로 인재를 골라냈다 쳐도, 그들을 어떻게 교육할 것인가. 수학 전문학교 따로, 역사 전문학교 따로 보낼 것인가. 그렇다면 수학과 역사에 동시에 창의적 재능을 가진 인재는 어떻게 할 것인가. 역시나 현실적으로 가능하지도 않고 효율적이지도 않다.

넷째, 가능성의 문제다. 이것이 가장 중요한 이유다. 비교적 수용적 지식에 의존하는 분야에서도 비판적 창의적 사고력을 통해 혁신과 진화가 일어날 수 있다. 설거지만 해도 그렇다. 비판적 창의적 사고력이 있으면 설거지를 하다가 혁신적 식기세척기에 대한 아이디어를 떠올리는 것도 가능하다. 창의력에서는 역전의 가능성이 늘 존재해서, 평범한 사람이 새로운 인재로 재탄생할 수 있다.

비판적 창의적 교육은 1퍼센트의 인재들을 위해서도 필요하고 99퍼센트의 대중을 위해서도 필요하다. 그래서 새로운 시험은 반드시 엘리트교육이 아니라 공교육 안에서 이루어져야 하는 것이다.

4부

앞으로
대한민국
교육은?

교육은 적은 비용으로
나라를 지키는 방법이다.

에드먼드 버크

4차 산업혁명 시대의 교육은 무엇을 해야 할까?

23

■ 인공지능 통제권의 대중화에 대비하게 하는 교육 ■

세계를 들썩이게 한 알파고(AlphaGo). 역사는 알파고 이전과 알파고 이후로 나뉜다고 해도 과언이 아니다.

알파고로 대표되는 인공지능의 진화는 4차 산업혁명이라는 거대한 물결을 만들고 있다. 단순히 한 국가가 아니라 인류 전체의 삶의 프레임을 바꿔 놓을 기세다. 한편으로는 기대도 크지만, 인간의 자리를 빼앗기게 될 것이라는 공포도 팽배하다. 나는 그동안 교육 개혁을 하지 않으면 대한민국이 망할 수도 있다고 나라 걱정을 해 왔는데 이제는 인류 걱정까지 하게 생겼다.

이 시점에서 교육은 어떤 길로 나아가야 할까? 4차 산업혁명이 가져올 변화를 온몸으로 겪게 될 미래 세대를 위한 교육은 어떠해야 할까?

지금까지 이 책에서 줄곧 이야기해 왔듯이, 수용적 교육을 비판적 창의적 교육으로 바꾸는 것은 기본 중의 기본이다. 인공지능의 대두는 수용적 교육을 필사적으로 탈피해야 할 또 하나의 이유다.

이 기본적인 변화가 이루어진다는 전제 하에, 교육이 해야 할 일은 세 가지다. 첫째, 인공지능 통제권의 대중화에 대비해야 한다. 둘째, 현존하지 않은 직업을 발굴하게 해야 한다. 셋째, 코딩 네이티브 (Coding Native)를 육성해야 한다. 지금부터 이 세 가지를 하나씩 살펴보자.

역사의 패러다임을 바꾸는 새로운 기술의 등장은 기존의 강자를 무너뜨리고 새로운 강자를 세우곤 했다. 고조선이 한나라의 침략에 멸망한 것은 새로 등장한 철기 문화 때문이었고, 수천 년 동안 서양보다 우위에 있던 중국이 서양 열강에 어이없이 무너진 것은 산업혁명이 가져온 신무기 때문이었다.

20세기에 등장한 핵무기는 새로운 종류의 위험을 가져왔다. 강자와 약자를 막론하고 모두를 파멸시킬 수 있는 위험이었다. 그나마 다행인 점은, 핵무기는 국가 차원의 지원과 막대한 비용을 필요로 하므로 쉽사리 제작할 수 없고 소수에게만 핵무기에 대한 통제권이 주어진다는 사실이다. 더구나 핵확산금지조약 등 국제적 차원에서 핵의 위험을 억제하기 위한 장치들도 꾸준히 마련되어 왔다.

인공지능은 핵무기만큼이나, 아니 그 이상으로 인류를 위험에 빠뜨릴 가능성을 안고 있다. 핵무기와 달리 불특정 다수가 쉽게 접근할 수 있기 때문이다. 앞으로 인공지능이 상용화되어 분야를 막론하고 사회 곳곳에 스며들게 되면 누구에게나 인공지능에 대한 통제권이 주어질 것이다. 그만큼 돌발 상황을 억제하기가 어려워질 수밖에 없다.

미리 비관부터 하자는 것은 아니다. 기술은 가치중립적이다. 어떻게 사용하느냐에 따라 살인 도구가 되기도 하고 꼭 필요한 생활 도구가 되기도 한다. 칼이 그랬고, 화약이 그랬고, 자동차가 그랬다. 핵은 인류를 위한 에너지원으로도 쓰이고 있다. 인공지능이라고 예외가 아니다.

가치중립적 기술을 적절하게 제어하고 올바르게 사용하는 힘. 그것은 곧 인성의 영역이다.

인공지능은 대중에게 통제권이 분산되기 때문에 더더욱 한 명 한 명의 인성이 중요한 역할을 한다. 인성이야말로 4차 산업혁명 시대의 교육에서 가장 우선적으로 집중해야 하는 부분이다.

■ 현존하지 않은 직업을 발굴하게 만드는 교육 ■

인류가 인공지능을 나쁜 의도가 아니라 오직 선의로만 사용한다고 해도, 그것이 가져올 파장은 어마어마할 것이다. 특히 직업 구조를 뒤

272

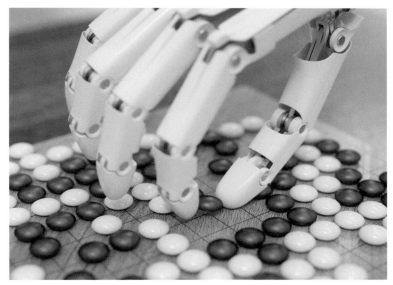

■ 알파고로 상징되는 인공지능은 사회 구조를 완전히 바꾸어 놓을 것이다. 교육도 그에 대비해야 한다.

흔들 것으로 예상된다.

　산업혁명의 결과, 기계들이 단순반복적 육체노동을 대체해 주었다. 컴퓨터의 등장은 조금 복잡하긴 해도 단순반복적 성격을 지닌 정신노동을 대체해 주었다. 이제 4차 산업혁명의 인공지능은? 대단히 고차원적이고 고도로 지적인 정신노동이 요구되는 영역을 대체하게 될 것이다. 오늘날 인기 직업으로 각광받는 의사, 법조인, 회계사 등이 이 영역에 속한다.

　현재의 직업들 중 절반 가까이가 20년 내에 사라질 것이라는 미래학자들의 예측은 결코 과장이 아니다. 하지만 이것이 곧 일자리 자체가 없어진다는 것을 뜻하지는 않는다. 산업혁명으로 기존 직업들의 80퍼센트가 사라졌지만 그 전에는 존재하지 않았던, 상상도 해 본 적 없는 새로운 직업들이 봇물 터지듯 끝도 없이 생겨났다. 4차 산업혁명 시대에도 그럴 것이다.

　직업 구조가 바뀌면 사회 구조, 생활 구조, 문화 구조, 가치관 구조 모두 바뀌게 된다. 새로운 직업 구조에 맞추어 교육도 바뀌어야 한다. 그렇다고 어떤 특정한 직업을 예측해서 준비하는 것은 비효율적이다. 어떤 직업이 생겨날지 그 누가 정확히 알 수 있겠는가.

　교육이 길러야 하는 능력은 지금은 없는 새로운 직업을 발굴하고 만들어 낼 수 있는 능력이다. 그러자면 '결과'를 가르치는 교육에서 '과정'을 가르치는 교육으로, '집어넣는' 교육에서 '꺼내는' 교육으로, '문제해결력'이 중심인 교육에서 '문제발굴력'이 중심인 교육으로, 그리하여 '지식 소비자'가 아닌 '지식 생산자'를 기르는 교육이어야 한다. 인공지능이 미처 하지 못하는 그 이상의 상상과 통찰을 해 내며 인공지능과 공존해 나가는 인재를 길러야 한다.

그런데 지금 우리 교육 시스템은 어떤가. 수용적 학습을 하는 학생들에게 높은 점수를 주며, 인공지능에 백전백패할 인력만 양성하고 있을 뿐이다.

■ 코딩 네이티브를 만드는 교육

내가 처음 대학 강단에 선 것은 2000년 고려대 컴퓨터교육과에서였다. 전공필수 과목인 '컴퓨터교과교육론'과 '컴퓨터 교재연구 및 지도법'을 맡았다. 이때 나는 우리나라 컴퓨터 과목의 교육과정을 살펴보게 되었다. 컴퓨터적 사고방식을 가르치는 것이 아니라 워드나 엑셀 등 어느 특정 회사 소프트웨어의 사용법을 가르치는 매뉴얼 수준이었다. 컴퓨터적 사고방식의 산물인 프로그램의 생산자가 아니라 외국에서 생산된 소프트웨어의 소비자가 되도록 구성된 교육과정에 나는 탄식을 했다. 당시 학생들과 이것이 왜 문제이며 국가 경쟁력을 어떻게 약화시키는지 밤새워 토론했던 기억이 생생하다.

이러한 교육과정 덕분일까? 우리나라는 그 특정 회사에서 개발한 윈도우와 익스플로러에 대한 충성도가 전 세계에서 가장 높은, 매우 충실한 소비자가 되었다. 이제 우리 모두는 알고 있다. 학교의 정규 수업 시간에 특정 소프트웨어의 사용법을 가르치는 것이 얼마나 쓸데

■ 네덜란드 암스테르담에서 열린 어린이 코딩 행사. 선진국에서는 이미 코딩 교육이 활발히 이루어지고 있다.

없는 일인지 말이다.

　요즘은 코딩 교육이 주목을 받고 있다. 4차 산업혁명 시대에는 컴퓨터 및 소프트웨어 분야의 비중이 더욱 커질 것이다. 이 분야에서 핵심 도구가 바로 코딩이다.

　코딩은 컴퓨터 언어를 구사하는 것이라 할 수 있다. 그래서 일반 언어와 비슷한 성격을 가진다. 어릴 때 외국어를 배우면 그 언어를 네이티브 스피커처럼 구사할 수 있게 되듯, 어릴 때 코딩을 익히면 코딩 네이티브가 되어 컴퓨터와 자유롭게 소통할 수 있다.

　컴퓨터 및 소프트웨어 분야에서 지식의 생산자에게 종속되는 순응적인 소비자가 되지 않기 위해서는 컴퓨터적 사고방식을 익혀야 한다. 자라나는 디지털 네이티브들이 시대에 끌려가는 소비자가 아니라 시대를 이끄는 생산자가 되도록 하려면 4차 산업혁명 시대의 우리 교육은 코딩 네이티브들을 길러야 한다. 선진국들은 이미 코딩 교육을 주요 외국어 교육처럼 인식하고 초등학생들부터 시작하고 있다. 우리나라도 2018년부터 초·중·고 교육과정에 코딩 교육이 도입될 예정인데, 자세히 뜯어보면 여전히 수업 시수나 비중이 턱없이 부족하다.

또 한 가지 우려되는 점이 있다. 자칫, 전 국민이 영어 교육에 목을 매고도 실생활에서는 영어 한마디 제대로 구사하지 못하는 상황이 코딩 교육에서도 재현될 수 있다. 이를 피하려면 컴퓨터 언어를 얼마나 숙지했는지 평가하는 것이 아니라 컴퓨터 언어로 무언가 생산해 내는 역량을 평가해야 한다.

소위 주요 과목은 시대와 사회에 따라 변한다. 과거에는 한자가 일종의 주요 과목이었다. 현재는 세계 공용어인 영어가 주요 과목이다. 머지않은 미래에 인공지능은 지금 구글 번역의 어색한 수준과는 비교도 되지 않는 완벽한 통역 서비스를 제공할 것이다. 그때가 되면 영어는 주요 과목의 위치를 잃게 될 가능성이 크다. 국·영·수가 아니라 국·컴·수가 주요 과목이 될지도 모를 일이다.

4차 산업혁명은 이미 시작되었다. 대비할 수 있는 방법은 교육 개혁뿐이다. 머뭇거릴 시간이 없다. 시대가 바뀔 때 한발 늦게 출발했다가 혹독한 대가를 치러야 했던 수많은 문명들과 국가들을 잊지 말아야 한다.

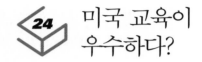

미국 교육이 우수하다?

■ 세종의 논리, 최만리의 논리　　　　　　　　　■

　세종이 다스리는 조선에서 노비가 과거에 급제하는 사건이 일어난다. 마침 한글 반포를 앞두고 있던 세종은 이 사건으로 어려움에 처한다. 노비의 급제에 기함한 유생들이 새로운 문자에 반대하고 나선 것이다. 모두가 문자를 쓰게 되면 신분 질서가 흔들려 세상이 혼란스러워진다는 이유다. 집현전 학자 최만리 역시 같은 이유로 한글 창제에 반대하는 상소문을 올린다. 그런 최만리에게 세종이 말한다.

　"백성들이 글자를 안다면 배우고자 할 것이고, 잘 살 방법을 찾게 될 것이고, 그렇게 삶의 즐거움을 찾기 위해서 꿈틀댈 것이다."

　아무리 설득해 보아도 세종이 뜻을 굽히지 않자 최만리는 묻는다.

"하오면 양반을 없애실 수 있사옵니까?"

"하지 못한다."

"노비를 없애실 수 있사옵니까?"

"못 한다."

"사농공상의 계급을 없애실 수 있사옵니까?"

"못 한다."

"헌데 그 글자라는 희망만 백성들에게 내리시오면 그 희망으로 고신당하는 백성들은 어찌하옵니까."

이것은 드라마 「뿌리 깊은 나무」의 한 장면이다. 실제로 세종대왕과 최만리가 이러한 대화를 나누었는지는 알 수 없다. 기록에 의하면 최만리가 상소를 올렸던 것은 사실이지만 첫째로 내세운 이유는 중국에 대한 사대였다. 세종이 『훈민정음』 서문에서 백성을 위해 새 문자를 만들었다고 밝히긴 했지만, 이는 순수한 애민 정신이라기보다는 피지배층을 유교 윤리로 교화해 왕권을 강화하려는 의도였다는 해석도 있다. 무엇보다, 그 시대에 신분제 없는 세상을 상상하는 것 자체가 힘든 일이었을 것이다.

여기서 사실 관계를 따지자는 것은 아니다. 어차피 사극은 역사를 재해석해 현재를 반영하기 마련이다. 이 장면 역시 마찬가지일 것이다. 교육학자인 나는 세종과 최만리의 대화 속에서 교육의 딜레마를 보았다.

최만리가 우려하고 있는 것은 한마디로 '희망고문'이다. 당시의 개념으로 보면 문자를 안다는 것은 곧 지식을 획득하는 것이다. 지식을 갖게 된 피지배층은 사회적 권력을 희망한다. 하지만 신분 질서가 공고해 계층 이동이 불가능한 사회에서 그 희망은 대개 헛된 꿈으로 남고 괴로움을 낳는다. 만약 문자를 알지 못했다면, 그래서 애초에 희망이란 것을 품지 않고 자신의 신분을 당연시했다면 느끼지 않았을 괴로움이다. 즉, 모든 사람에게 교육이라는 기회를 제공하는 것이 언뜻 그럴싸해 보이지만 결과적으로 대다수가 행복하지 않은 구조를 야기한다는 것이다.

최만리의 주장과 맥을 같이하는 논리가 이 드라마의 또 다른 주요 인물 정기준의 대사에서도 드러난다. 그가 세종에게 하는 말을 보자.

"넌 백성을 조금도 사랑하지 않는다. 백성은 보살피고 사랑해야 하는 여인과 같은 대상인데, 한 사내가 여인을 사랑하여 집에 바래다주는 것이 아니라 칼을 하나 사서 쥐어 주며 네가 지켜라 하는 격이다. 그것이 어찌 사랑이라 할 수 있는 것이냐. 귀찮은 것이야. 자, 글을 알았으니 이제 다 스스로 해결하라, 이러고도 불행하다면 그건 다 네놈들 책임이야. 이것이 너의 본심이다."

"가끔 그런 생각을 하지. 집에서 기르는 개를 보면서 저 개가 내 말을 알아들으면 얼마나 좋을까. 당신의 글자는 위정자와 지배층에게 그렇게 이용될지도 모른다. 무릇 백성은 어리석어 보이나 지혜로서 속일 수 없다고 했어. 허나 그 말은 어쩌면 오히려 어리석기 때문에 속일 수 없는 것일지도 모른다. 지혜가 없는 산이나 바위를 속일 수 없는 것처럼. 헌데 너의 글자로 지혜를 갖게 된 백성은 속게 될 것이

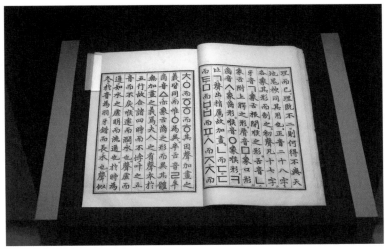

■ 국보 70호 『훈민정음』. 훈민정음의 창제는 오히려 백성에 대한 기만이었을까? 그렇다면 오늘날 교육은 일반 대중에 대한 기만일까?

다. 더 많이 속게 될 것이고 이용당하게 될 것이야. 사람의 말을 알아듣는 개처럼."

이 논리에 따르면, 문자를 알게 된 백성들이 스스로 삶의 즐거움을 찾을 것이라는 세종의 기대는 왕으로서의 책임을 회피하는 위선에 불과하다. 오히려 백성들은 문자를 통해 지배층의 논리를 받아들여 열과 성을 다해 지배층을 섬기게 된다. 결국 사회 구조적인 문제가 백성 개개인의 문제로 책임이 전가된다. 그것도 전혀 눈치채지 못하게.

최만리와 정기준의 지적은 조선 같은 엄격한 신분제 사회에서만 유효한 것일까? 우리가 살아가고 있는 지금 이 사회와는 무관한 것일까? 누구도 선뜻 '그렇다'고 답하지 못할 것이다.

얼마 전 교육부와 교육청이 주관한 포럼에 참여해 몇몇 전문가들과 함께 무대에 섰다. 그때 '인생에서 가장 후회되는 일은 무엇인가' 묻는 조사에서 다양한 연령대의 사람들이 뭐라고 답했는지 청중과 함께 맞혀 보는 코너가 있었다. 조사 결과를 보니, 10대, 20대, 30대, 40대, 50대 모두 인생에서 가장 후회되는 일 1위가 '공부 안 한 것'이었다. 60대와 70대는 '애들 공부 좀 더 안 시킨 것'이 상위권을 차지하고 있었다. 청중들도 이 결과에 고개를 끄덕이며 공감을 표했다.

하지만 만약 그때로 돌아가 열심히 공부한다 해도 원하는 결과를 얻을 수 있을지, 그래서 현재의 상황이 달라질지는 장담할 수 없다. 지금 내 삶이 성에 안 차는 것은 공부를 안 했기 때문이 아니라 사회 구조 때문일 가능성도 크다.

우리나라는 법적인 신분제는 없지만 극심한 사회경제적 불평등이 사실상 새로운 신분제 역할을 하고 있다. 위로 올라가는 통로는 좁디좁다. 학교가 성적에 따라 모든 학생을 일렬로 줄 세우면, 실제 실력이 어떻든 간에 상대적으로 앞선 사람과 상대적으로 뒤처진 사람이 생길 수밖에 없다. 그중 최상위에 선 소수의 사람만 그 좁디좁은 통로를 지나도록 허락받는다. 뒤처진 사람은 불평등한 구조 자체를 문제 삼기는커녕 '내가 공부를 못한 탓이지' 하고 스스로를 책망하며 자식들에게 "네 인생은 네가 하기 나름이니까 열심히 공부해야 한다. 엄마 아빠같이 살지 마라" 하고 말한다. 그렇게 대를 이어 희망 고문을 하는 사이, 사회 구조는 바뀌지 않고 굳건히 지속된다.

그렇다면 교육학자로서 이런 질문을 떠올릴 수밖에 없다. 모든 학생을 열심히 교육해 뛰어난 인재로 만든다 해도 사회가 그 인재들을 받을 역량이 안 된다면, 사회 구조에 맞추어 교육도 바꾸는 편이 낫지 않을까?

모두가 명문대를 목표로 아등바등하면 학생도 교사도 학부모도 고생은 고생대로 하고서 결국 소수만 행복해질 것이다. 하지만 일찌감치 엘리트교육과 그 외의 대중교육을 나누면, 그래서 골치 아프고 치열한 공부는 소수 엘리트만의 몫으로 돌리면 대다수가 더 행복해지지 않겠나. '포기하면 편하다'는 말도 있지 않은가.

일리 있는 논리라고 볼 수도 있다. 하지만 이 글을 읽고 있는 당신은 강한 반발심을 느낄 것이다. 교육이 그렇게 되어서는 안 된다고 생각할 것이다.

나도 마찬가지다. 나는 그런 교육을 결코 원하지 않는다. 그런데 실제로 최만리의 논리에 맞는 교육 시스템을 가진 나라가 있다. 바로 미국이다.

▬ 미국 교육의 민낯   ▬

미국에서 자녀를 학교에 보내 본 경험이 있는 부모들은 미국 교육을 찬양하게 된다. 자녀들이 한국에서보다 훨씬 밝아지고 활기가 넘치기 때문이다. 나 역시 그런 학부모 중 한 사람이었다.

미국 공교육은 20세기 초중반에 학생들의 흥미와 눈높이를 고려하지 않고 지식을 주입하던 기존의 교육에 반기를 들고 등장한 아동중심 교육과정, 생활중심 교육과정에 그 기반을 두고 있다. 학생들 각각의 적성과 흥미, 그리고 생활의 맥락에 맞추어 교육해야 한다는 주장이다.

이 흐름이 우리나라에도 영향을 미쳐 초등학교 저학년 과목 이름이 '바른 생활', '슬기로운 생활', '즐거운 생활'로 바뀌었다. 하지만 우리나라에서는 교과서의 이름만 바뀌었을 뿐 수업 내용이나 시험 형태까지 바뀐 것은 아니라서 아동중심주의가 그리 확산되지는 않았다.

아동중심 생활중심 교육과정이 얼핏 보기에는 아이들을 존중하고 개개인의 다양성을 인정하는 합리적 진보적인 교육과정으로 보인다. 그런데 미국 교육을 알면 알수록 나는 무언가 속은 듯한 느낌을 지울 수 없었다. 얼핏 합리적 진보적으로 보이지만 오히려 사회 구조를 고착화하는 데 기여하고 있지 않나 의심스러웠다.

미국 교육에서는 '하면 된다'라는 구호를 찾아보기 힘들다. 학생들의 흥미를 지나치게 존중한 나머지, 학생이 스스로 흥미를 나타내지 않는 분야는 어차피 그 학생과 잘 맞지 않는 것이므로 무리해서 가르치지 않아도 된다는 인식이 팽배하다.

그렇다 보니 공부 역시 누구나 열심히 노력하면 잘할 수 있는 것이 아니라 재능을 타고난 학생만 잘할 수 있는 것으로 여긴다. 성적이 나쁘면 학생 본인도 학부모도 교사도 공부가 아닌 다른 분야를 찾아야 한다고 생각한다. 즉, 일찍 포기하게 만든다.

몇 년 전 에이미 추아(Amy Chua) 예일대 교수의 '타이거 마더(Tiger Mother)' 이론이 미국 교육계를 강타했다. 추아 교수는 자녀의 흥미를 존중해서 자녀가 잘하는 것을 시켜야 한다는, 일반적인 미국 부모들의 생각에 반박한다. 아이가 무엇을 잘하고 무엇을 좋아하는지 제대로 해 보지도 않고 어떻게 아느냐는 것이다. 자신이 좋아하는 분야를 어릴 때 자연스럽게 알게 되는 경우는 거의 없으며, 어떤 분야를 열심히 공부해서 잘하게 되면 그것을 좋아하게 되는 경우가 훨씬 더 많다. 따라서 부모와 교사는 아이가 공부를 게을리하면 야단치고 재촉해야 하며, 그것이야말로 부모와 교사의 역할이라는 것이다.

이미 거의 모든 학부모가 타이거 마더인 우리나라에서는 딱히 새로울 것도 없는 주장이다. 미국과 대조적으로, 우리나라에서는 성적이 안 나오는 것은 노력을 덜했기 때문이라고 생각한다. 열심히 공부하면 성적을 올릴 수 있다는 믿음으로 학생이든 학부모든 교사든, 성적이 높든 낮든, 치열하게 노력한다.

이름에서 짐작할 수 있듯이 추아 교수는 중국계다. 중국도 우리나라와 비슷하게 교육열이 치열하다 보니 그 영향을 받아 이런 주장을 하게 되었을 것이다. 하지만 미국에서는 너무나 충격적인 주장이라, 아이의 행복권을 박탈하는 가혹한 처사라며 연일 반론이 펼쳐졌다. 아동 학대라는 표현까지 등장했다.

이렇게 자신의 흥미를 존중받는다는 미국 학생들. 그런데 사실상 이들은 자신의 한계를 극복할 기회를 은연중에 박탈당하고 있는 것은 아닐까?

다소 극단적인 예를 들어 보자. 수학보다 장난감 자동차를 더 좋아하는 아이가 있다. 그러면 미국 초등학교는 "너는 수학보다 자동차에 재능이 있나 보구나" 하면서 그저 계속 자동차를 가지고 놀게 한다. 결과적으로 이 아이는 수학 점수가 높지 않아서 상급 학교에 진학하지 못하고 단순 노동에 종사하게 될 가능성이 크다. 만약 자동차 놀이 시간을 제한하고 수학 공부를 시킨다면 좋은 대학의 기계공학과에 진학하고 높은 연봉을 받는 엔지니어가 될 수도 있을 텐데, 그 가능성이 아예 사라지는 것이다.

실제로 미국 학생들의 전반적인 학력 수준은 형편없다. 미국의 PISA(Program for International Student Assessment, 국제학업성취도평가) 순위는 거의 전 분야에서 지속적으로 중하위권을 기록하고 있다. 애써 무리하지 않고 일찌감치 공부를 포기하니 당연한 결과다.

미국 학생들의 99퍼센트는 명문대에 결코 진입하지 못한다. 공교육 시스템에 잘 적응하는 것만으로는 애초에 명문대 진학이 불가능한 구조다.

그런데 이러한 측면만 보고 미국 교육을 다 파악했다고 생각한다면 큰 오산이다. 미국 교육은 1퍼센트의 엘리트교육과 나머지 99퍼센트의 대중교육을 구분해 살펴보아야 한다. 1퍼센트의 엘리트교육이란 최상위 사립학교와 명문대에서 이루어지는 교육이다.

미국 교육은 아이들을 즐겁게 한다는 선입견과 달리, 1퍼센트의 교육을 받는 학생들은 우리나라 학생들 이상으로 숨 막히게 공부한다. 오죽하면 적어도 스포츠와 봉사활동은 좀 덜 해도 되는 한국의 대학 입시가 더 낫다고 부러워하는 교민들이 있겠는가. 미국 교육을 지탱하는 힘은 이 1퍼센트의 교육에서 나온다.

■ 케네디 대통령의 모교로 유명한 사립학교 초트 로즈메리 홀. 미국은 1퍼센트를 위한 교육과 99퍼센트를 위한 교육이 뚜렷이 나뉘어 있다.

우리나라는 획일화된 교육 방식 아래 99퍼센트의 학생들이 1퍼센트를 부러워하고 1퍼센트가 되지 못한 것을 불행하게 여기며 1퍼센트가 되기 위해 죽을힘을 다해 공부한다. 소수를 제외하고는 99퍼센트가 1퍼센트가 될 수 없기에 구조적으로 대다수 학생은 좌절하고 불행해할 수밖에 없는 구조다.

이와 대조적으로, 미국은 1퍼센트의 교육과 99퍼센트의 교육을 철저하게 구분하고 99퍼센트의 학생들이 1퍼센트를 부러워하지 않는 구조다. 교육만이 아니라 사회 전체적으로도 마찬가지다. 1퍼센트는 사회를 이끌어 가고, 99퍼센트는 각자의 위치에 만족하며 저항 없이 살아간다.

이 구조를 꿰뚫어 본 사람이 있으니, 바로 『무엇이 이 나라 학생들을 똑똑하게 만드는가』의 저자 아만다 리플리다. 이 책에서 아만다 리플리는 한국 교육과 미국 교육을 비교·분석한다. 그리고 다람쥐 쳇바퀴 같고 압력밥솥 같은 한국 교육과 다양성을 존중한다며 아이들에게 어려움을 주지 않는 미국 교육 중에서 하나를 선택하라 하면 자신은 망설이면서도 결국 한국 교육을 선택할 것이라 말한다. 한국 교육이 학생들을 힘들게 하지만, 학생들을 존중하는 척 폼 잡으면서 정작 학생들의 가능성은 키워 주지 않는 미국 교육에 비하면 적어도 정직하긴 하다는 것이 이유다.

미국 교육은 학생들이 꿈조차 꾸지 않게 하면서 이를 스스로 선택한 것처럼 인식하게 하는 무서운 기만정책이자 우민화 정책이다. 부의 격차보다 무서운 것이 꿈의 격차가 아닌가.

교육이 야기할 '희망고문'이 걱정된다면, 그것은 교육이 아니라 사회경제적 구조를 바꿈으로써 해결해야 할 문제다. 사회 최상위층만 인정받는 것이 아니라 수많은 사람이 각자의 분야에서 인정받게 해야 한다. 사회가 피라미드 구조인 것이 문제라면 하나가 아닌 수많은 피라미드를 만들면 되지 않겠는가. 교육을 어떻게 설계하느냐에 따라 개개인을 좁은 우리에 가두는 동물원을 만들 수도 있고, 모두가 자연스럽게 공존하는 에코 시스템을 만들 수도 있다. 자, 우리 교육은 어디로 가야 하겠는가.

25 한국 학생들은 왜 PISA 성적이 뛰어날까?

■ PISA 순위의 착시 ■

'아시아 학생 패러독스'라는 말이 있다. 전달받은 지식을 암기하는 수용적 학습을 한다고 비판받는 한국, 중국, 일본 등 동아시아 학생들이 서구권 학생들보다 오히려 더 좋은 성적을 기록하는 현상을 일컫는 말이다.

실제로 해외 명문대 입학생들 중 동아시아 학생의 비율이 눈에 띄게 증가하고 있다. 최근 몇몇 미국 명문대는 캠퍼스에 동아시아 학생들이 너무 많아지는 것을 막기 위해 대입 전형에서 더 높은 점수를 요구하는 등 역차별 제도를 시행하기 시작했다. 뉴질랜드의 최상위 의과대학들은 사실상 동아시아 학생 비율을 줄이려는 의도라는 비판을 감수하면서도 인성평가를 대입 전형에 포함시키겠다고 선언했다.

OECD가 주관하는 PISA는 국가들 사이의 학력을 비교할 때 신뢰성이 가장 높은 기준으로 여겨진다. PISA를 개발한 안드레아스 슐라이허(Andreas Schleicher)가 국제학술대회에서 발표할 때면 전 세계의 교육 전문가들이 모여든다. 의자는커녕 바닥에조차 앉을 자리가 없을 정도다. 이 PISA 순위에서도 동아시아 국가들은 지속적으로 상위권을 차지해 왔다. 우리나라도 마찬가지다.

PISA는 3년마다 만 15세 학생들을 대상으로 치러진다. 가장 최근인 2015년에는 35개 OECD 회원국과 37개의 비회원, 모두 72개 나라의 학생 54만 명이 참여했고, 우리나라에서는 168개 학교의 학생 5749명이 참여했다. 2015년 평가 결과, 우리나라의 순위는 2012년보다 다소 떨어졌다. 이를 두고 언론에서는 심각한 우려를 나타내는 기사를 앞 다투어 내보냈다. 하지만 도시국가들은 표본이 적어 결과가 왜곡되기 쉬우므로 제외하고 살펴보는 것이 타당하다. 우리나라는 수학, 읽기, 과학, 세 분야에서 모두 10위권이고 도시국가들을 제외하면 그 순위는 더 올라간다.

PISA는 단순한 정보 습득 정도가 아니라 비판적 창의적 사고력을 기준으로 학생들을 평가한다. 그러니 PISA 순위만 보면 우리나라 교육이 제대로 돌아가고 있다고 판단해도 될 것만 같다. 하지만 과연 그럴까?

PISA 순위를 죽 살펴보다 보면 저 아래쪽에 이스라엘이 눈에 띈다. PISA 순위가 낮아서 큰일이라고 연일 떠들어 대는 미국과 엇비슷하

수학	읽기	과학
1위 일본	1위 캐나다	1위 일본
2위 중국	2위 핀란드	2위 핀란드
3위 한국	3위 아일랜드	3위 캐나다
5위 캐나다	**4위 한국**	4위 베트남
8위 핀란드	5위 일본	**5위 한국**
34위 이스라엘	20위 미국	19위 미국
35위 미국	33위 이스라엘	34위 이스라엘

「PISA 2015」 OECD 2016.   ※도시국가 규모 제외

거나 그보다도 더 아래에 있다. OECD 국가들 중 중하위권이다.

이스라엘은 유대인이 세운 나라다. 유대인이 어떤 민족인가. 전 세
계 인구의 0.2퍼센트, 미국 인구의 2퍼센트뿐이지만 하버드대 등 아
이비리그 대학생들의 20퍼센트 이상, 노벨상 수상자의 30퍼센트 이
상을 차지하고 있다. 우리가 익히 들어 본 내로라하는 기업들의 CEO
가 유대인이고, 정치·언론·금융··예술 등 여러 분야에서 유대인들이
막강한 영향력을 행사하고 있다.

그 비결로 꼽히는 것이 유대인 특유의 교육 문화다. 유대인의 교육
에 대해서는 여러 매체에서 다루어 왔다. 책도 많이 출판되었다. 유대
인 교육을 벤치마킹하려는 열의는 계속되고 있다.

그런데 정작 이스라엘의 PISA 순위는 왜 이토록 낮을까? 그 이유
를 알아내기 위해서는 이스라엘의 역사적 사회적 배경을 살펴보아야
한다.

이스라엘은 제2차 세계대전 후 2,000년 만에 현재의 위치에 자리

를 잡으면서 그곳에 살고 있던 이민족을 쫓아냈다. 하지만 여전히 이스라엘 안에는 아랍인과 소수민족이 제법 많아서 전 국민의 4분의 1정도 된다. 이 4분의 1이 전체 학력 평균을 낮추는 데 큰 영향을 미치고 있다. 2013년 12월 3일자 《예루살렘 포스트(The Jerusalem Post)》에 따르면, 이스라엘에서 우수 학생의 비율은 OECD 평균과 비슷하지만 성적이 저조한 학생의 비율은 OECD 평균보다 매우 높은데, 성적이 저조한 학생들의 67퍼센트가 아랍인 등 소수민족이라고 한다.

그래도 여전히 의문은 남는다. 유대인 교육의 명성을 감안하면, 이스라엘에서 우수 학생의 비율이 OECD 평균밖에 안 된다는 사실이 어색하지 않은가.

이스라엘이 건국되자 세계 각국에서 흩어져 살던 유대인들이 속속 돌아왔다. 그런데 이미 번영한 선진국에서 안정된 생활을 누리고 있던 유대인들이 삶의 터전을 버리고 이제 막 건국된 혼란스러운 나라로 선뜻 갈 수 있었을까? 아무리 조국을 사랑한다 해도 그럴 수 있는 사람은 많지 않았을 것이다. 그래서 이스라엘은 인구를 늘리기 위해 아프리카와 아랍의 유대인들을 대거 받아들였다. 그 결과 같은 유대인 중에서도 백인은 기득권층을 차지하고 흑인과 아랍인은 하층민을 형성하게 되었다. 이들 사이의 빈부 격차는 오늘날 이스라엘의 고질적인 사회 문제다. 이 유대인 하층민들이 역시 학력 평균을 낮추고 있는 것으로 분석된다.

학력은 교육만의 결과가 아니다. 사회적 경제적 문화적 배경도 학력에 영향을 미친다. 환경이 열악하면 공부하기 힘든 것이 당연하다.

유대인 교육이 아무리 우수하다 해도 소수민족이나 하층민은 그 혜택을 제대로 받기 어려운 것이다.

요컨대, PISA 순위가 공신력이 있긴 하지만 때로는 그 숫자 이면의 배경도 파악할 필요가 있다. 나라별로 독특한 맥락을 고려해야 PISA 순위의 의미를 제대로 이해할 수 있다.

같은 맥락에서, PISA 최상위권인 우리나라의 교육, 결코 부러워할 만한 것이 아니다. 우리나라의 PISA 순위 그 이면을 살펴보자.

■ 공부의 질보다 공부의 양으로 승부하다　　■

우리나라를 비롯한 동아시아를 중심으로 나타나는 아시아 학생 패러독스. 이에 대해 여러 학자가 관심을 가지고 연구해 왔다.

그중 한 명인 호주의 교육심리학자 존 빅스(John Biggs)는 이렇게 주장했다. 동아시아 학생들이 토론이나 질문을 꺼리고 수용적 학습을 하는 이유는 그것이 유교 문화권의 평가 기준에 맞는 학습 방법이기 때문이다. 결코 그들이 비판적 창의적 사고력이 부족하기 때문이 아니다.

하지만 그렇게 수용적 학습을 해 온 학생들이 서구권 학생들과 동일한 기준으로 평가를 받을 때도 더 우수한 성적을 기록하고 있지 않은가. 빅스의 주장은 이에 대해서는 설명하지 못한다.

홍콩의 심리학자 비비안 룬(Vivian Lun)은 동양 학생들과 서양 학

생들의 사고방식 차이에 주목했다. 형식논리적 사고 체계의 서양에서는 수학·과학 같은 영역이 발달했고 변증법적 사고 체계의 동양에서는 한쪽 극단보다는 중간의 타협을 선호하는 중용의 철학이 발달했는데, 현재도 서양 학생들은 형식논리적으로 사고하는 경향이 있고 동양 학생들은 변증법적으로 사고하는 경향이 있다. 그래서 서양 학생들은 형식논리적 사고를 많이 할수록 성적이 높고 동양 학생들은 변증법적 사고를 많이 할수록 성적이 높다는 것이 룬의 주장이다.

하지만 이 주장대로라면 동아시아 학생들이 수학과 과학에서는 성적이 낮아야 하는데 전혀 그렇지 않다. 오히려 이 분야에서 더 두각을 나타낸다. 따라서 룬의 주장은 설득력을 잃는다.

나는 이렇게 본다. 아시아 학생 패러독스를 설명하기 위해서는 시험이 치러지는 시점을 주목해야 한다. 아시아 학생 패러독스는 대학에 입학하기 이전의 학생들에게서 주로 볼 수 있다. PISA 순위 역시 만 15세 학생들만을 평가한 결과다.

어느 나라든 대학 이전의 초·중·고 교육은 리터러시(literacy) 교육에 상당 부분 의존하는 경향이 있다. 리터러시 교육은 우리말로 '문해(文解) 교육'이라 번역되며, 읽고 쓸 수 있게 하는 교육을 가리킨다. 여기서 읽고 쓴다는 것은 단순히 글자를 읽고 쓰는 것만을 의미하지 않는다. 수학에서는 기본적인 개념, 공식, 계산법 등을 가르치는 것이 리터러시 교육이고, 음악에서는 기본적인 음정, 박자, 화성 등을 가르치는 것이 리터러시 교육이다.

어떤 분야든 리터러시 교육을 받지 못하면 깊이 있는 접근을 할 수 없다. 화학에 뛰어난 잠재력을 가진 학생이라도 원소 이름조차 외우지 않은 상태로 재능을 꽃피울 수 있겠는가. 그래서 초·중·고 교육에서는 아무리 비판적 창의적 사고력을 강조하는 수업이라 해도 어느 정도의 리터러시 교육을 반드시 병행하는 것이다.

그런데 수용적 학습을 통해 리터러시 교육을 열심히 받으면 일시적으로 비판적 창의적 능력이 높아 보이는 착시 효과가 일어날 수 있다. 초·중·고 교과과정은 대부분 단계적, 위계적으로 구성되어 있기 때문에 이러한 착시가 일어나기 더욱 쉽다. 1차 방정식을 배워야 할 나이에 벌써 3차 방정식을 푸는 학생이 있다고 치자. 이 학생은 스스로 3차 방정식 풀이법을 터득한 것일까, 아니면 무작정 3차 방정식 공식을 암기한 것일까? 어느 쪽인지 구분하기는 쉽지 않다.

아시아 학생 패러독스의 원인이 바로 여기에 있다. 동아시아 국가 학생들이 비판적 창의적 학습과는 거리가 먼 방식으로 공부하는데도 성적이 더 좋은 것은 리터러시 교육에 압도적으로 많은 시간을 쏟아 붓기 때문이다. 그렇게 '많이' 공부하고도 성적이 안 나온다면 오히려 그것이 더 이상할 것이다.

특히 우리나라는 PISA의 대상이 되는 중3~고1 학생들 대다수가 수용적 학습과 선행학습에 열을 올리고 있다. 리터러시 교육이 부족한 하위권 학생들의 수가 적어서 전체 평균이 올라가고, 그 결과가 높은 PISA 순위로 나타나는 것이다.

PISA의 조사 결과를 조금만 더 자세히 들여다보아도 이 사실을 확인할 수 있다. 현직 교사인 권재원의 책『그 많던 똑똑한 아이들은 어디로 갔을까?』는 우리나라가 PISA에서 평균 점수는 높아도 최상위권 학생의 비율은 현격하게 낮다는 사실을 지적한다. 이것은 우리나라에서 최상위권인 학생들 중 상당수가 PISA에서는 최상위권을 차지하지 못한다는 의미다.

이러한 경향은 같은 동아시아 국가인 일본과 비교해도 두드러진다. PISA 과학 분야에서 우리나라의 전체 평균 점수는 비록 2015년에 차이가 벌어지긴 했지만 그전까지 계속 일본과 비슷했다. 그런데 상위권 평균 점수는 꾸준히 일본과 큰 격차를 보인다. 일본도 전체 평균에 비해 상위권 평균이 더 낮은 편인데, 우리는 그 정도가 더 크다.

그러니 비판적 창의적 사고력이 중요한 판단 기준이라는 PISA 순위가 높다고 해서 그것이 우리 교육을 높이 평가할 근거가 되지는 못

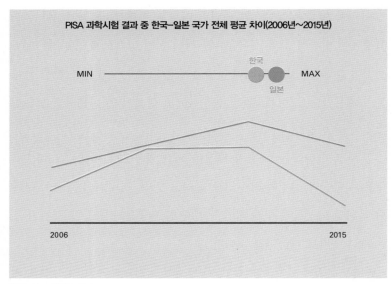

PISA 과학시험 결과 중 한국-일본 국가 전체 평균 차이(2006년~2015년)

「PISA 2015」OECD 2016.

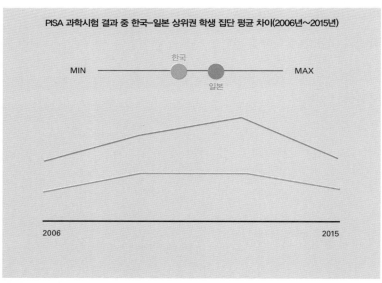

PISA 과학시험 결과 중 한국-일본 상위권 학생 집단 평균 차이(2006년~2015년)

「PISA 2015」OECD 2016.

298

한다. 공부의 질이 아니라 공부의 양으로 승부를 보았다는 근거가 될 뿐이다.

동아시아 학생들의 압도적인 수학 성적, 과학 성적을 보면 세계적인 수학자와 과학자는 전부 다 동아시아 출신이어야 마땅하건만, 현실은 그렇지 못하다. 리터러시 교육이 통하는 것은 딱 대학 이전까지만이다. 대학에 가면 사정이 달라진다. 비판적 창의적 사고력이 절대적으로 필요하다.

미국 명문대에서 동아시아 출신의 유학생들과 동아시아계 이민 가정 출신의 현지 학생들을 비교해 보면 흥미로운 결과가 나온다. 고국에서 초·중·고교를 다닌 유학생들은 고학년으로 갈수록 학점이 낮아진다. 반면, 미국에서 초·중·고교를 다닌 현지 학생들에게서는 이러한 현상이 나타나지 않는다. 인종이나 전통보다 교육 시스템이 결정적인 영향을 미치는 것이다.

오랜 기간 수용적 학습에 단련되어 온 동아시아 학생들이 대학에서 갑자기 비판적 창의적 사고력을 발휘하기란 쉽지 않다. 그렇게 아시아 학생 패러독스는 슬그머니 자취를 감춘다.

얼마 전 BBC는 「학교 바꾸기: 한국식으로(School Swap: Korea Style)」라는 프로그램을 방영했다. 영국 웨일스 지방의 고등학생 세 명이 서울 강남에 위치한 어느 고등학교를 체험하는 프로그램이었다. 웨일스는 영국에서 PISA 순위가 가장 낮은 지역이다. 웨일스에서 온 세 학생은 한국 학생들이 어떻게 높은 PISA 순위를 기록하는지, 한국 교육이 영국 교육과 어떤 점이 다른지 알고 싶어 했다.

이들은 한국 학교에 온 첫날부터 학생들의 어마어마한 공부 양에 놀라워했다. 처음에는 야간자율학습까지 따라 하려 했지만 금세 포기를 선언하고 도중에 하교해 버렸다. 이들은 한국 학생들은 학구열이 대단하다면서도 수업에 대해 이렇게 소감을 말했다.

"사실을 단편적으로 알려 주고 암기하게 한다는 느낌을 받았어요. 배운다는 게 꼭 그걸 이해한다는 것을 의미하지는 않는 것 같아요."

"수업 시간에 선생님을 빼고는 아무도 얘기하지 않는 게 가장 놀라웠어요. 제 눈엔 굉장히 이상해 보여요."

BBC 「학교 바꾸기: 한국식으로」 2008.11.28.

공부 시간이 가장 긴 나라, 그래서 PISA 순위는 높지만 공부에 대한 학생들의 흥미와 자신감, 학교에서의 행복감은 세계 최하위원인 나라, 바로 우리가 살아가고 있는 대한민국이다.

우리에게 착시를 일으키는 PISA 순위를 가지고 올랐네 내렸네 왈가왈부하는 것은 이제 그만하자. PISA 순위 너머에 있는 진실을 직시해야 한다

26 "국민은 개돼지입니다"
교육부, 이대로 괜찮을까?

■ **교육부의 헛발질과 갑질** ■

"99퍼센트의 국민은 개·돼지와 같으므로 먹고살게 해 주기만 하면 된다."

"어차피 평등할 수 없기 때문에 신분제를 공고화시켜야 한다."

"구의역에서 컵라면도 못 먹고 죽은 아이가 내 자식 일처럼 생각된다 하는 것은 위선이다."

2016년 여름 대한민국은 한 교육부 고위관리의 망언으로 들끓었다. 문제가 커지자 이 관리는 과음한 나머지 실수로 본의 아닌 말이 나왔다며 공식 사과했다. 하지만 그 해명을 믿는 사람은 없을 것이다. 술김에 실수한 것이 아니라 술김에 진심이 튀어나왔다는 것이 이 사태를 바라본 사람들 대부분의 생각이다.

비단 이 관리 한 명뿐일까? 그가 교육부에서 오랜 기간 인정받으며 요직을 거쳐 왔다는 사실은 그와 같은 신념이 용인되는 교육부 내부의 집단 문화를 적나라하게 드러낸다. 우리나라의 교육 정책이 이런 곳에서 기획되고 총괄되고 있었다니 참담한 일이다.

메리토크라시(meritocracy). 출신이나 가문을 따지지 않고 능력에 따라 지위가 결정되는 것이다. 공교육은 메리토크라시 시스템의 핵심적 부분이다. 모든 구성원에게 능력을 키울 기회를 보장함으로써 공정하고 합리적으로 계급을 타파하기 때문이다. 실제로 우리나라에서 공교육은 계층 상승의 사다리 역할을 해 왔다.

그런데 공교육이 그 역할을 제대로 하지 못하는 바람에 계층 상승의 사다리가 점점 없어지고 있다는 비판이 제기되고 있다. 최근 불거지고 있는 흙수저 논란도 이 비판과 맥을 같이한다.

현실이 이러할수록 교육부는 공교육을 통한 메리토크라시를 재건해야 한다는 강한 사명감을 가지고 정책을 짜야 한다. 교육부의 많은 관리들 자신도 메리토크라시 덕분에 그 자리에 오르지 않았던가. 고시로 관리를 선발하는 제도야말로 메리토크라시의 전형이니 말이다. 망언을 한 교육부 관리는 본인이야 이미 계층의 사다리를 올라왔으니 이제 그 사다리를 걷어 차 버리겠다는 심보였을까?

결국 이 관리는 경질되었다. 교육부로서는 단순히 한 명의 일탈로 치부하고 적당히 넘어가고 싶을 것이다. 하지만 그렇다고 문제가 해결된 것은 전혀 아니다. 교육부의 헛발질이 어제오늘의 일이 아니기 때문이다.

최근 가장 눈에 띄는 교육부의 헛발질은 단연 자유학기제다. 나는 자유학기제 대상인 중학생의 학부모로서 1년 동안 자유학기제를 경험해 보았다. 한마디로 총체적 난국이었다.

자유학기제에는 중간·기말고사가 없다. 하지만 수시로 수행평가를 하기 때문에 실질적으로는 엄연히 시험이 존재했다. 진로탐색 프로그램은 두어 번의 직업 강연과 딱 한 번의 직장 탐방이 전부였다. 이 직장 탐방은 진로교사가 학부모들을 상대로 지원자로 나서 달라고 거의 강요하다시피 호소한 덕분에 겨우 마련된 것으로, 그나마 친구 아버지의 직장에 가 본 것이 전부였다. 그나마 방송국이나 법원같이 특수한 장소라면 구경할 거리라도 있을 텐데 일반 회사는 책상이 여럿 놓인 사무실이 전부일 수밖에 없었다. 중학생에게 문서 내용에 대해 설명해 봤자 제대로 이해할 리 만무하다. 결국 아이들의 머리에 남은 것은 그 회사 구내식당에서 먹은 점심 메뉴뿐이었다.

학교의 자유학기제 프로그램이 충실하지 않으니 학생들은 놀면서도 불안하다. 내 주위 학부모들은 자유학기제 동안 사교육비를 오히려 늘렸다. 어차피 1년이 지나면 아이는 기존 시스템으로 원상복귀해야 하는데, 괜히 마음 놓고 놀았다가 성적이 떨어질까 걱정되기 때문이다. 다들 이구동성으로 자유학기제를 대체 왜 하는지 모르겠다고 말한다.

현실이 이러한데 희한하게도 신문에는 자유학기제를 칭찬하는 기사들이 자주 등장한다.

■ 교육부가 개최한 자유학기제 학부모 토크 콘서트.

- 자유학기제, 중학교 교실 확 바꿨다… 교우관계 개선·사교육
  비 감소 효과 《문화일보》 2016.8.26.
- "토론하고 진로 찾고… 자유학기제가 바꾼 교실, 직접 느껴 보
  세요" 《동아일보》 2016.10.13.
- "중1 땐 시험걱정 '뚝'… 꿈만 찾아라" 자유학년제 확산
  《연합뉴스》 2016.12.1.
- 진로교육 집중학년·학기제 만족도 높다
  《세계일보》 2016.12.21.

아니나 다를까, 댓글 게시판은 기사 내용이 실상과 딴판이라는 분

노의 말들로 도배되었다. 동조하는 댓글이 거의 보이지 않는다. 하지만 이에 아랑곳하지 않고 교육부는 자유학기제가 성공적으로 운영되고 있다고 자축하는 보도자료를 자꾸 배포하고 있다. 정말로 현실을 모르는 것인지, 알고도 모르는 척하는 것인지 궁금하다.

교육부의 무리수는 여성공학인재 양성사업에서 자유학기제 참여를 가산지표로 삼은 것에서 정점을 찍는다. 이 사업의 목표는 여성친화적 공학교육문화 조성인데 이것이 자유학기제와 무슨 관련이 있단 말인가.

단기적 성과에만 급급하니 정작 본질은 보지 못한다. 자유학기제의 주된 취지는 진로교육이다. 그런데 자유학기제 대상인 중학생들이 한창 사회생활을 할 미래에는 현재의 직업들 중 상당수가 사라지고 새로운 직업들이 생겨날 것이다. 사라질 수도 있는 직업들을 탐방하는 것이 얼마나 쓸모가 있겠는가. 그럴 시간에 새로운 직업을 창출할 수 있는 역량을 길러 주는 것이 진정한 직업교육이 아닌가.

교육부는 왜 이토록 헛발질을 거듭하고도 변하지를 않을까? 그것은 교육부가 그 자체로 거대한 '갑'이기 때문이다.

돈줄을 움켜쥐고 학교들을 휘두르는 교육부의 행태는 영세업체들을 상대하는 대기업의 갑질을 보는 느낌이다. 초·중·고교뿐 아니라 대학들도 교육부의 예산 지원 사업에 목숨을 건다.

교육부의 갑질을 정확하게 기술한 신문기사가 있어서 그 일부를 여기에 옮긴다. 안석배 조선일보 논설위원의 칼럼 「만물상: 교육부의 후안무치」다.

지난해 4월 강원도 한 리조트에서 있었던 일이다. 전국에서 모인 교수들이 교육부 평가위원 앞에서 면접을 봤다. "학생들 실습은 제대로 시키고 있나요?" 교수들은 답변에 진땀을 뺐다. 여기서 매긴 점수로 대학별 입학 정원과 예산 지원 여부가 결정되기 때문이다. 면접이 끝나고 한 교수가 총장으로부터 긴급 문자를 받았다. "B등급 이하 받으면 학교에 돌아오지 마!"

교육부가 올해 대학에 나눠 준 돈이 9조 원이 넘는다. 학생이 줄어 돈줄 마른 대학들은 정부 예산 받으려고 '쟁탈전'을 벌인다. 한 지방대 교수가 하소연했다. "연줄 없으면 대학 총장이 교육부 과장 만나기도 힘들어요." 그래서 대학마다 교육부 관료를 자기 학교에 모시느라 애를 쓴다. 아예 교육부 출신이 총장·부총장 되면 교육부로 가는 고속도로를 놓는 것이라고 한다. 증거 자료가 있다. 교육부 4급 이상 공무원 중 70퍼센트가 퇴직 후 대학으로 갔고, 교육 관료가 간 대학 중 92퍼센트는 구조조정 평가에서 낙제를 면했다. '교피아'는 대학과 교육부 간의 이런 갑을 관계를 먹고 산다.

《조선일보》 2016.11.1.

교육부가 예산으로 학교들을 좌지우지하며 추진하는 정책들은 교육 문제를 해결하기는커녕 오히려 악화시키고 있다. 이를 극명하게 보여 주는 것이 2016년 여름을 더욱 덥게 했던 이화여대 사태다.

시작은 교육부가 대학에 평생교육단과대학을 설립해 고졸자와 직장인에게 학위를 주는 사업을 공모한 것이었다. 교육부는 특성화고 출신 취업자를 입학시키는 단과대학을 만들면 예산을 더 지원하기로 했다. 여기에 이화여대가 참여를 추진했는데, 명분은 그럴듯하지만 실상을 들여다보면 기회의 평등과도, 결과의 평등과도 거리가 멀었다. 정상적 대입 절차를 거치지 않은 학생들에게 학위를 준다는 논란은 차치하고라도, 이들이 일반 이화여대 학생들과 동일한 수준의 교육을 받게 되는 것도 아니었다. 더구나 기존 교원들이 차출되어 겸임을 하니 일반 학생들이 받는 교육의 질도 떨어질 것이 불을 보듯 뻔했다. 학생들의 강한 저항에 끝내 이화여대는 사업을 철회했다.

이름 있는 대학마저 교육부에 휘둘릴 정도이니 일반 초·중·고교는 말할 것도 없다. 교육부는 교육과정, 교과서, 대입시험을 무기로 수업 내용과 평가 방식을 전부 통제한다. 그러면서 한편으로는 EBS 교재를 판매해 막대한 수익을 올리고 있다. 교육의 질은 점점 악화일로를 걷는 동안 교육부는 학생들과 학부모들을 상대로 장사에 열중하고 있으니 기가 막힌다.

우리나라 교육 개혁의 가장 큰 걸림돌이 다름 아닌 교육부임을 교육부 스스로 드러내고 있다. 학생들의 미래와 나라의 앞날을 생각한다면 지금과 같은 형태의 교육부는 존재 자체가 비교육적이다.

2016년 6월 한국연구재단에서 주최한 정책토론회 「제4차 산업혁명과 미래 인재 양성 방안」에서 박형주 국가수리과학연구소장은 이렇게 지적했다.

"한국의 교육부는 학과 간 벽 허물기가 아니라 더 벽을 만들어

가고 있습니다. 이는 학생들이 문제해결 능력을 배우는 게 아니고 한 가지 기술만 배우게 되는 것입니다. 지금은 데이터가 굉장히 많이 쏟아지고 있기 때문에 단순한 지식의 시대는 저물고 연계된 분야를 넘나드는 유연성을 통해 논리적 사고와 창의적인 문제해결 능력이 최고의 자산입니다.

(……)

현재 학생들은 미래 직장에서 처음 보는 일들을 해결해야 하는 요구를 받을 것이기 때문에 지금처럼 반복학습, 실수 안 하는 교육만으로는 먹고살 수 없습니다. 교육부의 여러 정책은 시대에 역행하는 것입니다. 학생들은 앞으로 지금까지 존재하지 않았던 문제를 풀어야 하는 상황에 부딪히게 됩니다. 필요한 것은 현재와 같은 반복학습에 의한 지식의 양이 아니고 생각의 힘입니다."

■ 정치에서 교육을 이야기하라　　■

공교육이 망가졌는데도, 교육부가 우왕좌왕하는데도, 정치권에서는 제대로 된 해결책을 제시하지 못하고 있다. 물론 아예 아무것도 하지 않는 것은 아니다. 선거 때가 되면 나름 교육 공약이라고 내놓는 방안들이 있긴 하다.

2016년 4월 총선에서 주요 정당들이 저마다 내놓은 교육 공약을 각각 살펴보았다. 눈에 잘 띄게 굵직굵직한 글씨로 쓰여 있는 교육 공

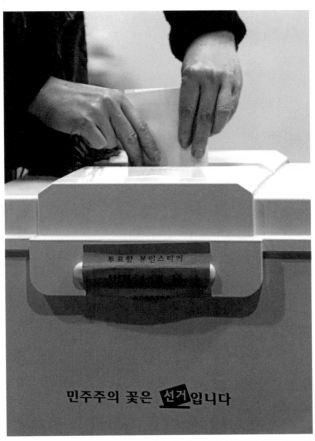

민주주의 꽃은 선거입니다

■ 투표용지를 투표함에 넣는 모습. 선거 때 각 정당은 각종 공약을 내걸지만 진정한 교육 공약은 보이지 않는다.

약은 주로 '초등돌봄교실을 확대하겠다', '고교 무상의무교육을 시행하겠다', '학교 폭력을 줄이겠다', '대학 등록금 부담을 줄이겠다', '학교 시설을 개선하겠다' 같은 것들이었다. 이러한 공약들은 엄밀히 따지면 복지 공약에 더 가깝다고 보아야 한다. 교육의 질과 직접적으로 연관된 것이 아니기 때문이다.

한 공약집 안에서 서로 모순되는 내용도 있었다. 어느 당은 창의·융합형 교육을 하기 위해 공립 창의학교를 설립하겠다면서, 동시에 사교육비를 줄이기 위해 대학입시를 내신과 수능으로 간소화하고 학생부종합전형 비중을 대폭 축소하겠다고 했다. 수험생들을 한 가지 잣대로 평가하는데 창의·융합형 교육이 제대로 될 리 있겠나. 교육에 대한 진지한 고민 없이 그럴듯해 보이는 말들만 대충 모아 놓은 포퓰리즘 공약에 불과하다.

교육 공약에 정작 '교육'이 없다. 교육 비용을 줄이고 교육 환경을 개선하는 일도 물론 필요하다. 하지만 가장 핵심인 교육의 질은 어떻게 하겠다는 것인지 어디에도 보이지 않는다. 각 정당들이 내세운 소위 교육 공약이라는 것들이 하나도 빠짐없이 실현된다 해도 교육은 바로 서지 못할 것이다.

우리나라 교육 시스템의 가장 큰 문제는 공교육 안에 있는 모든 학생들이 수용적 학습만 하고 있고 엉뚱한 능력만 기르고 있다는 점이다. 저소득 가정의 학생이나 고소득 가정의 학생이나 마찬가지다. 하지만 어느 정당도, 어느 정치인도 이 점에 주목하려 하지 않는다. 질 낮은 교육이라도 저렴한 비용으로 안전한 환경에서 받을 수 있다면 만족하라는 뜻인가.

애초에 교육 공약은 주요 공약 대접을 받지도 못한다. 공약집의 목차만 훑어보아도 금방 알 수 있는 사실이다. 일자리나 부동산과 관련된 경제 공약, 출산휴가나 병원비와 관련된 복지 공약에 밀려 교육 공약은 금방 눈에 들어오지도 않는다.

시험에서 무엇을 평가하는지, 수업 방법은 어떻게 이루어지는지, 학생들은 어떻게 공부하는지에 관한 문제는 단순히 학교에만 맡길 간단한 문제가 아니다. 꿈쩍 않는 공교육 시스템과 거대한 사교육 시장이라는 지금의 구도를 바꾸려면 사회 전체의 개혁이 맞물려 진행되어야 한다. 정치는 바로 이에 대한 책무가 있다.

우리 학생들은 시대와 사회가 요구하는 능력이 아닌 엉뚱한 능력을 기르느라 엉뚱한 공부를 하고 있고, 그것도 공교육을 넘어 엄청난 사교육까지 받아 가면서 하고 있다. 힘들다고 불행하다고 아우성이다. 그런데 정작 세계 무대에서 활약할 인재는 길러지지 않고 있다. 교육비가 무서워 출산율은 날이 갈수록 뚝뚝 떨어지고 있다. 이것이 나라 전체를 위협하는 문제가 아니고 무엇이란 말인가. 그런데도 왜 정치권은 침묵하고 있는가.

그럼에도 나는 교육부보다는 정치권에게 기대를 건다. 정치는 국민이 움직일 수 있기 때문이다. 교육부가 스스로 바뀌기는 요원하다. 교육부를 바꾸려면 정치가 나서야 한다. 그러자면 우리가 정치권에 강한 목소리로 요구해야 한다. 더 이상 교육에 침묵하지 말라고.

27 행복한 교육, 질문이 있는 교실, 그리고 거꾸로 교실에 대해

■ 행복한 교육의 함정　　　　　　　　　■

　빗속에 뛰어들어 놀기, 계절별 놀이, 별 보기, 아이들과 함께 계획 짜서 국내 여행하기, 우리 반 교실 야영, 물총 싸움, 함께 호흡하고 즐겁게 놀 수 있는 활동, 마음껏 학교 밖을 돌아다니는 것, 재미나게 노는 것, 아침활동으로 운동과 놀이……

　현직 교사가 쓴 어떤 책을 읽다가, 저자가 직접 조사했다는 ′교사들이 교육과정에 담고 싶은 내용들′이 눈에 띄었다. 교사들의 답변 중 절반이 이렇게 놀이와 관련된 것이었다. 나머지 절반은 정서적 성장이나 체험학습과 관련된 것이었다. 학생들의 지적 성장과 관련된 답변은 찾을 수 없었다.

우리나라 교육 문제가 심각하다는 데는 누구나 공감한다. 그리고 그 해결 방법으로 많은 사람이 '행복한 교육'을 말한다. 교사들도 마찬가지다.

그 마음 자체는 이해가 간다. 학생들이 너무 불행해하고 있으니 그 반작용으로 행복한 교육을 강조하는 것이다. 그런데 사람들이 말하는 행복한 교육이라는 것은 대개 공부의 양을 줄이고 놀이의 양을 늘리는 것을 의미한다. 즐거운 놀이로 행복하게 시간을 보내는 것이 과연 좋은 교육이라고 할 수 있을까.?

'행복하기도' 한 교육이라면 더할 나위 없겠지만, '행복하기만' 한 교육이라면 얘기가 달라진다. 여기에서 '행복하기도' 한 교육과 '행복하기만' 한 교육을 구분하는 기준은 학생들의 지적 성장이다.

배움은 어렵고 치열하다. 각 단계마다 절망을 느끼기도 하고 좌절하기도 한다. 학생들이 그 과정을 이겨 내도록 그래서 지적으로 훌쩍 성장하도록 하는 것. 이것이 교육의 역할이다. 선생님과 신나게 놀고 나면 일시적으로 즐거울 수는 있겠지만 학생들이 지적 성장을 이룰 수 있을지 의문이다.

학생들의 지적 성장이 없다면 그것은 교육이 제대로 이루어진 것이라 보기 어렵다. 행복을 추구한다는 명목으로 학교가 학생들의 지적 성장을 저버린다면 학교는 더 이상 교육 기관이 아니라 그저 보육 기관일 뿐이다. 불행한 교육을 해결하자며 행복한 교육을 외치는 구호들 속에서 나는 우민화와 맞닿아 있는 논리를 본다. 물론 그렇게 주장하는 사람들의 선의를 의심하는 것은 아니다. 그렇기에 더욱 아쉬운 마음이 든다.

학생들이 힘들어하도록 내버려 두자는 뜻은 아니다. 오히려 나는 어려운 과정을 거쳐 지적 성장을 제대로 이룰 때야말로 학생으로서 진짜 행복을 느낄 수 있다고 생각한다. 이것이 진정한 의미의 '행복한 교육'이 아닐까?

■ '질문이 있는 교실'과 '거꾸로 교실'에서의 질문　　■

최근 서울시 교육청을 비롯해 몇몇 교육청의 정책 중 하나가 '질문이 있는 교실'이다. 조희연 서울시 교육감은 공식 석상에서 '질문이 있는 교실'를 여러 번 공언했다. '질문이 있는 교실'에 대한 책도 여러 권 나와 있다.

'질문이 있는 교실'이라는 구호는 학생들이 수업에 적극적으로 참여하며 자유롭게 질문을 던지는 광경을 그리며 탄생했을 것이다. 그 주장에는 이견이 있을 리 없다. 그런데 여기서 질문의 종류에 주목해 보자.

학생들이 질문을 하지 않는 것은 수업이 교사의 일방적 설명에 의존하고 있기 때문이다. 하지만 현재의 수업 구조를 유지하면서도 질문의 양을 늘리는 것도 얼마든지 가능하다. 교과서 속 지식을 더 확실하게 이해하고 정답을 더 완벽하게 숙지하는 데도 질문이 효과적이기 때문이다. 이러한 목적을 가진 질문을 '명료화 질문'이라고 한다.

■ 거꾸로 교실을 창시한 조나단 버그만이 방한해 국내의 거꾸로 교실을 참관하는 모습. 질문이 있는 교실과 거꾸로 교실이 효과를 내기 위해서는 질문의 종류에 유념해야 한다.

　질문이라는 이름을 달고 있긴 해도 명료화 질문은 수용적 학습을 더욱 부추길 뿐, 비판적 창의적 학습과는 그다지 관련이 없다. 수업에서 명료화 질문이 증가하면 지금과 같은 방식의 시험에서도 학생들의 성적을 상승시킬 수 있다. 그것이 마치 교육 개혁의 효과인 양 오인될까 걱정이다.

　'질문이 있는 교실'과 더불어 큰 주목을 받고 있는 교육 개혁 브랜드가 있다. 미국의 교사 조나단 버그만(Jonathan Bergmann)이 창시한 '거꾸로 교실'이다. 교실에서 가르칠 내용을 동영상으로 촬영해 학생들이 집에서 미리 공부하게 한 후, 실제 수업은 질문 위주로 진행하는 것이다. 복습보다 예습을 하게 만듦으로써 교실 현장에서는 진도 나가기보다 질의응답에 집중하게 한 셈이다. 교실에서는 진도를 나가고

집에서는 복습을 하는 기존 방식을 거꾸로 뒤집었다고 해서 '거꾸로 교실'이라는 이름이 붙었다.

KBS 다큐멘터리 「미래 교실을 찾아서」와 「거꾸로 교실의 마법」이 화제가 되면서 '거꾸로 교실'과 관련된 교사 연수, 전문가 강연, 실행 가이드라인 등이 속속 개발되어 왔다. 이 프로그램들을 연출한 정찬필 피디는 아예 사표를 내고, '거꾸로 교실' 참여자들의 커뮤니티인 '미래교실 네트워크(www.futureclassnet.org)의 사무총장으로 자리를 옮겼다.

'거꾸로 교실'은 '질문이 있는 교실'보다도 한 걸음 더 나아간 방안이라고 할 수 있다. 질문이 많은 정도가 아니라 아예 질문 위주로 수업이 돌아가기 때문이다.

그렇기에 '질문이 있는 교실'이 조심해야 할 점을 똑같이 '거꾸로 교실'도 조심해야 한다. 그 질문이 명료화 질문이라면 '거꾸로 교실'은 수용적 학습의 또 다른 장이 될 수도 있다. 수용적 학습에서도 수업 전에 예습해 오고 수업 시간에 그 내용을 더 연습하는 것은 무척 좋은 방법이다.

우리 교실에 반드시 필요한 질문은 스스로 생각하는 힘을 바탕으로 하는 질문이다. 수업 방식이 어떻든 결국 '다름'을 '틀림'으로 간주하며 하나의 정답이 지배하는 교실에서는 어디에도 이러한 질문이 설 자리가 없다.

'질문이 있는 교실'도 '거꾸로 교실'도 그 자체로 목적이 아니다. 비판적 창의적 수업을 실현시키기 위한 도구인 것이다. 이 도구들을 제대로 이용하기 위해서는 교육 목표와 평가 방법을 먼저 점검해야 한다. 스스로 생각하는 힘을 바탕으로 하는 질문이 가득한 교실을 꼭 만들고 싶다면 말이다.

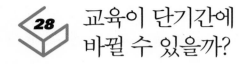

교육이 단기간에 바뀔 수 있을까?

28

■ **미국 빈민가에서 만난 뜻밖의 학교** ■

몇 년 전 필라델피아에서 열린 미국교육학회(AERA, American Educational Research Association)에 참가한 적이 있다. 미국교육학회는 미국뿐 아니라 아시아, 유럽, 아프리카 각국에서 1만 5000여 명의 교육학자들이 참가하는, 세계에서 가장 큰 교육학회다.

여러 다양한 일정이 잡혀 있었는데 그중 필라델피아 인근 빈민가의 한 공립학교를 방문하는 일정이 눈에 띄었다. 온갖 심오한 논문들이 발표되고 치열한 정책 토론이 벌어지는 와중에 다소 이질적인 일정이었다. 굳이 이 학교를 전 세계에서 온 교육학자들에게 보여 주려는 의도가 궁금해 참가를 신청했다.

아침 일찍, 학회가 열리는 호텔 입구에 참가 신청자들이 모였다. 온 갖 고급 차들이 지나다니는 호텔 앞 도로 한쪽에 누런색 낡은 스쿨버스가 기다리고 있었다. 영화 속에서나 보던 미국의 스쿨버스 내부는 생각보다 좌석이 좁고 지저분하고 불편해서, 보이는 것만큼 낭만적인 것이 아니구나 싶어 조금 실망스러웠다..

스쿨버스가 향한 곳은 중학교와 고등학교가 함께 있는 우드베리 공립학교였다. 이동하는 동안, 인솔자가 이 학교에 대해 간략히 안내해 주었다.

미국 학교는 저소득층 학생들에게만 선별적으로 무상급식을 제공한다. 전국 평균 10퍼센트 정도의 학생들이 무상급식을 받고 있다. 그런데 우드베리 공립학교의 무상급식 비율은 무려 60퍼센트. 그만큼 빈곤층 학생이 많다는 뜻이다. 우드베리 공립학교의 고질적인 문제점은 학생들이 공부를 하려는 의지가 전혀 없다는 것이었다. 대학에 가려는 학생이 거의 없고, 설령 성적이 좋다 하더라도 학비 때문에 학부모들이 대학 진학을 바라지 않았다. 우드베리 공립학교에는 열정도 희망도 찾아보기 힘들었다.

그러던 학교에 어떤 변화가 일어났다. 미국교육학회는 교육학자들에게 그 변화를 보여 주고자 한 것이다.

한 시간 만에 스쿨버스가 목적지에 도착했다. 중학교와 고등학교가 함께 있어 제법 넓은 학교였지만 시설은 평범해 보였다. 우리는 7~8명씩 조를 이루어 각기 다른 수업들을 참관하기 시작했다.

한창 수업이 진행되고 있는 교실. 처음에 나는 교사가 어디 있는지 찾지 못해 두리번거렸다. 학생들이 교사를 향해 일정한 방향으로 있는 것이 아니라 제각기 다른 방향으로 앉아 있었기 때문이다. 교사도 학생들 틈에 섞여 있었다. 교탁 같은 것은 따로 없었다.

일방적인 강의식 수업이 아니라 자유로운 토론식 수업이 벌어지고 있었다. 학생들은 스스럼없이 자신의 의견을 말했다. 그러다 즉석에서 두세 명씩 모여 수업 관련 프로젝트를 수행하기도 했다. 교사는 학생들을 지켜보다가, 때로 학생들 중 한 명인 것처럼 자연스럽게 토론에 참여했다.

학생들의 몰입도는 놀라울 정도였다. 나는 우리나라에서도 수업 참관을 많이 해 보았는데, 그때마다 학생들은 교실 안에 들어온 낯선 어른들을 의식하며 긴장하고 어색해했다. 그런데 이 학교 학생들은 참관인들이 들어오든 나가든 전혀 신경 쓰지 않았다. 7~8명이 한꺼번에 이동하면 아무리 조심스럽게 움직인다 해도 소리가 날 수밖에 없는데, 학생들은 아무 소리도 들리지 않는 양 참관인들 쪽을 돌아보지 않았다. 내가 가까이에서 사진을 찍을 때도 그저 수업에만 몰입할 뿐이었다.

한 수업만 이러하면 특수한 사례라고 생각했을 것이다. 그런데 내가 참관한 여섯 개의 수업 모두가 마찬가지였다. 제각기 다른 과목 수업이었는데도 말이다.

무엇보다 가장 인상적인 점은 학생들의 눈빛이었다. 내가 지금까지 가 본 미국 빈민가 지역의 학교들은 분위기가 비슷비슷했다. 학생들이 생기 없는 흐리멍덩한 눈빛이나 반항기 가득한 공격적인 눈빛을

■ 우드베리 공립학교의 수업. 단기간에 변화에 성공한 이 학교에는 일방적인 강의식 수업이 존재하지 않는다.

한 채 어슬렁어슬렁 돌아다니고 있었다. 그런데 우드베리 공립학교 학생들은 내가 본 어떤 학생들보다도 눈빛이 반짝반짝 빛났다. 마치 재미있는 게임을 하고 있는 것처럼 눈에서 총기가 넘쳤다. 쉬는 시간 에 다른 교실로 이동하는 많은 학생의 눈빛은 마치 그다음 게임을 기 대하는 것처럼 호기심이 가득했다.

그 눈빛을 보며 나는 감탄하지 않을 수 없었다. 교육 혁신의 결과 가 이것이구나! 화려한 숫자로 표현되는 대입 결과보다도 더 내 가슴 을 뭉클하게 만든 감동적인 눈빛이었다.

■ 5년 만에 일어난 변화   ■

참관을 모두 마친 후, 질의응답 시간을 가졌다. 참관인들이 한쪽에 모여 앉고 맞은편에는 학생들과 교사들 수십 명이 앉았다. 작은 흑진 주처럼 귀여운 흑인 여학생과 더벅머리를 한 히스패닉 남학생이 자신 의 경험을 담담하게 들려주었다.

"제 삶에는 희망이라고는 없었어요. 당연히 공부와는 담을 쌓고 있 었고요. 하지만 우드베리 공립학교에서 만난 선생님들 덕분에 제 삶 이 완전히 바뀌었죠. 저는 이번에 프린스턴대에 합격했어요. 전액장 학금을 받는 조건으로요."

"저는 아무도 못 말리는 반항아였습니다. 인생 포기자처럼 굴었어 요. 그런데 우드베리 공립학교에 온 다음부터 서서히 마음을 열게 됐어요. 지금 저는 육군사관학교 입학을 앞두고 있습니다. 제가 우드베리 공립학교에 오지 않았다면 불가능했을 겁니다."

학생들의 이야기를 들으며 나는 우드베리 공립학교의 여러 특징 중에서도 무엇이 이 아이들에게 가장 큰 영향을 미쳤을까 골똘히 생각해 보았다. 문득 내가 참관한 여섯 개의 수업 중 그 어느 것도 강의식 수업이 아니었다는 사실이 떠올랐다. 내가 본 수업만 그런가 싶어 다른 참관 그룹에 있었던 사람들에게 물어보았다. 이 학교에서 강의식 수업을 보았다는 참관인은 한 명도 없었다. 나는 교장 선생님에게 질문했다.

"혹시 외부 방문객들이 온다고 해서 모범적인 수업만 보여 주신 거 아닌가요? 제가 본 수업 중에는 강의식 수업이 하나도 없었는데 강의식 수업을 좀 볼 수 있을까요?"

"강의식 수업이요?"

교장 선생님은 낯선 단어를 들었다는 듯 고개를 갸우뚱했다. 그러더니 옆에 있던 학생에게 되물었다.

"우리 학교에 강의식 수업이 있었던가?"

"강의식 수업이요?"

학생들은 잠시 서로를 바라보다가 입을 열었다.

"음…… 한 4~5년쯤 전에 프랑스 수업이 강의식이었던 것 같아요. 하지만 지금은 강의식 수업이 하나도 없어요."

나는 교장 선생님에게 또 질문을 던졌다. 문제투성이 학교가 180도로 탈바꿈하는 데 얼마나 걸렸느냐는 질문이었다. 교장 선생님은 이렇게 답했다.

"저희가 개혁을 시작한 지 5년이 지났습니다. 이제 6년째에 접어들고 있죠."

짧은 시간 안에 일방적인 강의식 수업이 없는 학교로 거듭난 우드베리 공립학교. 수업을 혁신하면서 새로운 평가 시스템도 도입했다고 한다. 이 평가 시스템의 핵심은 학생들 사이의 서열보다 학생들 개개인의 학업 성취도 자체에 초점을 두는 것이다. 학생들은 동시에 시험을 보는 것이 아니라, 스스로 준비되었다고 생각될 때 개별적으로 시험을 치르게 된다. 이 학교만의 5단계 학습 척도에 따라 직접 자신의 단계를 판단하고, 준비된 학생부터 먼저 시험을 보는 것이다.

- 0단계: 도와주세요! 하나도 모르겠어요!
- 1단계: 도움을 받으면 알 수 있을 것 같아요.
- 2단계: 수업을 다 이해하기 위해서는 조금 더 도움이 필요해요.
- 3단계: 이제 이해했어요! 시험 볼래요!
- 4단계: 완벽하게 이해했고, 추가 점수도 받았어요.

이 개혁으로 우드베리 공립학교에 일어난 가장 큰 변화는 학생들의 태도였다. 공부의 의미를 알지 못하던 학생들이 태어나 처음으로 학습 주체가 되는 경험을 했고, 이 경험은 공부에 대한 열의로 이어졌다. 이러한 분위기를 반영하듯 학교 곳곳에 학생들의 의욕을 고취시키는 글귀들이 붙어 있었다.

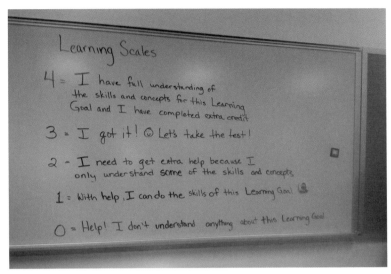

■ 우드베리 공립학교의 칠판에 적혀 있는 5단계 학습 척도.

• 모자란 사람은 '다른 사람들'에 대해 이야기하고, 보통 사람들은 '물건'이나 '사건'에 대해 이야기하고, 위대한 사람은 '이상'에 대해 이야기한다.

• 읽으면 10퍼센트만 배우고, 들으면 20퍼센트만 배우고, 보면 30퍼센트만 배우지만, 토론하면 70퍼센트를 배우고, 직접 체험하면 80퍼센트를 배우고, 가르치면 90퍼센트를 배운다.

이 변화가 단 몇 년 만에 이루어졌다니. 우리라고 못 할 이유가 무엇인가. 우리도 한번 해 볼 만하지 않은가.

많은 사람이 교육 문제에 공감하고 변화를 원하면서도 지레 포기하고 있다. 오랜 시간 고착된 이 교육 시스템이 금방 바뀔 수 있겠느냐, 달걀로 바위 치기 아니겠느냐 말한다. 그런 사람들에게 우드베리 공립학교는 증명해 보이고 있다. 변화는 몇 년 안에 가능하다.

지금도 내 머릿속에는 우드베리 공립학교에서 본 문구가 종종 떠오른다. 어느 교사의 책상 위 팻말에서 본 문구다. '교사는 한 번에 한 아이를 바꿈으로써 세상을 바꾼다.' 그렇다. 교육을 바꾸는 것, 그래서 우리 아이들을 다른 인재로 성장시키는 것이 곧 이 세상을 바꾸는 일이다.

다시 한 번,
시험이어야 한다

■ 우리 교육은 미운 오리 새끼? ■

하루가 멀다 하고 교육의 문제를 지적하고 해외사례와 비교하는 기사들이 나오니, 우리 교육은 문제투성이 미운 오리 새끼이고 외국의 교육은 이상적인 백조이기만 한 것 같다.

그런데 우리 교육은 문제만 있을까? 그렇지 않다. 우리 교육은 버락 오바마 미국 대통령도 거듭 언급할 만큼 세계가 부러워하는 장점을 가지고 있다. 바로 교육열이다. 미국 대통령이나 교육부 장관이 한국 교육을 모델로 언급하는 경우가 언론에 나오면 엄청난 반박 댓글이 달리는데, 사실 그들이 한국 교육의 장점으로 언급하는 것은 교육 방식이 아니라 높은 교육열이다.

실제로 한국의 한 중학교에서 원어민 영어교사로 일한 어느 교사가 한국 교육의 장점을 따서 미국 할렘가의 저소득층 아이들을 위한 학교를 세워 성공시킨 사례도 있다. 뉴욕에 있는 데모크라시 프렙 차터 스쿨(Democracy Prep Charter High School)이다. 여기서도 역시 한국 교육의 장점으로 가져간 것은 커리큘럼이 아니라 '교육을 최고의 가치로 생각하는 인식'이다. 행복, 직업, 명예, 돈, 권력 등 모든 것은 교육에서부터 나온다고 믿는 사회적 가치관이다.

지금이야 교육에 대한 이러한 사회적 가치관이 너무나 당연하게 퍼져 있지만, 우리나라에서도 교육에 대한 필요성을 전 국민이 절실하게 갖지 못하던 시절이 있었다. 나의 어머니는 초등학교 교사였다. 교육에 대해 누구보다 열정을 갖고 있던 어머니가 갓 부임해 의욕 넘치는 교사 생활을 시작한 것은 1960년대였다. 그때만 하더라도 대한민국의 교육열이 지금과 같지는 않았나 보다. 농사 지을 아이에게 공부 많이 시킨다고 화가 나서 낫 들고 학교로 쫓아온 학부모가 종종 있었다고 한다. 지금으로서는 도저히 상상할 수 없는 일이다.

요즘은 교육을 최고의 가치로 생각하는 인식이 너무 커서 오히려 여러 부작용이 나타나 사회문제가 되기도 하다. 그럼에도 그러한 그 인식이 교육을 향한 엄청난 열정과 동기의 원동력이 된 것은 부인할 수 없다.

오늘날 대한민국에서는 전 국민이 자식 교육을 향해 전력 질주를 한다. 가난하든 부유하든, 못 배웠든 많이 배웠든, 잘났든 못났든, 거의 모든 부모가 어떤 희생을 감수하고라도 자식 교육을 시키고 싶어

하는 교육열에 있어서는 타의 추종을 불허한다. 이러한 엄청난 교육열을 바탕으로 지난 수십 년간 세계사에 유래가 없는 경제 성장을 이룩했다는 것은 분명 뿌듯하고 자랑스러운 일이다.

지난 50년간 우리나라는 선진국을 보고 열심히 달렸다. 지금까지 우리 교육은 선진국을 따라잡는 방법으로서 매우 효과적이었다. 그런데 이제 우리나라는 선진국의 문턱에 들어선 이상, 여기서 어디로 어떻게 나아가야 할지 스스로 방향을 잡아 가야 하는 상황이다. 이제는 다른 나라들을 보고 달릴 수는 없다. 어디로 달릴지 우리가 결정해야 한다. 이 상황에서는 더 이상 누구를 따라 하는 교육만으로는 안 된다. 종류가 다른 공부를 해야 한다.

교육열이라는 장점이 엄밀하게 말하면 우리 사회의 원동력일 수는 있으나 우리 교육의 장점은 아니다. 우리 교육을 수입해 간 외국의 학교들도 교육에 대한 열정을 본받으려 했지, 무엇을 공부하고 어떤 식으로 교육하는지까지 가져간 것은 아니다.

교육열이라는 장점이 변화의 계기가 되게 하자. 엄청난 교육열을 바탕으로 우리의 교육 체계가 바로 서서 진정으로 건강한 교육이 이루어지게 하자. 빠르게 변화하는 정보사회에서는 누가 먼저 혜안을 가지고 미래를 예측하고 선점하느냐에 따라 우리의 미래가 좌우될 것임은 분명하다.

우리는 이 사실을 직시해야 한다. 지금이 바로 교육에서 변화를 시작해야 할 시점이다.

■ 새로운 시험은 난이도가 다른 시험이 아니라, 교육의 방향이 다른 시험이다. 한쪽 방향은 수용
적 학습, 다른 쪽 방향은 비판적 창의적 학습이다.

■ 죽은 말을 일으켜 세우는 방법 ■

　수년 전 하와이의 동서문화센터에 초청받아 미래의 대학 교육 정책개발을 위한 리더십 연수를 받았다. 그때 매우 인상 깊었던 수업이 있다. 필리핀 출신으로 유네스코 기초교육국에 몸담고 있던 빅토르 오르도네즈(Victor Ordonez)의 수업이었다. 그는 한눈에 보아도 세계 교육에 대한 열정과 전문성이 느껴지는 학자이자 실천가였다.

　이 수업 내용 중에서 특히 흥미로웠던 한 부분이 있다. 『서울대에서는 누가 A+를 받는가』에도 소개했던 것인데, 여기 다시 한 번 소개한다. '죽은 말(Dead horse)'이라는 제목의 이야기로, 죽은 말을 일으켜 세우기 위해 각 분야의 전문가들이 등장해서 갖가지 방법을 동원하는 내용이다.

　　장면 1　학교 건물 앞에서 어떤 신사가 말 위에 올라타 있다. 학교 울타리 한쪽 뒤에서는 한 꼬마가 이 장면을 엿보고 있다.

　　장면 2　신사가 타고 있던 말이 갑자기 주저앉는다. 죽었는지 눈을 뜨지 못한다.

　　장면 3　한 사람이 "말이 일어나지 않으니 좀 더 큰 채찍이 필요할까요?"라며 채찍을 가지고 온다. 말은 여전히 눈을 못 뜬다.

　　장면 4　다른 사람이 "말이 좋아하는 먹이인 당근을 가져왔어요"라며 당근을 말에게 먹이려 한다. 말은 꼼짝도 하지 않는다.

　　장면 5　또 다른 사람이 "성공적으로 말을 일으켜 세운 다른 학교들을 방문해서 벤치마킹 하는 것이 어떨까요?"라고 제안한다. 말은 여전히 엎드려 있다.

장면 6 또 다른 사람이 "좀 더 경험 많은 기수를 데려옵시다"라고 말한다. 말은 변화가 없다.

장면 7 또 다른 사람이 "죽은 말을 어떻게 일으킬지 연구할 위원회를 소집합시다"라고 한다. 말은 전혀 움직이지 않는다.

장면 8 또 다른 사람이 "제 생각에는 죽은 말을 어떻게 타는지 표준 가이드라인을 만들어야 할 것 같아요"라고 한다. 말의 눈은 계속 감겨 있다.

장면 9 또 다른 사람이 "말의 평판을 평가하는 것이 어떨까요?"라고 한다. 말은 그대로다.

장면 10 또 다른 사람이 "컨소시엄을 구성하여 공동으로 대응하도록 합시다"라고 한다. 말은 변화 없이 똑같은 자세다.

장면 11 또 다른 사람이 "면밀한 조사 결과, 말에는 아무 문제가 없다는 진단 결과가 나왔습니다"라고 한다. 말은 그대로 굳어 있다.

장면 12 또 다른 사람이 "근본적인 문제는 이렇게 말이 일어나지 못하도록 만든 어릴 때의 영양부실이에요"라면서 과거를 문제 삼는다. 말은 전혀 반응이 없다.

장면 13 또 다른 사람이 "이 문제는 사실 예산 부족 때문입니다. 여기에 보다 더 많은 예산을 투입합시다"라고 하면서 돈가방을 들고 온다. 말은 요지부동이다.

장면 14 또 다른 사람이 "말이 제대로 일어나지 못하는 것은 말을 모는 기수의 역량이 모자라서입니다. 기수들의 역량 평가를 시행합시다"라고 하며 평가 서류 더미를 들고 온다. 말은 깨어날 기미를 보이지 않는다.

장면 15　또 다른 사람이 "제 생각에 이 말에게는 정부 차원의 보조가 절실합니다. 필요하면 국제 공조도 요청할 수 있어요"라며 정부지원금을 양손 가득 들고 온다. 말은 조금의 움직임도 없다.

장면 16　그때 처음부터 이 장면을 울타리 뒤에서 엿보고 있던 꼬마가 "저는 어떻게 해야 할지 알아요! 말을 탔는데 그 말이 죽었으면 그냥 내리면 되잖아요! 그리고 다른 새로운 탈것을 구하면 되잖아요!"라고 소리친다.

장면 17　마침내 신사는 죽은 말에서 내려 자동차에 새로 올라탄다.

장면 18　죽은 말은 관에 넣어져 장례식이 치러진다.

만약 당신이 말을 타려고 하는데 말이 죽었다면 어떻게 하겠는가? 지혜로운 해결책은 죽은 말에서 내려서 새로운 말이든 아니면 자동차처럼 다른 새로운 탈것을 찾는 것이다. 그런데 안타깝게도 너무나 많은 사람들이 이처럼 죽은 말을 살리려고 헛된 노력들을 종종 한다. 물론 선의의 의도겠지만 현실적인 해결이 나오지 않는 방법으로는 앞으로 한 걸음도 나갈 수가 없다.

여기서 죽은 말이 상징하는 것은 잘못된 국가교육 정책이다. 오늘날 국가 차원의 학교 시스템들에서는 이런 식으로 죽은 말을 타려는 시도가 계속되고 있다. 이와 같은 말도 안 되는 개혁에 가장 고통받고 피해를 보는 사람들은 결국 학생과 교사다. 그러므로 이야기 속의 저 꼬마가 그랬듯이 우리는 다른 탈것을 찾으라고 외쳐야 한다.

그 다른 탈것은 바로 새로운 시험이어야 한다고 나는 이 책에서 이야기했다. 국가 전체의 방향을 바꾸는 새로운 시험이 우리를 다시 달리게 해 줄 것이다.

감사의 글

이 책은 전작 『서울대에서는 누가 A+를 받는가』 출간 이후 제가 받은 수많은 질문들에 대한 고민의 결과입니다. 『서울대에서는 누가 A+를 받는가』는 과분할 정도로 많은 관심과 격려를 받았습니다. 서울대에 대한 자극적인 비판이 아니라 대한민국 교육과 미래에 대한 걱정과 비전이 책의 본질임을 알아본 많은 분들이 적극적으로 격려해 주시고 지원해 주셨습니다. 이 책은 그러한 수많은 격려와 지원에 힘입어 시작되었습니다.

전작의 출간 직후 중앙일보 온라인 섹션에 칼럼을 써 달라는 제의를 받았습니다. 그곳에서 책에서 미처 못 다한 이야기부터 시작해 우리나라 교육과 관련된 여러 글을 써 내려갔습니다. 그중에 우리나라 수능과 다른 종류의 시험들을 비교·분석하는 글이 있었습니다. 우리나라 수능을 바꿀 수 있는 대안을 제시하는 그 글을 보고 매일경제신문에서 지면의 1면 헤드라인 기사로 확장해 보도하자는 제안을 해 왔습니다.

매경의 헤드라인 기사를 위해 취재를 하는 과정에서 우연히 제가 염두에 두었던 IB 시험을 일본이 국가 차원에서 도입했다는 사실을 발견했습니다. 일본의 문부과학성에 직접 전화를 걸면서, 이메일을 주고받으면서, 떨리고 긴장되던 순간들이 지금도 잊히지 않고 생생합니다. 일본을 보며 우리나라도 교육 개혁을 더 이상 지체해서는 안 된다는 초조함에 마음이 바빠졌습니다. 그러나 한편으로는 우리의 교육 개혁 방향에 대한 좋은 선례가 생긴 셈이라 교육 개혁을 앞당기는데 도움이 될 수 있겠다 기대되기도 했습니다.

매경 기사가 나간 후 조선일보에서 연락을 해 왔습니다. 정식 기자의 기사도 아닌데 매경이 1면 헤드라인으로 비중 있게 보도한 사실에 주목했다고 하면서 시험 혁명의 가능성을 탐색하기 시작했습니다. 교육계뿐 아니라 우리 사회 전체가 나라의 미래가 걸린 교육에 대해 문제의식을 갖고 함께 움직여야 한다는 것에 공감했습니다.

이 책은 이렇게 공감해 주시고 관심 어린 질문을 해 주신 사회 각계의 여러 독자들에 의해 세상에 나오게 된 것입니다. 그 모든 관심과 공감에 두 손 모아 진심으로 감사를 드립니다.

포스텍의 김도연 총장님은 서울대에 재직하던 시절부터 바칼로레아식 시험으로 바뀌어야 한다는 주장을 오랫동안 해 오셨습니다. 객관식 평가를 벗어나는 길이 옳은 방향이라 확신하신다면서 이 졸저를 적극 추천해 주셨습니다. 가슴 깊이 감사의 말씀을 전합니다. 이화여대 최재천 교수님은 KBS 「명견만리」에서 강연을 같이 했던 이후로 스승으로 존경하게 되었습니다. 우리 교육 문제에 대한, 교육학자보다도 더 날카롭고 지혜로운 비판과 통찰에 늘 감탄합니다. 진심으로 고맙습니다.

　매경의 김인수 논설위원님은 이 책의 씨앗이 되었던 매경의 1면 헤드라인 기사를 처음으로 제안하셨고 기사에서 저의 칼럼체 글을 일일이 기사체로 바꾸어 주시는 수고를 마다하지 않으실 만큼 매번 적극 지원해 주셨습니다. 머리 숙여 깊은 감사를 드립니다. EBS 장후영 피디님은 화제가 되었던 교육대기획 「시험」을 같이 작업했던 인연으로 우리나라 시험에 대한 문제의식을 함께하게 되었습니다. 제 칼럼을 읽고 나서도, 이 책의 원고를 읽고 나서도, 늘 적극 공감해 주시는 마음에 말할 수 없는 고마움을 느낍니다. 정말 감사드립니다. 구본권 한겨레 사람과디지털연구소장님은 처음에는 인터뷰 때문에 알게 되었지만 이후 강연이나 토론회에서 미래 사회를 위한 교육 방향을 공감하면서 많은 배움을 얻게 되었습니다. 긴 원고를 흔쾌히 읽어 주시고 한국 공교육을 탈출하는 아이들에 대한 딜레마를 공감해 주셨습니다. 가슴 깊이 고마움을 전하고 싶습니다. 강홍준 중앙일보 선임기자님은 김도연 포스텍 총장님의 추천으로 만나게 되었는데, 4차 산업혁명의 쓰나미가 몰려오는 와중에 객관성과 공정성이라는 명분으로 존재하는 수능이 더 이상 해답이 될 수 없음을 누구보다 예리하게 공감해 주셨습니다. 진심으로 고마운 마음을 표합니다.

이범 교육평론가님은 평소 유쾌하면서도 통찰적인 강연 동영상으로 워낙 자주 접해서 이 책의 직간접적 참고문헌이십니다. 교사의 교육권과 학생의 학습권을 돌려주자는 관점에 적극 공감을 해주셨습니다. 진심으로 감사드립니다. 박하식 삼성고 교장선생님은 일찍이 IB형 교육과정과 시험이 미래 인재 양성을 위한 불가피한 선택임을 직시하고, 경기외고 교장이던 시절 우리나라 최초로 IB를 공교육에 도입했던 분입니다. 박하식 교장선생님의 선구자적 발자취 덕분에 우리 공교육에도 다른 교육 도입이 가능하겠다는 희망과 용기를 갖게 되었습니다. 감동과 감사를 함께 전하고 싶습니다. 서영진 동국대 교수님은 하버드대에서 에릭 마주르 교수와 함께 연구하셨던 인연으로 알게 된 이후, 제 글과 관점에 누구보다 열정적인 팬이 되어 주셨습니다. 토론할 때마다 즐겁고, 건설적인 피드백으로 매번 저를 성장하게 해주셨습니다. 마음 깊이 따뜻한 고마움을 보냅니다. 세화여고 이병민 선생님은 실제 공교육 현장에서 이러한 새로운 시험을 어떻게 받아들일지 걱정하던 제게, 집어넣는 교육과 꺼내는 교육의 프레임을 정확히 파악하시고 청량음료 같은 추천사를 보내주셨습니다. 교육이 미래를 만들어 가는 밀알이라는 말씀 잊혀지지 않습니다. 진심으로 감사드립니다.

서울대 교육학과의 진동섭 교수님, 나일주 교수님, 그리고 미시간대의 이수영 교수님은 전작의 출간 이후에도 제가 지속적으로 후속연구를 추진하도록, 그리하여 우리나라 교육개혁 추진의 동력을 잃지 않도록, 늘 힘을 북돋아 주셨습니다. 가슴 깊은 감사와 존경을 전하고 싶습니다.

그리고 이 책에 등장하는 수많은 인터뷰에 흔쾌히 응해 주신 여러 교사들, 학생들, 학부모들, 교육학자들께도 진심으로 감사의 말씀을 전합니다. 현장의 생생한 목소리와 느낌이 독자들에게 실감 나게 전달되어 책의 메시지를 전하는 데 큰 도움이 될 것입니다.

이 책이 어렵지 않고 편안하게 읽힌다면 그것은 전적으로 편집을 오롯이 담당해 준 김서윤 씨 덕분입니다. 하고 싶은 말이 많아 두서없이 한 보따리 풀어놓으면 김서윤 씨는 수많은 질문을 통해 제 안의 콘텐츠를 끊임없이 꺼내 주었고, 이리저리 널려 있던 구슬 서 말을 꿰어 모든 글을 매끄럽고 깔끔하게 편집해 주셨습니다. 편집본을 읽으며 감동하던 기억과 감사한 마음을 꼭 전하고 싶습니다. 책의 컨셉과 방향을 예리하게 잡아 주시고 출간을 지원해 주신 다산북스의 김선식 대표님과 이여홍 과장님께도 고마움을 전합니다.

마지막으로 우리 교육의 문제를 보다 절실히 깨닫게 된 것은 교육학자로서가 아니라 두 아이를 키우는 엄마로서였음을 고백합니다. 각기 다른 교육 시스템에서 아이들이 어떻게 변하는지를 십수 년간 온몸으로 체험하면서 대한민국 교육이 나아가야 할 방향에 눈을 뜰 수 있게 되었습니다. 매일 새로운 배움과 깨달음을 주는 아이들과 언제나 열렬한 독자로서 피드백을 주는 남편에게 무한한 믿음과 존경을 보냅니다.

저자 이혜정 드림

이 책이 기반을 둔 저자의 연구 및 발표자료들

논문

Lee, Hye-Jung, Lee, J., Makara, K., Fishman, B., & Teasley, S. (2017). A cross-cultural comparison of college students' learning strategies for academic achievement between South Korea and the US. Studies in Higher Education (SSCI). 42(1), 169-183.

Lee, Hye-Jung, Hong, Youn-Il, Choi, Hyoseon (2017). Perceptions of tutoring roles and psychological distance among instructors, tutors, and students at a Korean university. Higher Education Research and Development (SSCI). 36(1), 143-157.

Rieh, S., Collins-Thompson, K., Hansen, P., Lee, H.-J.* (2016). Towards search as a learning process: A review of current perspectives and future directions. Journal of Information Science (SSCI), 42(1), 19-34.

Lee, Hye-Jung, Kim, H., Byun, H. (2015). Are high achievers successful in collaborative learning? An explorative study of college students' learning approaches in team project-based learning. Innovations in Education and Teaching International (SSCI). DOI:10.1080/14703297.2015.1105754

Lee, Hye-Jung, Lee, J., Makara, K., Fishman, B., & Hong, Y. (2015). Does Higher Education Foster Critical and Creative Learners? An Exploration of Two Universities in South Korea and the United States. Higher Education Research and Development (SSCI), 34(1), 131-146.

Lee, Hye-Jung (2015). A Theoretical Discussion for e-Text Communication in Learning. Interactive Learning Environments (SSCI). 23(3), 317-331.

Lee, Hye-Jung (2015). A Knowledge-building Process in Interaction-based E-Learning. E-Learning - Instructional Design, Organizational Strategy and Management, Boyka Gradinarova (Ed.), DOI: 10.5772/61518.

Lee, Hye-Jung, Makara, K., Choi, K., Hong, Y. (2014). An Explorative Comparison of South Korea and US College Students' Approaches to Team Project-Based

340

Learning. Proceedings in AERA (American Educational Research Association) 2014 (Philadelphia, USA).

Lee, Hye-Jung, Lim, Cheolil (2012). Peer Evaluation in Blended Team Project-Based Learning: What Do Students Find Important? Educational Technology and Society (SSCI), 15(4), 214-224.

Lee, Hye-Jung, Lee, Jihyun (2012). Who Gets the Best Grades at Top Universities? An Exploratory Analysis of Institution-wide Interviews with the Highest Achievers at a Top Korean University. Asia-Pacific Education Review (SSCI), 13(4), 665-676.

Lee, Hye-Jung & Choi, Hyoseon (2010). Differences of Using Learning Strategies in Higher Education: By SAT, GPA, and On/Off line Environments. International Journal for Educational Media and Technology, 4(1), 57-66.

Lee, Hye-Jung & Ilju Rha (2009). Influence of Structure and Interaction on Student Achievement and Satisfaction in Web-Based Distance Learning. Educational Technology and Society (SSCI), 12(4), 372-382.

Lee, Hye-Jung (2008). A Learning Process Mechanism in CSCL (Computer Supported Collaborative Learning). Proceedings of ICCE(International Conference of Computers in Education) 2008 (Taipei, Taiwan).

Lee, Sunghye & Lee, Hye-Jung (2008). Professors' Perceptions and Needs on Blended e-learning. In C. Bonk et al. (Eds.), (pp.984-993).Chesapeake,VA:AACE.

이혜정, 홍영일 (2011). 말성(Orality)과 글성(Literacy)의 교수-학습적 함의: 성적 우수자의 노트필기 전략의 해석 사례. 교육공학연구. 27(4), 670-700.

이혜정, 성은모 (2011). 대학교육에서 대학생 중심의 교수설계를 위한 최우수 학습자의 학습특성 및 학습전략 탐색. 교육공학연구, 27(1), 1-35.

이혜정, 최경애, 김세리, 홍성연, 홍영일 (2010). 대학 이러닝 운영을 위한 개념체제: 구조와 상호작용의 관점에서. 아시아교육연구, 11(2), 297-326.

이혜정, 김세리, 최경애 (2010). 외국 대학 이러닝 핵심 전략 연구. 교육정보미디어연구, 12(1), 167-188

이혜정, 홍영일 (2010). 대학수업의 질 제고를 위한 이러닝 교수법 온라인 콘텐츠 개발 연구. 아시아교육연구, 11(1), 67-90.

이혜정 , 홍영일 (2010). 서울대 공신 (工神), 그들은 누구인가? 가르침과 배움, 21호, 31-37.

이혜정, 최경애, 김세리 (2009). 연구중심대학의 강의 질 향상 정책 및 전략 연구. 교육학연구, 47(4), 145-174.

이혜정, 최경애, 김세리, 홍영일 (2009). 대학부설 평생교육 프로그램의 질 확보를 위한 운영체제 전략. 평생교육학연구, 15(4), 1-33.

이혜정 (2009). 동상이몽? 교수, 학생, 튜터가 생각하는 온라인 튜터링. 가르침과 배움, 20호, 16-22.

이혜정 (2009). 대학 강의의 질 제고를 위한 '이러닝 교수법' 온라인 콘텐츠 개발. 가르침과 배움, 19호, 26-32.

이혜정 (2009). HK SPACE (School of Professional and Continuing Education, University of Hong Kong). 가르침과 배움, 19호, 57-61.

이혜정, 이지현 (2008). 대학 '교수(teaching)'의 질 제고를 위한 대학교육평가지표 개선 방안 연구. 아시아교육연구, 9(3), 173-204.

해외 초청 강연

Lee, Hye-Jung (2014). Effective communication in a digital environment: how to overcome the barriers between teachers and students. Invited Speech at International research-to-practice conference of Educational Policy, Practice, and Research, AEO Nazarbayev Intellectual Schools (Astana, Kazakhstan)

Lee, Hye-Jung (2013). A Practice-Based Conceptual Framework for e-Learning in Higher Education: From the Perspective of 'Structure' and 'Interaction'. Keynote Speech of 3rd Annual International Conference on Education and e-Learning 2013 (EeL2013), Global Science and Technology Forum (GSTF) (Singapore).

Lee, Hye-Jung (2012). Who Gets the Best Grade at SNU? What Do Professors Assess? Invited speech at USE LAB SEMINAR, School of Education & School of Information, University of Michigan (Ann Arbor, USA)

Lee, Hye-Jung (2011). Evolutionary Change of Communication in Education: in the era of synchronous e-text communication. Keynote Speech of Annual International Conference on Education and e-Learning 2011 (EeL 2011), Global Science and Technology Forum (Singapore)

Lee, Hye-Jung (2010). Analysis of High-Achievers Learning Experiences in Team Project-Based Learning. Invited Speech at 2010 Hokkaido University – Seoul National University Joint Symposium. (Sapporo, Japan)

Lee, Hye-Jung (2010). Where to go for Curriculum Innovation in a Top Research University: Should we teach Product or Process? Invited Speech at Center for Research and Development in Higher Education, Hokkaido University (Sapporo, Japan)

Lee, Hye-Jung (2010). Curriculum Innovation in a Top Research University: Should we teach product or process? Invited Speech at CLEAR (Center for Learning Enhancement and Research) at Chinese University of Hong Kong (Hong Kong, China)

Lee, Hye-Jung (2009). Peer Evaluation in Blended Team Project Learning for Quality Teaching: What do students find important? Keynote Speech of 2009 International Technological and Vocational Education Conference (ITVEC). (National Taiwan Normal University, Taiwan)

Lee, Hye-Jung (2009). Faculty Development and Quality of Teaching: Seoul National University Case. Invited Speech at International Symposium on Professional Development in Higher Education 2009. Hokkaido University (Sapporo, Japan)

Lee, Hye-Jung (2008). Strategies to Build a Blended e-Learning Environment for Quality University Education. Invited speech at International Symposium 2008 on Long-Term Strategic Vision of e-Learning Implementation in Higher Education. National Institute of Multimedia Education (Tokyo, Japan)

저서

이혜정 『서울대에서는 누가 A+를 받는가』 다산북스 2014.
이혜정 『내 강의를 업그레이드해주는 Blended e-Learning 교수전략』 교육과학사
　2008.

기사 및 칼럼

「한 개의 정답 찾기 수능이 창의력 죽인다」 매일경제 2016.3.4.
「아시아 첫 IB 도입한 일본」 매일경제 2016.3.4.
「국영수, 국컴수로 바뀐다 – 시대변화 따라 교육도 진화해야」 매일경제 2016.3.20.
「불행하다는 대한민국 학생들」 매일경제 2016.7.3.
「공교육도 헌법도 내팽개친 교육부관리의 신념」 매일경제 2016.7.11.
「이대 사태에서 아무도 말하지 않는 "교육"」 매일경제 2016.8.7.
「토론/생각하는 힘 안 기르는 한국교육」 매일경제 2016.9.18.
「인재 양성 시스템 바꿔야 나라가 변한다」 매일경제 2016.11.6.
「국정교과서 논란의 프레임」 매일경제 2016.12.11.
「4차 산업혁명 시대 교육혁명이 어려운 이유」 매일경제 2017.1.26.

「우리 교육은 미운오리새끼인가?」 중앙일보 J플러스 2014.12.11.
「미국교육은 부러워할 백조인가?」 중앙일보 J플러스 2014.12.11.
「미국 공교육의 허상」 중앙일보 J플러스 2015.1.05.
「미국인이 본 미국교육의 문제」 중앙일보 J플러스 2015.1.13.
「한국교육 vs 미국교육: 어느 쪽이 더 정직한가?」 중앙일보 J플러스 2015.1.20.
「대학 강의평가의 함정」 중앙일보 J플러스 2015.2.7.
「세종에 맞선 최만리는 어리석었던 것인가?」 중앙일보 J플러스 2015.1.27.
「강의평가의 함정」 중앙일보 J플러스 2015.2.27.
「유태인의 위대한 교육? 이스라엘은 왜 PISA에서 하위권인가?」 중앙일보 J플러스
　2015.3.9.

「공부 잘 하는 민족이 따로 있나?」 중앙일보 J플러스 2015.3.25.

「아시안 패러독스 I: 아시아인들의 잘못된 공부법으로도 성적이 높은 이유」 중앙일보
    J플러스 2015.6.9.

「TV는 바보상자? 그럼 강의는?」 중앙일보 J플러스 2015.7.9.

「아시안 패러독스 II: 동양인과 서양인의 사고방식의 차이?」 중앙일보 J플러스
    2015.8.17.

「강의실에서의 폭스 박사」 중앙일보 J플러스 2015.10.05.

「강의가 없는 학교」 중앙일보 J플러스 2015.10.30.

「총선교육공약에 '교육'이 없다」 중앙일보 J플러스 2016.4.11.

「죽은 말을 일으켜 세우는 방법」 중앙일보 J플러스 2016.9.28.

「일자리 전쟁 시대의 대한민국 교육」 중앙일보 J플러스 2016.10.27.

방송

CBS 라디오 「시사자키 정관용입니다」 '교육전문가가 말하는 바람직한 대학공부법'

EBS 교육대기획 「시험」 4부 '서울대 A+의 조건'

EBS 초대석 「서울대에서 A+를 받는 비법」

KBS 교육혁신프로젝트 「학교의 진화」

KBS 명견만리 「교육의 미래」 1부 '대학은 사라질 것인가?'

MBC 「뉴스데스크」

TBC 교육특강 「제3교실」 '알파고 시대의 교육'

논문

Anderson, L. W., Krathwohl, D. R., & Bloom, B. S. (2001). A taxonomy for learning, teaching, and assessing: A revision of Bloom's taxonomy of educational objectives. Allyn & Bacon.

Autor. D. H., Price. B. (2003) The Changing Task Composition of the US Labor Market: An Update of Autor, Levy, and Murnane. MIT Working Paper.

Biggs, J. B. (2011). Teaching for quality learning at university: What the student does. McGraw-Hill Education (UK).

Blumenfeld, P. C., Soloway, E., Marx, R. W., Krajcik, J. S., Guzdial, M., & Palincsar, A. (1991). Motivating project-based learning: Sustaining the doing, supporting the learning. Educational Psychologist, 26(3-4), 369-398.

Bok, D. (2006). Our Underachieving Colleges: A Candid Look at How Much Students Learn and Why They Should Be Learning More. Princeton University Press.

Bruner, J. S. (1976). The process of education. Harvard University Press.

Carpenter, S. K., Wilford, M. M., Kornell, N., & Mullaney, K. M. (2013). Appearances can be deceiving: instructor fluency increases perceptions of learning without increasing actual learning. Psychonomic bulletin & review, 20(6), 1350-1356.

Chen, C., Lee, S.-Y., & Stevenson, H. (1995). Response Style and Cross-Cultural Comparisons of Rating Scales among East Asian and North American Students. Psychological Science, 6(3), 170–175.

Chen, C. C., Chen, X. P., & Meindl, J. R. (1998). How can cooperation be fostered? The cultural effects of individualism-collectivism. The Academy of Management Review, 23(2), 285-304.

Choi, S., & Nieminen, T. (2013). Factors influencing the higher education of international students from Confucian East Asia. Higher Education Research & Development, 32(2), 161–173.

Cox, T. H., Lobel, S. A., & McLeod, P. L. (1991). Effects of ethnic group cultural differences on cooperative and competitive behavior on a group task. The Academy of Management Journal, 34(4), 827-847.

Earley, P. C. (1993). East meets West meets Mideast: Further explorations of collectivistic and individualistic work groups. The Academy of Management Journal, 36(2), 319-348.

Goncalo, J. A., & Staw, B. M. (2006). Individualism–collectivism and group creativity. Organizational Behavior and Human Decision Processes, 100(1), 96–109.

Harzing, A., Brown, M., Köster, K., & Zhao, S. (2012). Response style differences in cross-national research. Dispositional and situational determinants. Management International Review, 52, 341-363.

Hofer, B. (2008). Personal epistemology and culture. In M.S. Khine (Ed.), Knowing, knowledge, and beliefs: Epistemological studies across diverse cultures (pp. 3-22). Netherland: Springer.

Järvelä, S., & Järvenoja, H. (2011). Socially constructed self-regulated learning and motivation regulation in collaborative learning groups. Teachers College Record, 113(2), 350–374.

Karantzas, G. C., Avery, M. R., Macfarlane, S., Mussap, A., Tooley, G., Hazelwood, Z., & Fitness, J. (2013). Enhancing critical analysis and problem-solving skills in undergraduate psychology: An evaluation of a collaborative learning and problem-based learning approach. Australian Journal of Psychology, 65(1), 38–45.

Kember, D. (2000). Misconceptions about the learning approaches, motivation and study practices of Asian students. Higher Education, 40, 99–121.

Khosa, D. K., & Volet, S. E. (2013). Promoting effective collaborative case-based learning at university: A metacognitive intervention. Studies in Higher Education, 38(6), 870-889.

Laurillard, D. (2002). Rethinking university teaching (2nded).London, UK:RoutledgeFalmer.

Lee, K. & Carrasquillo, A. (2006). Korean college students in United States: perceptions of professors and students. College Student Journal, 40(2), 442-457.

Li, J. (2003). US and Chinese cultural beliefs about learning. Journal of Educational Psychology, 95(2), 258-267.

Lun, V., Fischer, R., & Ward, C. (2010). Exploring cultural differences in critical thinking: Is it about my thinking style or the language I speak? Learning and Individual differences, 20(6), 604-616.

McNaught, C. (2009). More than a paper trail: Developing quality assurance processes that enhance teaching and support student learning. Proceedings of the International Symposium on Development of Teachers' Potentialities, Capital University of Economics and Business, Beijing

McNaught, C. & Young, K. (2011). Ensuring quality in undergraduate curriculum reform: Experience in Hong Kong. Proceedings of the Australian Quality Forum 2011, 105-112.

Naftulin, D. H., Ware Jr, J. E., & Donnelly, F. A. (1973). The Doctor Fox Lecture: a paradigm of educational seduction. Academic Medicine, 48(7), 630-5.

Nisbett, R. (2010). The Geography of Thought: How Asians and Westerners Think Differently... and. Simon and Schuster.

Niu, W. & Sternberg, R. (2003). Societal and school influences on student creativity: The case of China. Psychology in the Schools, Vol. 40(1), 103-114.

Palfreyman, D., & McBride, D. (ed.) (2007). Learning and teaching across cultures in higher educaiton. New York, NY: Palgrave Mcmillan.

Phuong-Mai, N., Terlouw, C., & Pilot, A. (2005). Cooperative learning vs. Confucian heritage culture's collectivism: confrontation to reveal some cultural conflicts and mismatch. Asia Europe Journal, 3(3), 403-419.

Poh, M. Z., Swenson, N. C., Picard, R. W. (2010). "A Wearable Sensor for Unobtrusive, Long-term Assessment of Electrodermal Activity", IEEE Transactions on Biomedical Engineering, 57(5), 1243-1252.

Ramamoorthy, N., & Flood, P. C. (2004). Individualism/collectivism, perceived task interdependence and teamwork attitudes among Irish blue-collar employees: a test of the main and moderating effects? Human Relations, 57(3), 347-366.

Robbins, S. B., Lauver, K., Le, H., Davis, D., Langley, R., & Carlstrom, A. (2004). Do psychosocial and study skill factors predict college outcomes? A meta-analysis. Psychological Bulletin, 130(2), 261–288.

Runco, M. (2004). Personal creativity and culture. In S. Lau, A. A.Hui, G. Y. Ng, (Ed) Creativity: When east meets west (pp. 9-21). River Edge, NJ: World Scientific Publishing.

Shin, J., Jung, J., & Shin, T. (2008). Causal relations between college student academic achievement and its factors. The Journal of Educational Administration, 26(1), 287-313.

Singh, P. & Doherty, C. (2004). Global cultural flows and pedagogic dilemmas: Teaching in the global university 'Contact Zone'. TESOL Quarterly, 38 (1), 9-42.

Spradly, J. (1980). The ethnographic interview. Ft. Worth, TX: Harcourt Brace Jovanovich.

Stassen, M., Herrington, A., & Henderson, L. (2011). Defining critical thinking in higher education: Determining assessment fit. To Improve the Academy, 30.126-141.

Sternberg, R. (1999). Handbook of creativity. New York, NY: Cambridge University Press.

Trans, T. T. (2013). Is the learning approach of students from the Confucian heritage culture problematic? Educational Research for Policy and Practice, 12(1), 57-65.

Tsai, C. (2008). The use of Internet-based instruction for the development of epistemological beliefs: A case study in Taiwan. In M.S. Khine (Ed.), Knowing, knowledge, and beliefs: Epistemological studies across diverse cultures (pp. 273-286). Australia: Springer.

Vogel, D., Lou, D., van Genuchten, M., Verveen, S., & Adams, T. (2000). Distributed experimental learning: the Hong Kong-Netherlands project. In

Proceedings of the 33rd Annual Hawaii International Conference on IEEE.1-9. System Sciences, 2000.

Von Kotze, A., & Cooper, L. (2000). Exploring the transformative potential of project-based learning in university adult education. Studies in the Education of Adults, 32(2), 212-228.

Wagner, J. A. (1995). Studies of individualism-collectivism: Effects on cooperation in groups. The Academy of Management Journal, 38(1), 152–173.

Wong, J. (2004). Are the learning styles of Asian international students culturally or contextually based? International Education Journal, 4(4), 154-166.

보고서

「2011년 저출산·고령화에 대한 국민인식 조사결과 보고서」 보건복지부 2011.

「2015년 전국 출산력 및 가족보건·복지실태조사」 한국보건사회연구원 2015.

「2015년 출생 통계」 통계청 2016.

「디지털교과서 효과성 측정 연구」 한국교육학술정보원 2015.

「연구학교 실행충실도가 디지털교과서 효과성에 미치는 영향」 한국교육학술정보원 2015.

「제20대 국회의원선거 더불어민주당 정책공약집」 더불어민주당 2016.

「제20대 국회의원선거 새누리당 정책공약집」 새누리당 2016.

「제20대 국회의원 선거 국민의당 정책공약집」 국민의당 2016.

「제20대 국회의원 선거 정의당 정책공약집」 정의당 2016.

「초저출산과 향후 인구 동향」 한국보건사회연구원 2014.

「한국인의 자녀양육 책임한계와 양육비 지출 실태」 한국보건사회연구원 2010.

「Corruption Perceptions Index 2015」 Transparency International 2016.

「COMMISSION STAFF WORKING DOCUMENT: Key economic, employment and social trends behind a European Pillar of Social Right」 EUROPEAN COMMISSION 2016.

「PISA 2015」OECD 2016.

도서

권승호 『공부가 뭐라고』 미래를소유한사람들 2016.

권재원 『그 많은 똑똑한 아이들은 어디로 갔을까?』 지식프레임 2015.

김두식, 김대식 『공부 논쟁』 창비 2014.

김종영 『지배받는 지배자』 돌베개 2015.

김지원 외 『세계 최고의 교육을 받는 아이들은 어떻게 성장할까』 지식과감성 2014.

다니엘 핑크 『새로운 미래가 온다. 원저』 김명철 옮김, 한국경제신문사, 2012.

다치바나 다카시 『도쿄대생은 바보가 되었는가』 이정환 옮김, 청어람미디어 2002.

데버러 로드 『법대교수가 말하는 대학의 위선』 윤재원 옮김, 알마 2015.

도쓰카 다카마사 『세계 최고의 인재들은 왜 기본에 집중할까』 김대환 옮김, 비즈니스
　　북스 2014.

로버트 스턴버그 『입시가 바뀌면 인재가 보인다』 배성민 옮김, 시그마북스 2012.

마틴 메이어, 레네 메이어 『최고의 교육은 어떻게 만들어지는가』 김효정 옮김, 북하우
　　스 2016.

미래교실네트워크 『거꾸로교실 프로젝트』 에듀니티 2015.

미하이 칙센트미하이 『창의성의 즐거움』 노혜숙 옮김, 더난출판사 2003.

박웅현 외 『생각수업』 알키 2015.

살만 칸 『나는 공짜로 공부한다』 김희경, 김현경 옮김, RHK코리아 2013.

서울대학교 공과대학 『축적의 시간』 지식노마드 2015.

아만다 리플리 『무엇이 이 나라 학생들을 똑똑하게 만드는가』 김희정 옮김, 부키
　　2014.

안희경 『하나의 생각이 세상을 바꾼다: 세계의 지성들이 말하는 한국 그리고 희망의
　　연대』 오마이북 2013.

앤드루 델반코 『왜 대학을 가는가』 이재희 옮김, 문학동네 2016.

엄기호, 하지현 『공부중독』 위고 2015.

에이미 추아 『타이거 마더』 황소연 옮김, 민음사 2011.

윌리엄 데레저위츠 『공부의 배신』 김선희 옮김, 다른 2015.

장미정 『하버드 VS 서울대』 답게 2005.

전성은 『왜 학교는 불행한가』 메디치미디어 2011.

전성은, 이재강 『왜 교육정책은 역사를 불행하게 하는가』 메디치미디어 2014.

정선주 『학력파괴자들』 프롬북스 2015.

정성식 『교육과정에 돌직구를 던져라』 에듀니티 2014.

제임스 두데스탯 『대학혁명』 이철우 옮김, 성균관대학교출판부 2004.

조이 팔머 『50인의 현대 교육사상가』 조현철, 박혜숙 옮김, 학지사 2009.

조정래 『풀꽃도 꽃이다』 해냄출판사 2016.

존 테일러 개토 『바보 만들기』 김기협 옮김, 민들레 2005.

케빈 캐리 『대학의 미래』 공지민 옮김, 지식의날개 2016.

켄 로빈슨 『내 안의 창의력을 깨우는 일곱 가지 법칙』 유소영 옮김, 한길아트 2007.

켄 로빈슨, 루 애노리카 『학교혁명』 정미나 옮김, 21세기북스 2015.

클라우스 슈밥 『클라우스 슈밥의 제4차 산업혁명』 송경진 옮김, 새로운현재.

파시 살베르그 『핀란드의 끝없는 도전』 이은진 옮김, 푸른숲 2016.

페터 가이스, 기욤 르 캉트렉 『독일 프랑스 공동 역사교과서』 김승렬 외 옮김, 휴머니
    스트 2008.

하워드 가드너 『다중지능』 유경재, 문용린 옮김, 웅진지식하우스 2007.

황농문 『몰입: 인생을 바꾸는 자기 혁명』 RHK코리아 2007.

기사 및 칼럼

「4차 산업혁명, 일자리 47% 없애지만 새 일자리도 만들어」 연합뉴스 2016.10.28.

「강우석 "현실이 영화보다 더 영화적… 新作 포기"」 문화일보 2016.12.19.

「겨우겨우 오르던 출산율 다시 추락세」 한국일보 2016.11.24.

「경북교육청 "매주 수요일은 공문 없는 날"」 연합뉴스 2015.7.4.

「교과서발행, 해외선 어떻게」 세계일보 2015.10.12.

「교육부의 후안무치」 조선일보 2016.11.1.

「'국제학업성취도평가(PISA) 2015' 한국 상위권… 순위와 점수는 하락」 경향신문

2016.12.6.

「'그들만의 리그' 논술전형… 이대로 괜찮은가」조선일보 2016.7.18

「뉴욕 할렘에 한국식 교육 접목… '성공적' 평가」YTN 2012.6.8.

「닮고 싶은 되고 싶은 과학자 1 - 임지순 서울대 교수」동아일보 2002.9.8.

「당초취지변질… 수능 무력화돼야 학생·교육 살아난다」중앙SUNDAY 2014.11.23.

「대학생 63.4% '대학 온 거 후회 중'… 이유는? "취업도 안 되는데"」인크루트
　　2016.3.8.

「디지털교과서도입 4년째 제자리. 취지는 좋으나…」조선일보 2016.5.23.

「'무즙'도 정답으로」동아일보 1965.3.30.

「문명, 그 길을 묻다 - 세계 지성과의 대화] 하워드 가드너 미국 하버드대 교수」경향
　　신문 2014.1.27.

「'민중 개·돼지' 나향욱 前 교육부 국장 '파면' 의결」중앙일보 2016.7.19.

「선진국 대부분 자유발행제·검인정제 채택」문화일보 2016.11.25.

「세계 주요 국가들도 SW교육 한창」전자신문 2017.1.10.

「'자유발행제' 교과서를 허하라」한겨레 2015.11.11.

「자유학기제가 낳은 중학교 토론식 수업, 정작 '토론'은 쏙 빠졌다는데…」조선일보
　　2016.9.28.

「전쟁 치른 독일·프랑스 '쌍둥이 교과서'로 갈등 풀었다」세계일보 2015.10.15.

「조정래 "한국은 교육 지옥… 학교 가고 싶다는 아이들 많아져야"」연합뉴스
　　2016.9.28.

「한국 '가계교육비' 비중, 핀란드의 15배」한겨레 2015.9.20.

「한국사 14번 복수정답… 수능 출제 오류 2년 만에 재발, 신뢰성 타격」서울신문
　　2016.11.25.

「한국인은 왜 토크콘서트에 열광할까」중앙일보 2014.11.8.

「한국은 '노벨상' 왜 못 받나?」MBC 2008.10.11.

「"학생부 올린 독서활동, 엄마인 내가 다 썼어요."」한겨레 2016.7.14.

「학생부종합전형에 대하여」내일신문 2016.12.1.

「Denmark has figuredout how to teach kids empathy and make them happier
　　adults」QUARTZ 2016.8.22.

「Teaching kids empathy: In Danish schools, it's… well, it's a piece of cake」
    SALON 2016.8.10.
「PISA TEST RESULTS: ISRAELI PUPILS' SCORES REMAIN BEHIND THOSE OF
    OECD COUNTRIES」 Jerusalem Post 2013.12.3.

방송 및 동영상

교사영상제작단 뻘짓「수업 시간에 걸려 온 전화」
교사영상제작단 뻘짓「다시 해」
교사영상제작단 뻘짓「학급교육과정을 짜 볼까」
KBS「21세기 교육혁명 – 미래 교육을 찾아서」
KBS「거꾸로 교실의 마법」
KBS 다큐멘터리「세계가 놀란 한국 음악 영재들」
SBS「뿌리 깊은 나무」19회
SBS「뿌리 깊은 나무」24회
KBS 다큐멘터리「세계가 놀란 한국 음악 영재들」

BBC「School Swap: Korea Style」
Eric Mazur「Assessment: The Silent Killer of Learning」

웹사이트

Cambridge IGCSE www.cie.org.uk
International Baccalaureate Organization www.ibo.org
Ministry of Education, Culture, Sports, Science and Technology-Japan www.mext.
    go.jp

대한민국을 바꾸는 교육 혁명의 시작

대한민국의 시험

초판 1쇄 발행 2017년 2월 7일
초판 18쇄 발행 2024년 5월 17일

지은이 이혜정
펴낸이 김선식

부사장 김은영
콘텐츠사업2본부장 박현미
책임편집 이여홍 책임마케터 문서희
콘텐츠사업5팀장 김현아 콘텐츠사업5팀 마가림, 남궁은, 최현지, 여소연
마케팅본부장 권장규 마케팅1팀 최혜령, 오서영, 문서희 채널1팀 박태준
미디어홍보본부장 정명찬 브랜드관리팀 안지혜, 오수미, 김은지, 이소영
뉴미디어팀 김민정, 이지은, 홍수경, 서가을
크리에이티브팀 임유나, 박지수, 변승주, 김화정, 장세진, 박장미, 박주현
지식교양팀 이수인, 염아라, 석찬미, 김혜원, 백지은
편집관리팀 조세현, 김호주, 백설희 저작권팀 한승빈, 이슬, 윤제희
재무관리팀 하미선, 윤이경, 김재경, 이보람, 임혜정
인사총무팀 강미숙, 지석배, 김혜진, 황종원
제작관리팀 이소현, 김소영, 김진경, 최완규, 이지우, 박예찬
물류관리팀 김형기, 김선민, 주정훈, 김선진, 한유현, 전태연, 양문현, 이민운
외부스태프 북에디팅 김서윤 표지 디자인 전아름 본문 디자인 박재원

펴낸곳 다산북스 출판등록 2005년 12월 23일 제313-2005-00277호
주소 경기도 파주시 회동길 490 다산북스 파주사옥
전화 02-704-1724 팩스 02-703-2219 이메일 dasanbooks@dasanbooks.com
홈페이지 www.dasan.group 블로그 blog.naver.com/dasan_books
종이 아이피피 인쇄 민언프린텍 제본 다온바인텍 코팅·후가공 제이오엘앤피

ISBN 979-11-306-1117-4 (03370)

다산북스(DASANBOOKS)는 독자 여러분의 책에 관한 아이디어와 원고 투고를 기쁜 마음으로 기다리고 있습니다.
책 출간을 원하는 아이디어가 있으신 분은 다산북스 홈페이지 '투고원고'란으로 간단한 개요와 취지, 연락처 등을
보내주세요. 머뭇거리지 말고 문을 두드리세요.